Natur und Technik

Biologie 5/6

Grundausgabe Hessen

Cornelsen

Biologie 5/6
Grundausgabe Hessen

Autoren:
Prof. Dr. Ernst W. Bauer, Ostfildern-Nellingen
Ottmar Engelhardt, Neresheim
Prof. Dr. Werner Gotthard, Ostfildern-Kemnat
Dr. Udo Hampl, Pörnbach
Prof. Hans Herzinger, Ohmden
PD Dr. Bernhard Huchzermeyer, Hannover
Dr. Walter Kleesattel, Schwäbisch Gmünd
Christiane Piepenbrock, Gütersloh
Marianne Preuss, Mutterstadt
Ingrid Scharping, Hamburg
Dr. Anneliese Schmidt-Heinen, Aachen
Dr. Wolfgang Schwoerbel, Biberach/Riß
Dr. Dankwart Seidel, Bad Zwischenahn
Prof. Dr. Lothar Staeck, Berlin
Prof. Ulrich Weber, Süßen
Karl-Heinz Werner, Schenefeld
Rüdiger Wieber, München
Gisela Wirges, Dinslaken
Dr. Horst Wisniewski, Bockhorn

Redaktion:
Annerose Bender
Christine Braun

Technische Umsetzung:
Christian Seifert

Basislayout:
Karlheinz Groß BDG, Bietigheim-Bissingen

Cornelsen online http://www.cornelsen.de

1. Auflage
Druck 4 3 2 1   Jahr 07 06 05 04

Alle Drucke dieser Auflage sind inhaltlich unverändert und können im Unterricht nebeneinander verwendet werden.

© 2004 Cornelsen Verlag, Berlin

Das Werk und seine Teile sind urheberrechtlich geschützt. Jede Nutzung in anderen als den gesetzlich zugelassenen Fällen bedarf der vorherigen schriftlichen Einwilligung des Verlages.
Hinweis zu § 52 a UrhG:
Weder das Werk noch seine Teile dürfen ohne eine solche Einwilligung eingescannt und in ein Netzwerk eingestellt werden. Dies gilt auch für Intranets von Schulen und sonstigen Bildungseinrichtungen.

Druck: CS-Druck CornelsenStürtz, Berlin

ISBN 3-464-17033-0

Bestellnummer 170330

Gedruckt auf säurefreiem Papier, umweltschonend hergestellt aus chlorfrei gebleichten Faserstoffen.

Zwei, die sich auch ohne Worte verstehen: Michaela und ihr Kater Mauz. Ein bisschen kraulen, ein bisschen kuscheln macht ruhig und ausgeglichen.

Inhaltsverzeichnis

Kennzeichen der Lebewesen   8
   Biologie, die Wissenschaft von
     den Lebewesen   9
   Was Lebewesen kennzeichnet   10
   Sind Pflanzen auch Lebewesen?   11
   ■ Praktikum: Radieschen   12
   ■ Praktikum: Vogelbeobachtung   13

Unser Umgang mit Haustieren   14
   Der Mensch hält Tiere   15
   Die Katze – ein eigenwilliger Hausgenosse   16
   Der Hund – verlässlicher Partner des
     Menschen   20
   Hundehaltung – aber richtig!   24
   ■ Kennübung: Hunderassen   25
   ■ Praktikum: Katze und Hund sind
     Haustiere   26
   Ein Zwergkaninchen als Haustier   28
   Das Meerschweinchen   29
   Wie richte ich ein Aquarium ein?   30
   ■ Zur Diskussion: Verantwortung für
     unsere Haustiere   31
   Das Pferd – vom Steppentier zum Nutztier   32
   Das Rind – unser wichtigstes Nutztier   36
   ■ Kennübung: Rinderrassen   39
   Das Huhn   40
   Hühner in der Eierfabrik   42
   Vom Ei zum Küken   43
   Vom Wildschwein zum Hausschwein   44
   ■ Zur Diskussion: Haltung unserer
     Nutztiere   45

Ernährung und Verdauung   46
   Nährstoffe in der Nahrung   47
   Arbeit macht hungrig   48
   Vitamine, Mineralstoffe und Wasser   50
   ■ Praktikum: Nachweis von Nährstoffen   52
   Vielfalt in der Nahrung ist gesund   53
   Beurteilung von Speiseplänen   56
   ■ Praktikum: Gesunde Kost   57
   Projekt: Gesundes Schulfrühstück   58
   Prüfen, Kauen, Schlucken   60
   Zähne   62
   ■ Gesundheit: Die Zähne richtig pflegen   63
   Die Nahrung wird verdaut   64
   Erkrankungen des Verdauungssystems   66
   ■ Gesundheit: Ernährung   67

Bewegung   68
   Stehen, Gehen, Laufen, Springen   69
   Die Knochen des Skeletts   70
   Die Gelenke   71
   Bau des Knochens   72
   ■ Praktikum: Die Wirbelsäule   74
   ■ Gesundheit: Haltungsschäden
     müssen nicht sein   75
   Bewegung durch die Muskeln   76
   Sport und Gesundheit   78
   ■ Gesundheit: Haltungstraining   79

Atmung und Blutkreislauf   80
   Atmung   81
   Atembewegungen   82
   Der Weg der Luft zu den Lungen   83
   ■ Praktikum: Atmung   84
   Rauchen? – Nein danke!   85
   Das Blut   86
   Herz und Blutkreislauf   88
   Atmung und Blutkreislauf
     hängen zusammen   92
   ■ Praktikum: Atmung und Blutkreislauf   93

Wir werden erwachsen   94
   Die Pubertät   95
   Die weiblichen Geschlechtsorgane   96
   Die männlichen Geschlechtsorgane   97
   Mein Körper   98
   Mann und Frau lieben sich   99
   Ein Kind entsteht   100
   So wächst das Kind im Mutterleib   102
   Das Kind wird geboren   104
   Zwillinge   105
   Zärtlich sein   106
   Vom „Neinsagen"   107

**Aufbau und Verwandtschaft der
Blütenpflanzen**   108
   Aufbau einer Blütenpflanze   109
   Der Ackersenf   110
   Die drei Blütensorten der Rosskastanie   112
   Die Tulpe – von der Wildpflanze
     zur Zierpflanze   114
   ■ Praktikum: Die Tulpe   115
   Verwandtschaft bei Pflanzen –
     die Familie der Kreuzblütler   116

Die Familie der Korbblütler	118
■ Kennübung: Korbblütler	119
Die Familie der Schmetterlingsblütler	120
Die Familie der Lippenblütler	121
Die Familie der Rosengewächse	122
Obstsorten aus der Familie der Rosengewächse	124
Obstbäume werden veredelt	125
Von Salbeiblüte zu Salbeiblüte	126
Blüten und ihre Bestäuber	127
Von der Blüte zur Frucht am Beispiel der Kirsche	128
■ Praktikum: Die Kirsche	131
Die Verbreitung von Samen und Früchten	132

Was Pflanzen zum Leben brauchen — **136**

Wie Samen keimen	137
Ohne Wasser geht es nicht	138
■ Praktikum: Wassertransport der Pflanzen	139
Pflanzen brauchen Licht	140
Pflanzen klettern zum Licht	141
■ Praktikum: Samenkeimung	142
Pflanzen stellen ihre Nahrung selbst her	143

Fische, Lurche und Kriechtiere — **144**

Ein Leben im Wasser – Fische	145
Die Forelle	147
Der Hecht im Karpfenteich	148
Der Hering – Wanderer im Meer …	150
… einst massenhaft und billig – heute selten und teuer	151
■ Praktikum: Schwimmen und Tauchen	153
Der Grasfrosch ist ein Lurch	154
Der Feuersalamander ist ein Lurch	157
Einheimische Lurche	158
Rettet die Lurche!	160
Was tun für Lurche auf Wanderschaft?	161
■ Umwelt aktuell: Unsere Lurche sind bedroht	162
■ Praktikum: Wir helfen den Lurchen	163
Kriechtiere	164
Die Ringelnatter ist ein Kriechtier	167
Die Kreuzotter ist ein Kriechtier	169
Kriechtiere sind an das Landleben angepasst	170
■ Umwelt aktuell: Bedrohte Kriechtiere	171
Saurier – ausgestorbene Kriechtiere	172

Vögel – Akrobaten der Luft — **174**

Die Taube	176
■ Praktikum: Untersuchung von Vogelfedern	178
■ Praktikum: Untersuchung eines Vogelflügels	179
Vögel am Haus und im Garten	180
Der Kuckuck ist ein Brutschmarotzer	182
Die Ente – Vogel im Wasser	183
Flugkünstler – die Greifvögel	184
Eulen und ihre Gewölle	185
■ Umwelt aktuell: Bedrohte Vögel	186
■ Praktikum: Wir beobachten Vögel	187
■ Praktikum: Beobachtung von Vögeln auf dem Schulgelände	188
■ Kennübung: Vögel auf dem Schulgelände	189
Die Amsel – Vogel mit vielen Verhaltensweisen	190
Nestbau und Brutpflege	192
■ Praktikum: Wir untersuchen ein Amselnest	193
Die Amseljungen	194
Außergewöhnliche Vögel – Anpassung an besondere Lebensräume	195
Vögel im Winter	196
Zugvögel und Vogelzug	198

Lebensraum Wald — **200**

Der Wald – eine Lebensgemeinschaft	201
Wald ist nicht gleich Wald	202
Wie man Bäume erkennt	203
Die Rotbuche	204
Die Fichte	206
Waldbäume	208
Sträucher – Schutz und Nahrung für Tiere am Waldrand	210
■ Kennübung: Geschützte Pflanzen im Wald	212
■ Kennübung: Giftpflanzen im Wald	213
Frühblüher im Laubwald	214
■ Kennübung: Bäume und Sträucher im Herbst	216
■ Praktikum: Samen und Früchte	217

	Der Baum im Herbst und Winter	218	■ Praktikum: Tiere in der Laubstreu	229
■	Kennübung: Säugetiere des Waldes	220	Nahrungsbeziehungen im Wald	230
■	Kennübung: Vögel des Waldes	221	Kreislauf der Stoffe im Wald	231
	Der Fuchs – verfolgtes Raubtier unserer Heimat	222	■ Umwelt aktuell: Wir brauchen den Wald	232
	Der Fichtenborkenkäfer – Schädling im Fichtenforst	224	Der Wald als Erholungsraum	233
			Wald in Gefahr	234
■	Praktikum: Die Entwicklung des Fichtenborkenkäfers	225	■ Praktikum: Erkennen von Waldschäden	235
	Die Rote Waldameise	226	**Register**	**236**
■	Kennübung: Insekten unserer Wälder	228	**Bildverzeichnis**	**240**

Sich informieren, untersuchen, diskutieren

Dieses Buch ist Informationsbuch, Arbeitsbuch und Lernbuch zugleich. Daher enthält es ganz unterschiedlich gestaltete und gekennzeichnete Seiten. Man sieht also immer, welche Aufgabe eine Seite hat.

◁ **Einstieg**
Jedes Kapitel beginnt mit einer Bildseite, die neugierig machen soll.

Informationsseiten ▷
Hier kannst du dich informieren. Auf diesen Seiten werden neue Begriffe eingeführt und Zusammenhänge erklärt. Aufgaben helfen das erworbene Wissen zu überprüfen. Rot umrandete Merksätze fassen alles Wesentliche zusammen.

◁ **Praktikum**
Untersuchungen und Versuche spielen in der Biologie eine wichtige Rolle. Mit den Anleitungen auf diesen Seiten kann jeder selbst zum Forscher werden. Die Ergebnisse vermitteln wichtige Einblicke in das Thema.

Zur Diskussion ▷
Auf den „Diskussionsseiten" sind Bilder, Zahlen und Berichte zu Themen abgedruckt, die heute heiß diskutiert werden. Bilde dir selbst dein eigenes Urteil darüber.

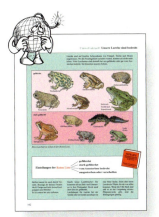

◁ **Umwelt aktuell**
Die „Aktuell-Seiten" greifen Themen auf, die im Blickpunkt des allgemeinen Interesses stehen und den Unterrichtsstoff ergänzen.

Gesundheit ▷
Diese Seiten enthalten Tipps und Anregungen für Übungen, die den Körper fit und gesund halten. Oft ergänzt die Beschreibung wichtiger Krankheiten das behandelte Thema.

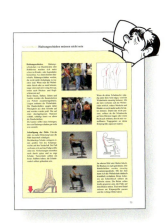

7

Kennzeichen der Lebewesen

Biologie, die Wissenschaft von den Lebewesen

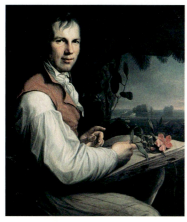

Alexander von Humboldt

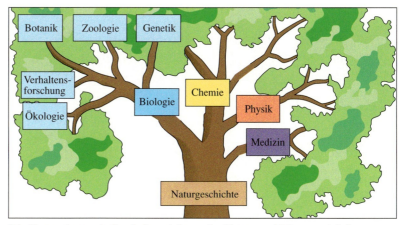

Die Naturwissenschaften haben sich aus der Naturgeschichte entwickelt.

1799 brach der Naturforscher Alexander von Humboldt zu einer Forschungsreise nach Mittel- und Südamerika auf. Er wollte die Natur der neuen Welt erforschen. Seine wissenschaftlichen Untersuchungen zeigen, wie umfassend gebildet Humboldt war. Er untersuchte nicht nur Gesteine und Landschaftsformen, sondern befasste sich auch mit den Meeresströmungen. Da er alle seine Beobachtungen sehr genau notierte, konnte er die bis dahin lückenhaften Landkarten verbessern. Er sammelte und beschrieb unzählige Pflanzen, darunter viele noch unbekannte Arten. Daneben fertigte er auch Zeichnungen von zahlreichen Tieren und Pflanzen an, die er untersucht hatte. Alexander von Humboldt war ein großer Gelehrter, der sich in der Wissenschaft, die damals „Naturgeschichte" hieß, gut auskannte.

Entstehung der Naturwissenschaften. Im Lauf der Jahrhunderte wurde das Wissen über die Natur immer umfangreicher. Bald war der Punkt erreicht, wo ein Mensch sich in der Fülle dieser Erkenntnisse nicht mehr auskennen konnte. Es entstanden verschiedene Naturwissenschaften wie *Chemie*, *Physik* und *Biologie*. Die Biologie ist die *Wissenschaft von den Lebewesen*.

Teilbereiche der Biologie. Durch die Forschung der Biologen werden die Erkenntnisse über die Lebewesen von Tag zu Tag vielfältiger und umfangreicher. Das Wissen verdoppelt sich etwa alle zehn Jahre! Heute müssen sich Biologen für bestimmte *Teilbereiche* der Biologie entscheiden. Es gibt Spezialisten, die sich nur mit Pflanzen beschäftigen. In der Fachsprache wird ihr Spezialgebiet als *Botanik* bezeichnet. Andere erforschen Tiere. Sie sind auf die Zoologie spezialisiert. Andere Biologen gehen den Fragen nach, die mit der Vererbung von Eigenschaften zu tun haben. Dieses Teilgebiet der Biologie nennt man *Genetik*. Andere Teilgebiete haben zum Beispiel das Verhalten der Tiere oder die Entstehung des Lebens zum Gegenstand.

Gemälde nach einer Zeichnung von Humboldt. Diese Orchidee fand er in den Anden.

> Die Biologie ist die Wissenschaft von den Lebewesen. Sie ist in Teilbereiche untergliedert. Botanik, Zoologie und Genetik sind solche Teilbereiche.

1 Finde heraus, warum man zu Humboldts Zeiten Amerika als die „Neue Welt" bezeichnete.

2 Alexander von Humboldt kannte sich in sehr vielen wissenschaftlichen Gebieten aus. Könnte er das heute auch noch? Begründe.

3 Welche Folgen hat die weitere Zunahme des Wissens über die Lebewesen für Biologen?

Was Lebewesen kennzeichnet

Der Goldhamster frisst Klee.

Der Gepard jagt seine Beute.

Bewegung. Der Gepard kann beim Jagen bis zu 100 Stundenkilometer schnell laufen. Aber auch ein Auto kann sich so schnell fortbewegen. Dazu braucht es jedoch einen Motor oder eine abschüssige Fahrstrecke. Der Gepard bewegt sich als Lebewesen mit eigener Muskelkraft.
Eigen-Bewegung ist ein wichtiges Kennzeichen von Lebewesen.
Stoffwechsel. Der Goldhamster nimmt Nahrung zu sich und verdaut sie. Dabei fallen die Stoffe an, die sein Körper für das Wachstum, die Bewegung, den Herzschlag und die Erhaltung der Körperwärme braucht. Nicht verwertbare Stoffe scheidet der Goldhamster aus. Dies nennt man insgesamt Stoffwechsel.
Alle Lebewesen haben einen Stoffwechsel.
Reizbarkeit. Mit seinem feinen Geruchssinn ortet der Schillerfalter markant riechende Futterquellen wie Dung oder Käse. Näherst du dich dem Schillerfalter, während er aus einer Pfütze saugt, dann spürt er mit seinen Beinen die Erschütterungen, die durch deine Schritte verursacht werden.
Lebewesen zeigen Reizbarkeit.
Wachstum und Entwicklung. Die Weinbergschnecke legt ihre Eier in feuchte Erde. Nach wenigen Wochen schlüpfen daraus 5 bis 6 mm große Jungschnecken. Die winzigen Schnecken haben schon ihr eigenes Haus, aber es ist noch durchsichtig und weich. Erst nach mehreren Jahren haben sie sich zu ausgewachsenen Schnecken mit dicker, weißer Schale entwickelt.
Lebewesen wachsen und entwickeln sich.
Fortpflanzung und Vererbung. Früher kam es auch bei uns oft vor, dass Eltern sechs und mehr Kinder hatten. Heute sind es meist ein oder zwei Kinder. Kinder sehen ihren Eltern ähnlich, manche sind ihren Eltern „wie aus dem Gesicht geschnitten". Kinder erben Eigenschaften ihrer Eltern.
Auch Fortpflanzung und Vererbung sind Kennzeichen von Lebewesen.
Tod. Die meisten Schmetterlinge leben einige Wochen lang, ein Hund kann bis zu 18 Jahre alt werden und die Lebensspanne des Menschen erstreckt sich über ungefähr 80 Jahre.
Alle Lebewesen müssen irgendwann sterben.

Eine Mutter mit ihren Töchtern

Wichtige Kennzeichen von Lebewesen sind: Bewegung, Stoffwechsel, Reizbarkeit, Wachstum und Entwicklung, Fortpflanzung und Vererbung, Tod.

---

1 Entzünde eine Kerze und beobachte ihre Flamme. Lebt sie? Begründe.

2 Welche Kennzeichen der Lebewesen kannst du in den Bildern entdecken?

Sind Pflanzen auch Lebewesen?

Venusfliegenfalle mit Beute

Eine Mimose, die mit dem Finger leicht berührt wird, klappt wenige Sekunden später an dieser Stelle ihre Blätter zusammen.

Bewegung. Pflanzen können nicht laufen oder springen. Blüten aber öffnen und schließen sich. Der Stängel der Bohne wächst und windet sich langsam um die Stange. Setzt sich eine Fliege auf das Blatt einer Venusfliegenfalle, klappen die beiden Blatthälften zusammen. Mikroskopisch kleine Algen unter den Pflanzen können sogar durch das Wasser schwimmen.
Bewegung ist ein Kennzeichen auch bei Pflanzen.

Stoffwechsel. Unsere Laubbäume werfen im Herbst ihre Blätter ab. Im Frühjahr sprießt frisches Grün. Manche Pflanzen legen in Knollen oder Früchten Vorräte in Form von Stärke oder Fett an. Kartoffelknollen, Getreidekörner, Nüsse oder Sonnenblumenkerne enthalten solche Vorratsspeicher. Dies sind Zeichen des Stoffwechsels bei Pflanzen. Im Sonnenlicht können die grünen Pflanzen viele Stoffe, die sie zum Leben brauchen, selbst herstellen.
Auch Pflanzen haben einen Stoffwechsel.

Reizbarkeit. Das Scharbockskraut wendet seine Blüten immer der Sonne zu. Manche Algen schwimmen zum Licht hin. Die Venusfliegenfalle klappt die Blätter dann zusammen, wenn diese berührt werden.
Reizbarkeit ist ein Kennzeichen auch der Pflanzen.

Wachstum und Entwicklung. Aus dem nicht einmal 1 Gramm schweren Samenkorn einer Birke entwickelt sich in 20 Jahren ein viele Tonnen schwerer Baum.

Fortpflanzung und Vererbung. Nicht nur aus Samen wie bei der Birke, auch aus Zwiebeln und Knollen können neue Pflanzen heranwachsen. Das kennst du von der Küchenzwiebel, der Tulpe und der Kartoffel.
Auch Pflanzen zeigen die Kennzeichen Wachstum, Entwicklung, Fortpflanzung und Vererbung.

> Die typischen Kennzeichen von Lebewesen gelten sowohl für Tiere als auch für Pflanzen.

1 Nenne Kennzeichen von Lebewesen, die du bei den Pflanzen in den Bildern entdecken kannst.

2 Beobachte, wie sich im Sommer morgens die Blüten einer Winde oder abends die Blüten einer Nachtkerze öffnen.

3 Reagiert jeder Teil der Venusfliegenfalle gleich empfindlich auf Berührung? Begründe. Venusfliegenfallen werden oft in Supermärkten angeboten.

*Der Samen einer Stangenbohne wurde in feuchte Erde gesteckt.
Das Foto zeigt, was innerhalb von vier Wochen aus dem Samen wurde.*

Praktikum: Radieschen

Bei Pflanzen ist es schwierig, alle Kennzeichen von Lebewesen zu entdecken. Am einfachsten ist es, wenn man eine Pflanze vom Samen bis zur vollständigen Reife pflegt und beobachtet. Eine geeignete Pflanze dafür ist das Radieschen. Ihr könnt einen Minischulgarten auf der Fensterbank des Klassenzimmers oder Biologieraums einrichten und Radieschen aufziehen.

Benötigt werden:
Blumentöpfe oder Pflanzschalen, Blumenerde, Radieschensamen, Waage.

1 Aussaat und Pflege

Jedes Kind sät einen Samen aus. Füllt dazu Pflanzschalen oder Blumentöpfe mit Erde. Bei Pflanzschalen drückt ihr für jeden Samen einzeln eine Mulde in die Erde, aber nicht zu dicht beieinander und nicht tiefer als 1,5 cm. Legt in jede Mulde ein Samenkorn und überdeckt es mit Erde. Stellt die so vorbereiteten Töpfe oder Schalen auf die Fensterbank. Haltet sie in den nächsten sechs Wochen feucht. Erstellt dazu in der Klasse einen Pflegeplan.

2 Beobachtungsprotokoll

Jeder beobachtet seine eigene Pflanze in Abständen von ein bis zwei Tagen. Tragt eure Beobachtungen in ein Protokoll ein. Rechts seht ihr, wie solch ein Protokoll aussehen kann.
Stellt sich heraus, dass die Pflänzchen zu dicht stehen, nehmt ihr einige heraus und pflanzt sie in einen anderen Blumentopf. Achtet darauf, ob die Pflanzen von Schädlingen befallen werden. Dann sammelt ihr die Schädlinge ab.

Beobachtungsprotokoll			
Datum	Beobachtungen	Länge der Pflanze	Bemerkungen
13.09.	—	—	Samen ausgesät
14.09.	—	—	
15.09.	—	—	
16.09.	Zwei kleine grüne Blätter sind durch die Erde gedrungen. Sie sitzen auf einem kurzen, hellgrünen Stiel.	0,7 cm	
17.09.	Die Pflanze ist noch etwas gewachsen.		

– Beschreibt, wie ein Samenkorn aussieht. Zeichnet es.
– Nehmt ein Samenkorn zwischen die Finger und befühlt es. Notiert, was ihr feststellt.
– Messt mit einem Lineal die Länge eines Samenkorns. Zählt anschließend genau 100 Samenkörner ab und wiegt sie auf einer genauen Waage. Notiert das Ergebnis.
– Fasst die Blumenerde an, reibt sie zwischen den Fingern und riecht an ihr. Beschreibt, was ihr festgestellt habt.
– Wiegt nach der Ernte einzelne Radieschen und vergleicht ihr Gewicht mit dem des Samens.
– Pflegt eine Pflanze, bis sie blüht und anschließend Samen bildet. Die Samen könnt ihr wieder aussäen.
– Beobachtet die Pflanze nach der Samenbildung. Was geschieht mit ihr?
– Welche Kennzeichen von Lebewesen konntet ihr an den Radieschenpflanzen feststellen?

Praktikum: Vogelbeobachtung

Suche dir eine Stelle auf dem Schulgelände oder – nach Absprache mit dem Lehrer – auch außerhalb des Schulgeländes, wo du Vögel antreffen kannst. Am günstigsten sind Orte, an denen du nicht mit Störungen durch Mitschüler oder Passanten rechnen musst.

Benötigt werden:
Fernglas, Bestimmungshilfe für Vögel, Notizblock, Buntstifte, CD oder Kassette mit Vogelstimmen (falls vorhanden).

1 Vogelbestimmung
Durchführung:
Suche dir einen Vogel aus. Betrachte ihn genau und beobachte sein Verhalten. Versuche dabei selbst möglichst ruhig zu sein und vermeide schnelle Bewegungen.
– Betrachte den Vogel und fertige eine Zeichnung an. Achte auf die Körperform und die Farbe des Gefieders.
– Vergleiche deine Zeichnung mit den Abbildungen im Bestimmungsbuch. Wie heißt der Vogel? Kannst du erkennen, ob es sich um ein Männchen oder ein Weibchen handelt?
– Achte auf die Laute, die der Vogel von sich gibt. Versuche sie zu beschreiben. Wenn es in der Biologiesammlung Aufnahmen von Vogelstimmen gibt, höre dir den Gesang „deiner" Vogelart an. Vergleiche mit deiner Beschreibung des Gesangs. Stimmt das Ergebnis überein?

2 Kennzeichen von Lebewesen bei Vögeln
Durchführung:
Suche dir wieder einen Vogel aus und beobachte, wie er sich verhält. Sollte „dein" Vogel wegfliegen, kannst du die Aufgaben auch durch die Beobachtung anderer Vögel bearbeiten.
– Beobachte das Verhalten eines Vogels einige Minuten lang. Achte darauf, wo er sich aufhält, wie er sich bewegt und ob er alleine ist oder zu einer Gruppe gehört.
– Lege ein Protokoll in Form einer Tabelle an, ähnlich wie im Beispiel rechts. Notiere deine Beobachtungen und ordne sie jeweils einem Kennzeichen des Lebens zu. Welche Kennzeichen der Lebewesen kannst du an Vögeln entdecken?
– Gibt es Beobachtungen, die du nicht zuordnen kannst?
– Erkläre, warum manche Kennzeichen von Lebewesen bei deiner Vogelbeobachtung schwer oder gar nicht zu entdecken waren.

Beobachtungsprotokoll vom 10. Juni 2004

Name: Simone Lang   Klasse: 5 b
Ort: Wiese hinter der Sporthalle

	Beobachtung
Bewegung:	läuft auf der Wiese herum
Stoffwechsel:	sucht nach Nahrung im Boden
Reizbarkeit:	...
Wachstum und Entwicklung:	...
Fortpflanzung und Vererbung:	...

Unser Umgang mit Haustieren

14

Der Mensch hält Tiere

Schon vor Tausenden von Jahren begann der Mensch, Tiere zu halten. So entstanden aus Wildtieren im Verlauf der Zeit *Haustiere*.

Immer wenn Menschen Tiere halten, sind sie für diese verantwortlich. Haustiere können sich nicht mehr selbst ihre Nahrung suchen oder den Platz wählen, an dem sie sich am liebsten aufhalten oder an dem sie schlafen wollen. Deshalb muss der Mensch dafür sorgen, dass sie so gehalten werden, wie es ihren Bedürfnissen entspricht.

Heute gibt es viele Gründe, warum Menschen Tiere halten:
– Der Mensch hält Tiere als *Streichel-* und *Hobbytiere*.
– Der Mensch hält Tiere als *Sporttiere*.
– Der Mensch hält Tiere als *Nutztiere*.
– Der Mensch hält Tiere als *Arbeitstiere*.

1   Beschreibe, zu welchem Zweck die Tiere auf den Fotos von Menschen gehalten werden.

2   Welche Erfahrungen hast du mit der Haltung von Tieren? Sprecht in der Klasse darüber.

Die Katze – ein eigenwilliger Hausgenosse

Mit ihrem Körper drückt die Katze ihre Stimmung aus.

Die drei Katzensprachen

Katzen sprechen nicht unsere Sprache. Dennoch teilen sie uns mit, wie ihnen zumute ist, was sie möchten oder was sie vorhaben.

Körper. Wenn du einer Katze zu nahe kommst, kratzt sie nicht sofort, sondern *droht* zuerst einmal. Dabei kann sie unterschiedlich stark drohen. Zunächst legt sie die Ohren an und kneift die Augen zu schmalen Schlitzen. Schlägt sie mit dem Schwanz hin und her, droht sie stark. Macht sie einen Buckel und zeigt die Zähne, dann steht ein *Angriff* bevor. Kauert sie mit geweiteten Augen flach am Boden und legt die Ohren an, ist sie *ängstlich*. Diese Zeichen verstehen auch alle anderen Katzen und verhalten sich entsprechend.

Stimme. Katzen können sich durch Laute verständigen. Sie *schnurren*, wenn sie sich wohl fühlen. Sie *knurren* oder *fauchen*, wenn sie warnen oder angreifen wollen. Sie *miauen* vor der geschlossenen Tür oder wenn sie Hunger haben. Sie *jaulen* laut zur Paarungszeit, wenn sich Kater und Kätzin suchen.

Duftmarken. Katzen können sich durch Geruchszeichen verständigen. Sie verspritzen kleine Mengen Harn und hinterlassen so eine *Duftmarke*. Auch mit Duftstoffen, die in Duftdrüsen am Schwanz gebildet werden, kann markiert werden. Auf diese Weise kann jede Katze riechen, dass hier schon eine andere Katze war und dass sie sich in einem fremden Revier befindet. *Revier* nennt man das Wohngebiet eines Tieres.

> Katzen können sich auf dreierlei Weise verständigen: mit ihrem Körper, mit ihrer Stimme und mit Duftmarken.

1 Versuche folgende Redewendungen zu deuten: wie Hund und Katze; falsch wie eine Katze; nachts sind alle Katzen grau; eine Katze hat sieben Leben; wie die Katze um den heißen Brei gehen.

Hauskatze

Woher die Katzen stammen

Falbkatze. Man weiß nicht genau, wie die Katze zum Haustier wurde. Wahrscheinlich hat sie sich vor mehr als 5000 Jahren in *Ägypten* an den Menschen angeschlossen. Damals begannen die Menschen in diesem Land vor allem Getreide anzubauen. Es gab viel Korn und folglich viele Mäuse. Das zog die dort lebenden Wildkatzen an. Sie gewöhnten sich an die Nähe der Menschen, die den kleinen Mäusefänger gerne duldeten. Aus alten ägyptischen Abbildungen weiß man, dass *cadiska*, wie die Katze genannt wurde, später auf Schiffen, in Kornspeichern und Wohnhäusern als *Mäusefängerin* gehalten wurde.

Noch später wurden die Katzen in die Tempel aufgenommen und als *heilige Tiere* verehrt. Wer eine Katze tötete, musste mit der Todesstrafe rechnen. Bald hielten sich viele Familien Katzen als Haustiere. Starb eine Hauskatze, so rasierten sich alle Familienmitglieder zum Zeichen der Trauer die Augenbrauen ab.

Die Wildkatze der Ägypter war die *Falbkatze*, die auch heute noch wild in vielen Ländern um das Mittelmeer vorkommt. Sie liebt die *Wärme* und *sonnt* sich gern stundenlang.

Falbkatze aus Ägypten

1   Woran merkt man bei einer Hauskatze heute noch, dass die Falbkatze aus Ägypten einer ihrer Vorfahren ist?

2   Die Falbkatze ist ein Einzelgänger. Trifft dies auch für die Hauskatze zu?

Europäische Wildkatze. In den weiten Wäldern der Eifel oder auch des Hunsrücks gibt es heute noch die *Europäische Wildkatze*. Im Bayerischen Wald gibt es sie wieder. Früher wurde sie viel gejagt und dadurch *beinahe ausgerottet*. Inzwischen ist die Europäische Wildkatze *geschützt*.

Die Wildkatze ist ein scheuer *Einzelgänger*. Ihr Revier ist 2 bis 3 Quadratkilometer groß. Hier duldet sie keine andere Wildkatze. Nur zur Paarungszeit finden sich Kater und Kätzin zusammen.

Die Kätzin bringt in einem hohlen Baum oder in einem ähnlichen Versteck 3 bis 5 blinde, hilflose Junge zur Welt. Sie zieht sie alleine auf. Sie säugt die Jungen, bis sie 4 Wochen alt sind. Dann bringt sie ihnen kleine Beutetiere. Sobald die jungen Wildkatzen 3 Monate alt sind, können sie für sich selbst sorgen. Sie suchen sich ein eigenes Revier. Die Wildkatze hat sich im Laufe der Zeit mit der Hauskatze der Ägypter, die von den Römern nach Europa gebracht worden war, vermischt.

Europäische Wildkatze

> Unsere heutige Hauskatze stammt sowohl von der Falbkatze als auch von der Europäischen Wildkatze ab.

Katz und Maus
Anschleichen. Minka, die Hofkatze, geht auf Mäusejagd. Sie *schleicht* geduckt durch das Gras und nutzt jede Deckung aus. Schon auf große Entfernung kann sie das Fiepen der Mäuse hören. Vor einem Mauseloch bleibt sie sitzen und kauert sich eng an den Boden. So *lauert* sie geduldig fast eine Stunde lang, bis schließlich die ahnungslose Maus herauskommt. Dann *springt* Minka los. In zwei Sätzen schießt sie flach über den Boden. Die Vorderpfoten mit den ausgestreckten Krallen greifen nach der Maus. Mit den Zähnen *packt* sie die Beute und hält sie fest. Sie tötet sie aber nicht, sondern trägt sie vorsichtig in ein sicheres Versteck.
Spiel mit der Beute. Die Maus war während des Tragens ganz steif und starr. Nun lässt Minka sie los. Die Maus versucht zu entkommen. Doch Minka fängt sie erneut. Lange *spielt* die Katze so mit der Maus. Sie fängt sie, lässt sie los, fängt sie wieder.
Töten und Fressen. Endlich *tötet* sie ihre Beute mit einem Biss in den Nacken. Danach *verzehrt* sie die Maus, wobei sie vorne beim Kopf beginnt. Sie kann zwar die Maus so dicht vor sich nicht sehen. Mit ihren Barthaaren kann sie aber *ertasten*, wo bei der Maus vorne und hinten ist.

Der Beutefang der Katze besteht aus Anschleichen, Fangen, Spiel mit der Beute, Töten und Fressen.

Skelett einer Hauskatze

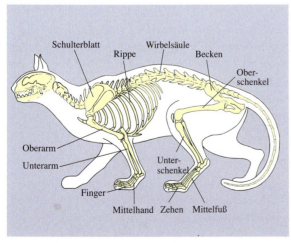

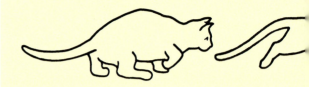

Gespannt lauert die Katze auf die Maus. Dann schießt sie flach über den Boden auf sie zu und packt die Maus.

Im Hellen ist die Pupille des Katzenauges zu einem senkrechten Schlitz verengt.

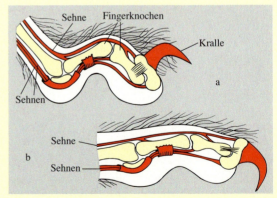

Ein starkes elastisches Band zieht die Katzenkrallen nach oben (a). Wenn eine Katze droht oder springt, ziehen sich Muskeln im Unterschenkel zusammen. Die Krallen werden dann ausgestreckt (b).

Schleichjäger in der Dämmerung

Sinne. Katzen haben große *Augen*. Vor allem in der Dämmerung können sie viel besser sehen als wir. Im Hintergrund der Katzenaugen befindet sich nämlich eine Schicht, die das einfallende Licht wie ein Spiegel zurückwirft. Die Katzenaugen scheinen dann zu glühen. Die Augen sind sehr wichtig. Katzen sind *Augentiere*. Katzen *hören* auch gut. Die Ohrmuscheln sind groß und beweglich. Selbst leise und hohe Töne fangen sie noch auf. Die Katze hat auch einen leistungsfähigen *Tastsinn*. Mit den Barthaaren kann sie im Dunkeln Gegenstände abtasten.

Körperbau. Die Katze ist ein *Wirbeltier*. Sie hat eine biegsame *Wirbelsäule* und starke Muskeln, die ihr das Anschleichen und Springen leicht machen. Die Beine sind lang und kräftig. Die Krallen sind einziehbar. Die weichen Ballen an den Pfoten machen den Schritt fast unhörbar.

Gebiss. Katzen sind *Raubtiere*. Sie haben ein Raubtiergebiss. Mit den *Fangzähnen*, den dolchartigen Eckzähnen, wird die Beute getötet. Die scharfen Backenzähne können selbst Knochen zerbrechen.

Verdauung. Katzen sind *Fleischfresser*. Fleisch ist leicht verdaulich. Der Magen der Katze ist daher klein, der Darm kurz.

Sinne und Körperbau ermöglichen es der Katze, in der Dämmerung zu jagen. Die Katze ist ein Schleichjäger.

In der Dämmerung ist die Pupille rund und weit geöffnet.

An der Rinde von Bäumen wetzt die Katze ihre Krallen. Auf diese Weise bleiben sie scharf. Im Foto sieht man deutlich die Hüllen, in denen die Krallen normalerweise verborgen sind.

Gebiss einer Hauskatze

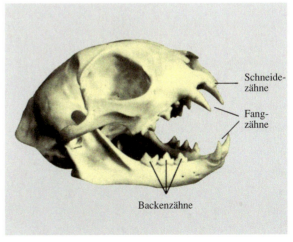

Der Hund – verlässlicher Partner des Menschen

Jan und sein Spielkamerad Ajax, ein Eurasierhund

Ich habe einen tollen Freund. Er hat schwarze Haare und braune Augen. Jeden Mittag, wenn ich aus der Schule komme, wartet er schon auf mich. Oft spielen wir den ganzen Nachmittag miteinander. Am liebsten mag er "Fußball". Wir stehen zur gleichen Zeit auf und gehen zur gleichen Zeit zu Bett. Mein Freund wäscht sich nie, er putzt auch keine Zähne. Und dennoch sind sie strahlend weiß und er kann mit ihnen Knochen knacken. Obwohl er nicht sprechen kann, wissen wir beide, ob der andere gerade fröhlich, traurig oder wütend ist.

Jan

Ajax, der Hetzjäger
Sinne. Ajax, der Hund von Jan, döst in der Sonne. Trotzdem entgeht ihm kein Geräusch. Immer wieder stellt er die Ohrmuscheln auf und bewegt sie. Hunde haben ein vorzügliches *Gehör*. Man bezeichnet sie deshalb auch als *Ohrentiere*. Ajax geht gerne mit Jan aufs Feld spazieren. Dann schnuppert er überall mit der Nase. Immer wieder hebt er sein Bein und spritzt Harn an Bäume oder Pfosten.

1   Wenn Jan statt seines Hundes eine Katze hätte, könnte er dann das Gleiche berichten?

2   Vergleiche Hund und Katze. Worin gleichen sie sich, worin unterscheiden sie sich? Denke dabei an: Beutefang und Nahrung, Sinne, Körperbau, Gebiss.

Skelett und Gebiss eines Hundes

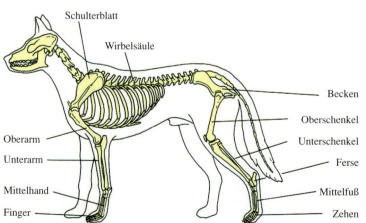

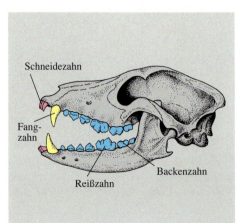

Mit diesen *Duftmarken* grenzt er sein Revier ab. Der Geruchssinn des Hundes ist viel besser als der des Menschen. Man nennt Hunde deshalb auch *Nasentiere*.

Körperbau. Einmal stöberte Ajax auf dem Feld einen Hasen auf. Eine wilde Verfolgungsjagd begann. In weiten Sprüngen hetzte Ajax hinter seiner Beute her. Wie der Wolf, so ist auch der Hund ein *Hetzjäger*. Die harten Krallen ragen aus den Pfoten heraus und greifen wie Spikes auf dem Boden. Die großen Trittballen sind hart und verhornt. So kann der Hund lange rennen ohne sich die Füße wund zu laufen. Dabei tritt er wie die Katze nur mit den Zehen auf dem Boden auf. Hund und Katze sind *Zehengänger*. Stütze und Halt erhält der Körper vom Knochenskelett. Die Hauptachse des Skeletts ist die Wirbelsäule. Auch der Hund ist also ein *Wirbeltier*.

Gebiss. Manchmal erwischt Ajax eine Maus. Mit den *Fangzähnen* hält er sie fest und schüttelt sie tot. Die Backenzähne sind scharfkantig und spitz. Die größten von ihnen in jeder Kieferhälfte sind die *Reißzähne*. Sie arbeiten wie die Schneiden einer kräftigen Schere. Sie können rohes Fleisch zerschneiden und sogar Knochen zerbrechen.

Verdauung. Hunde sind vor allem Fleischfresser. Wie der Wolf *schlingt* Ajax sein Futter herunter. Schlund und Magen sind sehr dehnbar.

> Wegen ihrer vorzüglichen Sinne nennt man Hunde auch Nasen- und Ohrentiere. Hunde hetzen ihre Beute, sie sind Hetzjäger.
>
> Hunde sind wie die Katzen Wirbeltiere, Raubtiere und Zehengänger.

Der Wolf

In Europa ist der Wolf nahezu ausgerottet. Häufig kommt er nur noch in den Wäldern und Gebirgen Asiens und Nordamerikas vor. Wölfe leben und jagen meist zu mehreren in *Rudeln*. Einzelgänger sind selten. Innerhalb eines Rudels hat jeder Wolf einen bestimmten Platz. Er hat einen Rang. An der Spitze steht der Leitwolf, danach folgt die Leitwölfin. Ihnen ordnen sich die anderen Wölfe unter. Im Rudel herrscht eine *Rangordnung*. Die Wölfe eines Wolfsrudels sind jedoch zueinander meist recht freundlich, Streitigkeiten werden durch kurzes Knurren und Drohen geklärt. Die Mitglieder eines Rudels kennen einander am Geruch, am Aussehen und am Heulen. Mit Heulen verständigen sie sich über weite Entfernungen.

Wölfe sind *Hetzjäger*. Das Wolfsrudel verfolgt und hetzt ein Beutetier so lange, bis es erschöpft zusammenbricht. Wölfe werden 14 bis 16 Jahre alt. In einem Wolfsrudel bringt nur die ranghöchste Wölfin einmal im Jahr 4 bis 6 blinde, hilflose Junge zur Welt. Sie werden zwei Monate lang gesäugt.

Der Wolf ist ein Hetzjäger. An einem Tag kann er bis zu 60 km zurücklegen.

Der Hund stammt vom Wolf ab

Als vor etwa 15 000 Jahren die Steinzeitmenschen auf die Jagd gingen, folgten Wolfsrudel ihren Spuren. Die Jäger erlegten auch Wölfe und nahmen vielleicht ab und zu mutterlose Wolfsjunge mit. Einige begleiteten sie fortan bei der *Jagd*.

Die Menschen merkten, dass diese „Hauswölfe" nützliche Dienste leisten konnten. Beim Aufstöbern von Wild und der Verfolgung von Fährten waren sie den Jägern sogar überlegen. Sie boten auch der Siedlung *Schutz*, da sie bei der Annäherung von Feinden durch Heulen und Bellen warnten. Alle unsere Haushunde stammen vom Wolf ab. Inzwischen gibt es über 400 verschiedene Hunderassen.

Bei keinem anderen Haustier gibt es so viele unterschiedliche Formen im Aussehen wie beim Hund. Wie viele Hunderassen findest du im Bild?

Zwei Wölfe drohen sich an. Der eine zeigt mit erhobenem Schwanz, dass er sich überlegen fühlt.

Es kommt zu einem Beißkampf. Jeder Wolf versucht dem anderen in die Kehle zu beißen.

Der Kampf ist beendet. Der Unterlegene zeigt dem Sieger seine Kehle. Er unterwirft sich.

Ajax verteidigt sein Revier

Rangordnung. Wenn der Briefträger kommt oder wenn andere Hunde am Haus vorbeilaufen, sträuben sich bei Ajax die Nackenhaare. Er läuft zum Gartenzaun, beginnt zu knurren und bellt.

Warum tut er das? Wie jeder Mensch, so hat auch Ajax ein Zuhause. Das Haus und der Garten bis zum Zaun sind sein Wohngebiet, sein *Revier*, das er verteidigt. Dieses Revier betritt nun jeden Tag der Briefträger. Ohne Erlaubnis, wie Ajax meint. Deshalb ist der Briefträger, der gar nichts von ihm will, sein größter Feind. Die Mitglieder „seiner" Familie dagegen sind seine Freunde, sie sind sein *Rudel*. Ajax kennt sie und hat sie als seine *Leittiere* anerkannt. Sie haben mehr Rechte als er, sie sind ranghöher. Sie stehen also in der *Rangordnung* höher als Ajax. Deshalb gehorcht er ihren Befehlen.

Revierverteidigung. Wenn Ajax alleine im Garten ist, dann fühlt er sich als *Ranghöchster*. Er setzt an vielen Stellen Harn als Duftmarke ab. So kennzeichnet er sein Revier. Das riechen andere Hunde, die vorbeikommen, und machen einen Bogen um das Revier von Ajax.

Kommt nun doch ein fremder Hund an den Gartenzaun, so versucht Ajax ihn einzuschüchtern und zu vertreiben. Seine Nackenhaare sträuben sich, er fletscht die Zähne und knurrt. Er droht. Meist ziehen die anderen Hunde den Schwanz ein, ducken sich und laufen schnell vorbei. Damit zeigen sie, dass sie sich *unterlegen* fühlen. Hasso, ein Rüde aus der Nachbarschaft, erkennt Ajax nicht als Ranghöheren an. Treffen sich beide, so kommt es jedes Mal zu einem Kampf. Das sieht gefährlich aus, endet aber immer gleich harmlos. Hasso, der Nachbarhund, legt sich auf den Rücken und zeigt seine Kehle. Er *unterwirft* sich. Ajax hört sofort auf zu kämpfen und lässt Hasso fliehen.

1 Kannst du die Begriffe Revier, Rudel, Leittier und Rangordnung erklären?

Hunde müssen erzogen werden

Ein Hund muss lernen sich in die Gemeinschaft einzuordnen. Im Alter von 4 bis 6 Monaten muss bereits mit der Erziehung begonnen werden. Ein schlecht erzogener Hund ist eine Plage für seine Umwelt. Er ist auch selbst nicht glücklich. Hunde wollen sich einem Herrn unterordnen. Ein Hund muss immer wissen, was er darf und was er nicht darf. Das beste Erziehungsmittel ist das Lob. Bestraft werden darf er nur für Fehler, die er gerade begangen hat. Ein gut erzogener Hund ist stubenrein, geht bei Fuß, macht auf Befehl „Sitz" und kommt sofort, wenn man ihn ruft.

Setz dich, hatte ich gesagt!

Hundehaltung – aber richtig!

In Hundeschulen kann man seinem vierbeinigen Freund am besten die Einordnung in die Gemeinschaft beibringen.

Einen Hund zu haben, das wäre wunderbar! Sicher hat der eine oder andere von euch diesen Wunsch. Doch bevor man an die *Haltung eines Hundes* denkt, müssen einige wichtige Fragen geklärt und wesentliche Voraussetzungen erfüllt werden:
– Ist die Hundehaltung, wenn man zur Miete wohnt, grundsätzlich erlaubt?
– Sind alle Familienmitglieder mit der Hundehaltung einverstanden?
– Wie groß soll der Hund sein und wie teuer? *Rassehunde* kosten oft über 500 Euro. Wäre nicht auch ein Hund aus dem *Tierheim* ein guter Kamerad?
– Wer erzieht den Hund? Ein nicht erzogener Hund ist eine Plage für seine Umwelt. In *Hundeschulen* können Herrchen und Vierbeiner miteinander üben.
– Wohin mit dem Hund im *Urlaub*? Kann er mitgenommen werden? Erlaubt beispielsweise die Hotelleitung einen Hund oder muss ein *Pflegeplatz* gefunden werden?

Hundealltag. Der Hund sollte nicht länger als 4 bis 5 Stunden pro Tag alleine sein müssen. Hunde sind Rudeltiere und brauchen die Zuwendung ihres Menschenrudels.
Ein Hund sollte mindestens dreimal am Tag für eine halbe Stunde spazieren geführt werden, damit er sich lösen kann. Das Zentrum einer Großstadt ist nicht unbedingt geeignet dafür.
Ein Hund kostet Geld. Nicht nur die Ernährung, sondern auch die *Hundesteuer* und *Haftpflichtversicherung* sind zu zahlen. Auch die Kosten für den Tierarzt für regelmäßige *Impfungen* oder bei Erkrankungen sind von vornherein mit einzuberechnen.
Hunde können 10 bis 15 Jahre alt werden. Bist du bereit, deinem Freund so lange die Treue zu halten und für ihn verantwortlich zu sein?

> Einen Hund zu halten kann viel Freude bereiten. Vor der Anschaffung sollten unbedingt wesentliche Voraussetzungen erfüllt werden.

So sollte es nicht sein. Diese beiden sind auch für andere eine Gefahr.

Ein Leben nur im Zwinger ist keine artgerechte Hundehaltung.

Falsch verstandene Tierliebe schadet Hund und Besitzer.

Kennübung: Hunderassen

Chihuahua
Der kleinste Hund der Welt wiegt höchstens 2,5 Kilogramm und ist äußerst munter und lebhaft. Nur für Leute, die einen wirklich handlichen Schoßhund haben möchten.

Kromfohrländer
Die jüngste deutsche Hunderasse mit vielen guten Eigenschaften: robust, temperamentvoll und familienfreundlich, wachsam und vital, intelligent, mit hoher Lebenserwartung.

Deutscher Boxer
Ein muskulöser, unerschrockener Verteidiger, der jedoch eine konsequente Erziehung braucht. Als temperamentvoller Familienhund benötigt er entsprechend Platz und Auslauf.

Deutsch Kurzhaar
Ein kurzhaariger, temperamentvoller Jagdhund mit kräftiger Schnauze und Schlappohren. Wie beim Boxer leider mit kurz kupiertem Schwanz. Das Fell ist grauweiß mit braunen Platten.

Alle unsere Haushunde stammen vom Wolf ab. Heute zählt man mehr als 400 Hunderassen, die man in verschiedene Gruppen einordnet: *Begleithunde* (1–3) sind Hunde, die meist in der Wohnung als Begleiter des Menschen gehalten werden. *Jagdhunde* (4–5) sind unentbehrliche Helfer bei der Jagd. Als *Arbeits-* oder *Gebrauchshunde* (6–8) bezeichnet man Hunde, die bestimmte Aufgaben erfüllen.

Irish Setter
Obwohl ein ausdauernder Jagdhund, zeigt diese Rasse oft eine ausgeprägte Sensibilität und große Anhänglichkeit an seine Bezugsperson. Tägliche Fellpflege und Auslauf sind notwendig.

Siberian Husky
Die vorwiegend als Schlittenhunde eingesetzten Tiere haben noch große Ähnlichkeit mit ihrem Vorfahren, dem Wolf. Sie brauchen viel Bewegungsfreiheit und leben gerne im Rudel.

Golden Retriever
Der freundliche und ausgeglichene Hund erfüllt gerne Aufgaben. Diese Eigenschaft wird bei der Ausbildung zum Blindenhund eingesetzt. Er lernt gut und ist leicht zu führen.

Bernhardiner
Ein gutmütiger Riese unter den Hunden, aber mit großem Platz- und Futteranspruch. Seine ruhige und unerschrockene Art hat ihn zum berühmten Rettungshund gemacht.

Praktikum: Katze und Hund sind Haustiere

1 Was musst du tun, wenn dich ein fremder Hund anknurrt? Übertrage die Tabelle in dein Heft und kreuze an.

	falsch	richtig
stehen bleiben	☐	☐
wegrennen	☐	☐
anstarren	☐	☐
wegschauen	☐	☐
wild herumfuchteln	☐	☐
keine hastigen Bewegungen machen	☐	☐
laut schreien	☐	☐
ruhig sprechen	☐	☐

Wenn ihr mehr über die Haltung einzelner Haustiere wissen wollt, verschiedene Verlage haben spezielle Bücher dazu. Ihr könnt diese Bücher in Buchhandlungen und in Zoohandlungen kaufen.

2 Notiere dir die Preise und Artikel für Hundebedarf in einem Supermarkt oder in einer Tierhandlung.

3 Erkundigt euch bei einem Hundebesitzer nach den Kosten für Hundefutter, Haftpflichtversicherung und Impfungen beim Tierarzt.

4 Stelle einen Speisezettel für eine Katze zusammen.

5 Was muss man beachten, wenn man einen Hund halten will?

6 Was muss man beachten, wenn man eine Katze halten will?

7 Woran erkennt man beim Hund, dass er angriffslustig ist? Woran merkt man, dass er ängstlich ist?

8 Beschreibe, wie ein Hund einen Knochen frisst. Welche Zähne sind beteiligt?

9 Woran erkennt man das Raubtiergebiss von Hund und Katze? Kennst du weitere Tiere, die ein Raubtiergebiss haben?

10 Weshalb wird eine Katze nie so gehorsam wie ein Hund?

11 Welche Bedeutung hat es, wenn der Hund mit dem Schwanz wedelt? Welche dagegen, wenn die Katze dasselbe tut?

12 Welche Körperhaltung nimmt eine Katze ein, wenn sie am stärksten droht?

13 Wem würdest du Recht geben?

Praktikum: Katze und Hund sind Haustiere

1 Wieso können die Kinder im Garten mit dem Hund spielen, obwohl an der Gartentür ein Schild hängt: „Vorsicht, bissiger Hund"?

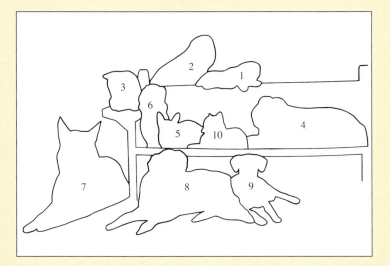

2 Wenn du wissen willst, welche Hunderassen in Bild 2 auf S. 22 zu sehen sind:

1 Pekinese
2 Lhasa Apso
3 Yorkshire Terrier
4 Bearded Collie
5 Französische Bulldogge
6 King Charles Spaniel
7 Deutscher Schäferhund
8 Pyrenäenhund
9 Labrador Retriever

Hast du gemerkt, dass Nummer 10 eine Katze ist?

Ein Zwergkaninchen als Haustier

Zwergkaninchen brauchen einen großen Käfig, Auslauf im Garten und viel Zeit für Zuwendung und Pflege.

Ich wünsche mir ein Zwergkaninchen

Zwergkaninchen sind gerade bei Kindern sehr beliebt. Die Tiere mit dem rundlichen Kopf, den Kulleraugen und den kurzen Ohren werden sofort von jedem ins Herz geschlossen. Aber bitte Vorsicht: Zwergkaninchen sind Lebewesen, die nicht nach dem Spielen in den Schrank gestellt werden können. Wer ein Kaninchen anschafft, ist auch dafür verantwortlich.

Das Futter

Das Zwergkaninchen braucht morgens und abends Futter. Es sollte nicht mehr Futter gegeben werden, als das Tier sofort auffrisst. Heu, Karotten, Äpfel, Kartoffelschalen und hartes Brot für die Zähne gehören zum täglichen Speiseplan. Frischer Löwenzahn, würzige Kräuter und Gras dürfen nicht fehlen. Auch das Grünfutter muss immer frisch, sauber gewaschen und trocken sein. An Zweigen und Aststücken kann das Kaninchen seine immer nachwachsenden Nagezähne abnutzen und zusätzlich dabei Faserstoffe fressen. Stets braucht das Tier frisches Wasser.

Der Auslauf

Jedes Zwergkaninchen gräbt für sein Leben gern und hat einen großen Bewegungsdrang. Darum braucht es täglich Auslauf im Garten. Es wird ein Drahtpferch mit Dach zum Schutz gegen Sonne und Regen gebaut. Jeden Tag stellt man den Pferch an eine andere Stelle im Garten. Aber Vorsicht: Die Tiere buddeln sich Gänge ins Freie. Lässt man das Zwergkaninchen in der Wohnung laufen, muss das Zimmer kaninchensicher sein. Die Tiere nagen alles an; gefährlich wird es beim Elektrokabel!

So pflege ich mein Zwergkaninchen

Zwergkaninchen werden nur bei sehr guter Pflege stubenrein. Der Käfig soll alle zwei bis drei Tage sauber gemacht werden. Die Tiere wollen sehr viel Zuwendung. Da Kaninchen gesellige Tiere sind, ist es besser, 2 Kaninchen, am besten 2 Weibchen, zu halten. Das Kaninchen darf nicht an den Ohren hochgehoben werden. Zum Aufnehmen fasst man mit der Hand unter das Tier und packt mit der anderen Hand die weiche Haut in seinem Nacken.

So sollte der Käfig für das Zwergkaninchen aussehen

Um ein Kaninchen artgerecht zu halten, muss der Käfig mindestens 1 m lang und 1 m breit sein. Eine Höhe von 50 cm ist ausreichend. Der Boden des Käfigs sollte leicht sauber zu machen sein. Wichtig ist auch eine Schlupfhöhle im Käfig, die mit Heu ausgepolstert ist. Eine Heuraufe und eine Trinkflasche sind für Futter und Wasser bestimmt.

Wo soll der Käfig stehen?

Weil das Zwergkaninchen keine Hitze verträgt, soll der Käfig nicht neben der Heizung oder in der Sonne stehen. Auch Zugluft macht die Tiere krank.

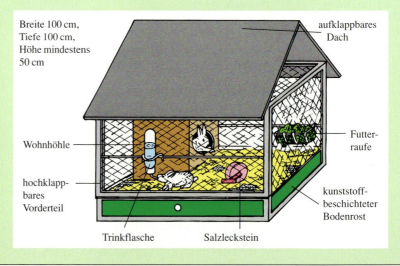

Das Meerschweinchen

> Unsere Meerschweinchen fressen: Wurzeln, Salat, Äpfel, Gemüse, Sonnenblumenkerne. Erst haben wir nur ein einziges gehabt. Es heißt Pummel. Damals wussten wir noch gar nicht, dass Meerschweinchen miteinander reden können. Das zweite nannten wir Quieki, weil es plötzlich losquiekte, als es dicht bei Pummel war. Und da konnte der plötzlich auch quieken! Die beiden zwitschern auch richtig zusammen oder gurren so ähnlich wie Tauben. Zur Begrüßung beschnuppern sie sich immer. Beide leben zusammen in einer Kiste, in der sie sich ganz wohl fühlen. Leider werden sie immer dicker.
>
> Hans

Pummel und Quieki in einer selbst gebauten Karton-Villa

Meerschweinchen paaren sich 4- bis 5-mal im Jahr. Nach ungefähr 9 Wochen bringen die Weibchen 2 bis 3 Junge zur Welt, die sofort nach der Geburt selbstständig sind. Die Jungen haben bereits offene Augen, ein Fell und ein vollständiges Gebiss, mit dem sie schon kurze Zeit nach der Geburt nagen und fressen können. Meerschweinchen können gut riechen, sehen und hören. Sie geben eine Vielzahl von Lauten von sich: Sie gurren, schnurren, quieken und pfeifen. Meerschweinchen werden etwa 8 Jahre alt.

Meerschweinchen sind südamerikanische *Nagetiere*. Sie bewohnen *Erdhöhlen* in lichten, bergigen Buschlandschaften. Meerschweinchen sind *gesellig*. Sie leben paarweise oder in Gruppen bis zu 10 Tieren. Ein einzelnes Tier benötigt wenig Platz. Bei anbrechender Dunkelheit gehen sie auf Nahrungssuche. Sie fressen Gras und andere frische Pflanzen. Sie sind *Pflanzenfresser*.

1 Was musst du beachten, wenn du ein Meerschweinchen halten willst?

2 Wie sollte ein Käfig für Meerschweinchen aussehen?

3 Meerschweinchen können bis zu 10 Jahre alt werden. Dies bedeutet, dass du dich über viele Jahre hinweg täglich um deinen Hausgenossen kümmern musst. Bist du dazu bereit?

Wilde Meerschweinchen in Südamerika. Sie leben gern in Gruppen.

Heimat der Meerschweinchen (rot)

Wie richte ich ein Aquarium ein?

Hast du Lust dir selbst ein Aquarium einzurichten, um Fische beobachten zu können? Lass dich in einem Zoogeschäft beraten. Zunächst musst du dich entscheiden, was für ein Aquarium du haben willst. Salzwasseraquarien sind für Fische aus dem Meer. Im Süßwasseraquarium hält man Fische aus Seen und Flüssen. Stammen die Fische aus kalten Gewässern, braucht man ein Kaltwasseraquarium. Beim Warmwasseraquarium muss das Wasser mit einem Heizregler auf etwa 25 °C erwärmt werden. Für Anfänger sind Warmwasseraquarien besser geeignet. Guppys, Neonfische, Skalare oder Schwertträger sind darin einfach zu halten.

Warmwasseraquarium

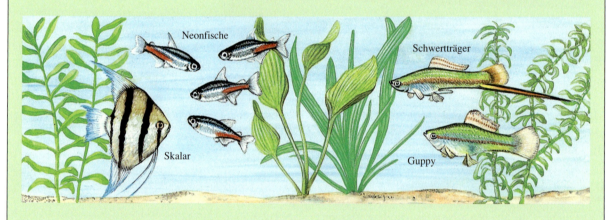

Zunächst füllt man gewaschenen Quarzsand in das Becken. Dabei soll ein Gefälle von hinten nach vorne entstehen, damit sich der Schmutz an der tiefsten Stelle sammelt und leichter entfernt werden kann. Dann bepflanzt man das Aquarium. Gut geeignet ist die Sumpfschraube „Vallisneria".

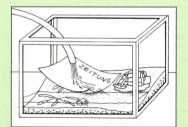

Über eine Zeitung leitet man langsam Wasser in das Becken. So wird weniger Sand aufgewirbelt. Die Pflanzen wachsen leichter an, wenn das Becken zunächst nicht ganz gefüllt wird. Nach einigen Tagen kann man das Aquarium bis ungefähr 10 Zentimeter unter den oberen Rand auffüllen.

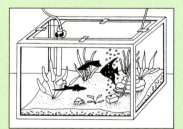

Eine Woche später ist das Wasser klar. Mit einem Heizregler erwärmt man es auf die richtige Temperatur. Gute Hilfe leistet ein Lüfter, der ständig Luft durch das Wasser bläst. Will man kein Kunstlicht verwenden, muss das Aquarium an einem hellen Platz stehen. Nun kann man die Fische einsetzen.

Zur Diskussion: Verantwortung für unsere Haustiere

Auszug aus dem Tierschutzgesetz

§ 1 Zweck dieses Gesetzes ist es, aus der Verantwortung des Menschen für das Tier als Mitgeschöpf dessen Leben und Wohlbefinden zu schützen. Niemand darf einem Tier ohne vernünftigen Grund Schmerzen, Leiden oder Schäden zufügen.

§ 2 Wer ein Tier hält, betreut oder zu betreuen hat, muss das Tier seiner Art und seinen Bedürfnissen entsprechend angemessen ernähren, pflegen und verhaltensgerecht unterbringen …

§ 3 Es ist verboten, … ein im Haus, Betrieb oder sonst in Obhut des Menschen gehaltenes Tier auszusetzen oder es zurückzulassen, um sich seiner zu entledigen …

Wird das Meerschweinchen in der Kiste artgerecht gehalten? Ist die Kiste groß genug zum Wohlfühlen?

Dieser Hund wurde am Ferienbeginn an einer Straße ausgesetzt.

2 eigenw. Kaninchendamen suchen paradies. Gehegeplatz mit Kontakt zu Artgenossen bei erf. Liebhaber. Tel. D-02721/

Wg.Wohnungsaufgabe su. ich dringend ein neues Zuhause für meinen 3 1/2 Mon. alten Kater Charlie und der 4 1/2 alten Katze Laura. Beide zu versch., 07052/

2 einmalig schöne, gesunde Schmusekätzchen, ca. 4-5 Mon. alt, von rücksichtslosen Menschen im Wald einfach ausgesetzt, suchen zus. dringend liebevolles Zuhause, Eilt! 07248/

Yorkshire Terrier Welpen, 9 Wo., liebevoll in Familie aufgezogen, geimpft, entwurmt u. m. Papieren, suchen ein liebevolles Zuhause für ein ganzes Hundeleben. 06392/

Meerschweinchen, weibl., Rosette - Blond, ca. 3 J., mit Käfig, wegen Allergie zu verschenken, nur in gute Hände!. 07231/

Gr. temperamentv., 3 jähr. Rottweiler Hündin, aus Zeitmangel in gt. Hde. 07042/

Suche **Gerät, das durch Töne Katze von neuem Sofa vertreibt**. Tel. D-07622/

Zu kaufen gesucht: **kleiner Affe** als Gesellschaft für eine behinderte Frau. Offerten an

Wer ein Haustier hält, trägt dafür die Verantwortung.
– Verstoßen die Besitzer der oben abgebildeten Tiere gegen das Tierschutzgesetz?
– Lest die nebenstehenden Anzeigen und diskutiert darüber in der Klasse.

Das Pferd – vom Steppentier zum Nutztier

Eine Pferdeherde in der Steppe Ungarns

Pferde in der Steppe

Natürlicher Lebensraum. Pferde besiedelten früher in der Eiszeit weite, offene Graslandschaften in Europa und Asien. Sie lebten in großen Herden. Diese wurden vom stärksten männlichen Tier angeführt, dem *Leithengst*.

Säbelzahntiger mit mächtigen Eckzähnen, Wölfe und andere große Raubtiere waren die Feinde der Pferde. Wenn sie auftauchten, stoben die Pferde mit donnerndem Hufschlag davon. Pferde sind *Fluchttiere*. Sie nützen ihre Schnelligkeit, um einer Gefahr zu entgehen. Die Hufe, mit denen sie Angreifer durch Ausschlagen allenfalls abwehren könnten, setzen sie meist nur im Kampf mit Artgenossen ein. Bei günstigem Wind „wittern" Pferde ihre Feinde mit dem Geruchssinn von weitem. Auch *hören* sie *gut*. Die *Augen stehen seitlich* am Kopf. So können die Tiere im weiten Grasland einen großen Bereich überblicken. Direkt nach vorne sehen sie allerdings nur, wenn sie den Kopf etwas drehen. Dies ist auch der Grund, warum Pferde normalerweise um Hindernisse herumlaufen.

Körperbau. Pferde können schnell und ausdauernd laufen. Ihre Beine sind *Laufbeine*. Die Speiche des Vorderbeins und das Schienbein des Hinterbeins sind kräftige Röhrenknochen. Der Fuß wird im Wesentlichen vom Mittelfußknochen und der mittleren Zehe gebildet. Der letzte Zehenknochen ist von einem einzigen *Huf* aus Horn umhüllt. Das Pferd zählt unter den Huftieren deshalb zu den *Einhufern*. Sie werden auch als *Unpaarhufer* bezeichnet. Da der Fuß nur mit der Spitze der Zehe auftritt, ist das Pferd ein *Zehenspitzengänger*.

> Pferde sind ursprünglich Steppentiere. Sie zählen zu den Unpaarhufern.

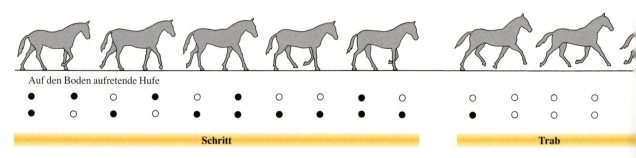

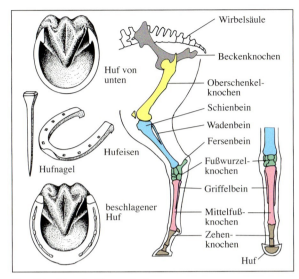

Das Pferd ist ein Unpaarhufer.

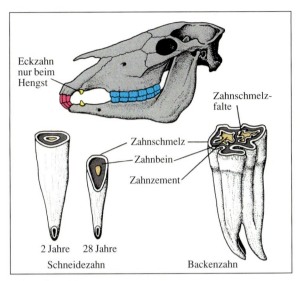

Schädel und Pflanzenfressergebiss

Das Fell der Pferde besteht aus kurzen, glatten Haaren. Wild lebenden oder im Freien lebenden Pferden wächst im Winter ein dichtes, zottiges Winterfell. Den Hals schmückt eine lange Mähne. Beim ausdauernden, schnellen Lauf sorgt der Schweiß für Abkühlung. So bleibt die Körpertemperatur des Pferdes stets bei etwa 38 °C. Die Lungen des Pferdes sind groß. Durch die *Nüstern,* die großen Nasenöffnungen, kann das Pferd viel Luft aufnehmen. Dicke Adern versorgen die kräftigen Muskeln mit Blut.

Ernährung und Gebiss. Steppengräser sind hart. Daher werden die hohen Kronen der Zähne stark abgenutzt. Sie wachsen aber ständig nach. Schmelzfalten halten die Zahnoberfläche rau. Da sie sich schwächer abnützen als das Zahnbein und der Zahnzement, entstehen an ihnen scharfe Kanten. Pferde beißen das Gras mit den *Schneidezähnen* ab und zermahlen es zwischen den *Backenzähnen* von Ober- und Unterkiefer.

Verdauung. Pflanzennahrung ist arm an Nährstoffen. Daher braucht das Pferd viel Futter, bis es satt ist. Der Darm kann bis zu 20 Meter lang sein. Besonders wichtig für die Verdauung ist der große *Blinddarm.*

> Pferde sind Pflanzenfresser. Ihr Gebiss und ihre Verdauungsorgane sind an Pflanzennahrung angepasst.

1 Mit welchen Teilen des Fußes tritt der Mensch auf dem Boden auf, mit welchen das Pferd? Fertige eine einfache Strichzeichnung an.

2 Wenn Pferde bei Reitturnieren ein Hindernis anreiten, kann man oft beobachten, dass sie den Kopf schräg halten. Warum?

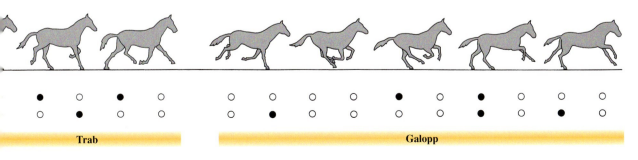

Fortpflanzung. Nach einer Tragzeit von etwa 11 Monaten bringt die *Stute*, das weibliche Pferd, das *Fohlen* zur Welt. Es ist behaart und kann schon sehen und hören. Gleich nach der Geburt versucht es aufzustehen und zu laufen. Tiere, die wie das Pferd schon kurz nach der Geburt recht selbstständig sind, bezeichnet man als *Nestflüchter*.

> Die Fohlen werden von der Mutterstute mit Milch gesäugt. Pferde sind Säugetiere.

Eine Stute säugt ihr Fohlen.

Mensch und Pferd

Nutzung. Die Menschen der Eiszeit jagten *Wildpferde*. Sie aßen das Fleisch und nähten aus dem Fell Kleidungsstücke. Als die Menschen später Äcker und Felder bestellten, hielten sie Pferde als *Arbeitstiere*.

In Schlachten waren berittene Krieger dem Fußvolk weit überlegen. Über Jahrtausende hinweg waren daher Reitervölker, wie Hunnen, Mongolen oder Araber, den anderen weit voraus. Dies galt bis zur Erfindung von Feuerwaffen.

Heute spielt das Pferd als Arbeitstier bei uns keine Rolle mehr. Traktoren ziehen jetzt Pflug und Wagen. Die Kutsche wurde von Eisenbahn und Auto abgelöst. Noch vor wenigen Jahren sah es so aus, als würde es Pferde bald nur noch im Zoo geben. Da der Reitsport inzwischen aber immer beliebter wird, nimmt die Zahl der Pferde wieder zu.

Abstammung. Heute gibt es nur noch eine Wildpferderasse, das *Przewalskipferd*. Es lebt in Steppengebieten Asiens und ist in manchen zoologischen Gärten zu sehen. Sein Fell hat eine gelbbraune Farbe. Die Mähnenhaare stehen wie eine Bürste vom Hals ab. Über den Rücken zieht sich ein dunkler Streifen. Man nennt ihn *Aalstrich*. Alle anderen heute wild lebenden Pferde sind verwilderte Hauspferde.

Vor einigen hundert Jahren noch gab es viele Wildpferderassen. Aus diesen hat der Mensch die heutigen *Pferderassen* gezüchtet. Bauern legten vor allem Wert auf kräftige, gutmütige Tiere. Reitervölker bevorzugten schnelle und ausdauernde Reittiere. Pferde, die Wagen ziehen sollten, mussten kräftig, ausdauernd und flink sein.

Heute unterscheidet man bei den Pferden *Vollblüter*, *Warmblüter* und *Kaltblüter*.

Araberstute mit Fohlen

Schwarzwälder Fuchs

Hannoveraner

Pferderassen

Vollblüter sind die temperamentvollsten und edelsten Pferde. Sie haben einen zierlichen Kopf und einen schlanken Rumpf. Unter dem kurzen Fell sind die Muskeln und Adern deutlich zu erkennen. Ihre sehnigen, langen Beine verraten den schnellen Läufer. Die bekanntesten Vollblüter sind die *Araberpferde*.

Auch die *Englischen Vollblüter* zählen hierzu, die vor allem als schnelle und ausdauernde Rennpferde bekannt sind.

Kaltblüter besitzen einen massigen, kräftigen Körper. Ihre Beine sind im Verhältnis zum Körper kurz und stämmig. Über den Hufen sind die Beine lang behaart. Vom Temperament her sind sie eher behäbig. Sie waren vor allem in der Landwirtschaft als Arbeitstiere von großer Bedeutung. Heute sieht man Kaltblüter nur noch wenig. Maschinen haben ihre Arbeitskraft ersetzt.

Im Schwarzwald wird noch häufig der *Schwarzwälder Fuchs* gehalten, der für diese Gegend ein vorzügliches Pferd darstellt. Er ist sowohl ein Zug- und Tragtier als auch ein Reittier. Im Rahmen des Fremdenverkehrs werden die Pferde auch als Kutsch- und Schlittenpferde geschätzt.

Warmblüter. Die meisten der heutigen Pferderassen gehören zu den Warmblütern. Sie sind aus Kreuzungen zwischen Vollblütern und Kaltblütern hervorgegangen. Heute werden sie vor allem als Reitpferde und als Springpferde verwendet. *Trakehner Pferde*, *Hannoveraner* und *Holsteiner Pferde* gehören zu den Warmblütern.

Die Namen Vollblüter, Warmblüter und Kaltblüter haben also nichts mit dem Blut oder der Körpertemperatur zu tun. Sie beziehen sich auf das *Temperament* der Pferde.

Das Rind – unser wichtigstes Nutztier

Abstammung und Lebensraum. Rinder gehören zu unseren wichtigsten Nutztieren. Allein in der Bundesrepublik Deutschland zählt man derzeit etwa 15 Millionen Rinder.

Es gibt etwa hundert Rinderrassen. Bei uns am bekanntesten sind das Schwarzbunte Niederungsvieh, das Braunvieh und das Rotbunte Höhenvieh. Alle Rinderrassen stammen vom *Ur* oder *Auerochsen* ab, der früher lichte Wälder, Täler mit kleinen Waldstücken und weite Graslandschaften bewohnte. Wahrscheinlich wurden schon vor etwa 8000 Jahren die ersten Auerochsen eingefangen und zur Fleischversorgung gehalten. Die Auerochsen wurden vor mehr als 300 Jahren vom Menschen ausgerottet. Der letzte Auerochse starb 1627 in einem Wildgehege in Polen.

Fortpflanzung. Nach 9 Monaten *Tragzeit* bringt die Kuh ihr *Kalb* zu Welt. Kälber sind *Nestflüchter*, denn sie stehen schon kurz nach der Geburt auf und laufen umher. Sie haben ein Fell, können sehen, riechen und hören. Sobald sie stehen können, suchen sie das *Euter* der Mutter, um dort Milch zu saugen.

> Das Rind ist ein Säugetier.

Bulle, Farre = männliches Rind, Stier
Ochse = kastrierter Stier

Kalbe, Färse = Kuh, die noch nicht gekalbt hat

Rotbunte Kuh mit ihrem Kälbchen auf der Weide

Schwarzbuntes Niederungsvieh

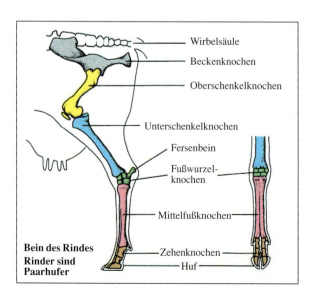

Bein des Rindes. Rinder sind Paarhufer

Wirbelsäule, Beckenknochen, Oberschenkelknochen, Unterschenkelknochen, Fersenbein, Fußwurzelknochen, Mittelfußknochen, Zehenknochen, Huf

Körperbau. Hast du schon einmal Rinder auf der Weide beobachtet? Auffällig an ihnen ist der mächtige *Rumpf*. Mehr als 600 Kilogramm schwer kann ein Rind werden. Vier stämmige Beine tragen den Körper. Zwei Zehen sind an jedem Fuß besonders kräftig entwickelt. Jede trägt einen Huf. Deshalb bezeichnet man die Rinder als *Paarhufer*. Mit den Hufen tritt das Tier auf dem Boden auf. Dabei spreizen sich die Hufe etwas auseinander. Dies verhindert, dass das Rind auf weichem Untergrund einsinkt. Außerdem wird der Stand sicherer.

> Rinder haben an jedem Fuß zwei Hufe. Sie zählen deshalb zu den Paarhufern.

Der Kopf des Rindes ist im Verhältnis zum großen Körper recht klein. Die beiden seitlich abstehenden spitzen *Hörner* sitzen auf knöchernen Zapfen des Schädels. Das Gehörn spielt eine wichtige Rolle, wenn die Rinder um einen möglichst hohen Rang in der Herde kämpfen.

Der *Geruchssinn* ist beim Rind gut ausgebildet. Es kann auch *sehr gut hören*. Die großen *Augen* stehen seitlich, sodass das Rind ein großes Umfeld überblickt. Farben sieht es nicht.

> Geruchssinn und Hörsinn sind beim Rind gut ausgebildet. Sehen kann es nicht so gut.

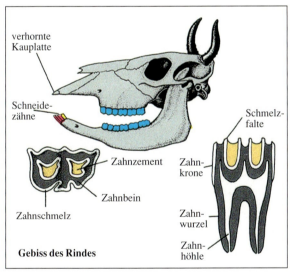

Gebiss des Rindes

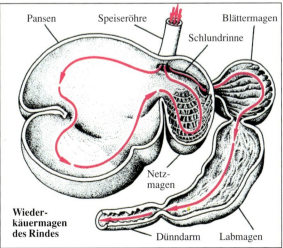

Wiederkäuermagen des Rindes

Ernährung und Gebiss. Unentwegt grasen die Rinder auf der Weide. Sie sind *Pflanzenfresser*. Mit ihrem guten *Geruchssinn* können sie genießbare von ungenießbaren Kräutern unterscheiden. Kurze Gräser und Kräuter werden mit den *Schneidezähnen* des Unterkiefers gegen die zahnlose, harte und *verhornte Kauplatte* des Oberkiefers gepresst. Zähne und Kauplatte wirken zusammen wie eine Zange. Mit einem kurzen Ruck des Kopfes wird das Gras dann abgerupft. Lange Gräser und Kräuter werden mit der rauen, muskulösen Zunge umfasst und abgerissen.

Die *Backenzähne* des Rindes haben harte *Schmelzfalten*. Diese bilden raue Oberflächen, mit denen die Nahrung wie zwischen Mühlsteinen zermahlen wird.

Verdauung. Die aufgenommene Nahrung wird zunächst mit viel *Speichel* vermengt und dann fast unzerkaut geschluckt. Daher kann das Rind in kurzer Zeit viel Nahrung aufnehmen. Bis zu 70 Kilogramm Futter frisst es am Tag. Zunächst gelangt die Nahrung durch die *Speiseröhre* in eine große Magenkammer, den *Pansen*. Dieser kann bis zu 200 Liter aufnehmen. Im Pansen leben viele Milliarden winzig kleiner Lebewesen, unter anderem Bakterien. Sie helfen mit die Nahrung zu zersetzen.

Nach einiger Zeit gelangt der Speisebrei in den *Netzmagen*. Dort wird er zu kleinen Ballen geformt und dann durch die Speiseröhre wieder ins Maul zurückbefördert. Jetzt wird die Nahrung nochmals kräftig mit Speichel vermengt und ausgiebig gekaut. *Wiederkäuen* nennt man diesen Vorgang. Dazu legt sich das Rind meist nieder. Beim Schlucken gelangt der Speisebrei über die *Schlundrinne* in den *Blättermagen*. Hier wird ihm vor allem Wasser entzogen. Erst im letzten Magenabschnitt, dem *Labmagen*, erfolgt schließlich die Verdauung.

> Das Rind ist ein Pflanzenfresser. Es kaut seine Nahrung wieder. Die Backenzähne besitzen raspelartige Kauflächen.

1   Beobachte ein Rind auf der Weide beim Fressen und Wiederkäuen. Berichte.

2   Vergleiche Pferd und Rind. Erstelle eine Tabelle mit Gemeinsamkeiten und Unterschieden.

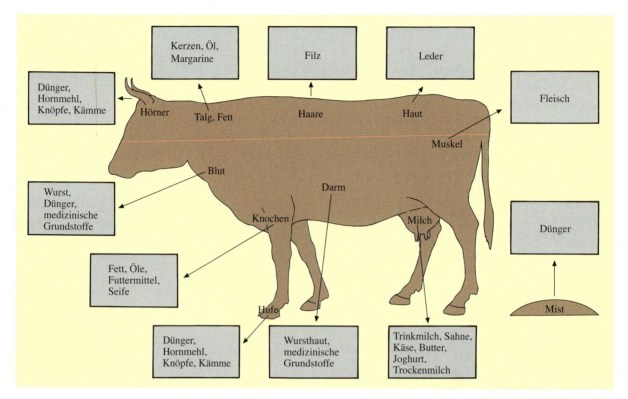

Nutzung. Rinder liefern uns vor allem *Milch* und *Fleisch*. Es gibt *Rinderrassen*, die vorwiegend für die Milcherzeugung gezüchtet wurden. Solche Hochleistungsrinder können bis zu 10 000 Liter Milch im Jahr geben. Das sind über 30 Liter am Tag. Aus Milch gewinnt man Butter, Käse, Joghurt, Sahne und andere Milchprodukte. Bei uns hält man meist *Zweinutzungsrinder*, die sowohl viel Milch als auch viel Fleisch liefern. Das Schwarzbunte Niederungsvieh ist ein Zweinutzungsrind.

Rinderhaltung. Heute werden viele Rinder nicht mehr auf der Weide, sondern das ganze Jahr über in Ställen gehalten. Solche Ställe sehen oft aus wie Fabrikhallen. Das Melken erfolgt mit der Melkmaschine. Der Kot fällt durch Gitterroste und wird maschinell entfernt. Auch die Füllung des Futtertrogs erfolgt automatisch zu bestimmten Tageszeiten. Die Zusammensetzung des hochwertigen Kraftfutters wird vom Computer bestimmt. Oft werden die Hörner entfernt, damit die Tiere nicht mehr miteinander kämpfen und sich dabei verletzen können. Schon kurz nach der Geburt werden die Kälber von der Mutter getrennt, sodass der Mensch die Milch für sich allein verwenden kann.

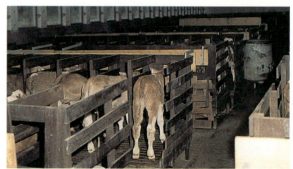

Seit 1995 dürfen in Deutschland Kälber nur noch in Gruppen und in hellen Ställen gehalten werden. Die Einzelhaltung in dunklen Ställen und engen Boxen (Bild oben) entspricht nicht den natürlichen Bedürfnissen von Kälbern.

Kennübung: Rinderrassen

Urrind
Das Urrind war in Europa, Asien und Nordafrika verbreitet und ist vor rund 350 Jahren ausgestorben. Der Ur war Fleischlieferant, aber auch Milchkuh und Arbeitstier für den Menschen.

Pinzgauer
Zweinutzungsrind, das ursprünglich aus dem Wallis kommt und wegen seiner Widerstandsfähigkeit und seines guten Stehvermögens besonders in Bergregionen gehalten wird.

Deutsche Jersey
Das Jersey-Rind, eher klein und zierlich, ist eine reine Milchrasse. Heute nahezu weltweit verbreitet, stammt die Jersey ursprünglich von der gleichnamigen britischen Insel.

Charolais
Dieses kräftig gebaute Fleischrind mit prämierter Fleischqualität geht auf eine aus Charolles, Frankreich, stammende, robuste Landrasse zurück.

Galloway
Diese Tiere stehen für eine anspruchslose, widerstandsfähige und fügsame Rasse. Die ersten Tiere stammten aus Schottland. Es handelt sich um die älteste Rasse Großbritanniens.

Schottisches Hochlandrind
Das Hochlandrind ist eine genügsame Rasse, das bei jedem Wetter auf der Weide sein kann. Heimat der Tiere mit dem langen zottigen Haarkleid sind die Schottischen Highlands.

Ungarisches Steppenrind
Das kräftige, ausdauernde Tier ist aschgrau und hat ausladende Hörner. Es kann schwere Lasten ziehen und wird in seiner Heimat Ungarn vorwiegend als Arbeitstier eingesetzt.

Yak
Das Rind mit der stark ausgeprägten Bauchmähne ist sehr robust und eignet sich für die Haltung in Hochlagen bis zu 6000 Metern. Das Reit- und Tragtier stammt aus Tibet.

Zebu
Die ursprünglichen Zebus stammten aus den Tropen und waren hervorragende Zugtiere. Durch Kreuzungen mit Hausrindern ist die Rasse heute eher ein Zweinutzungsrind.

Das Huhn

Früher lebten alle Hühner so wie diese.

Hühner auf dem Bauernhof
Mit Tagesbeginn wird es laut im Hühnerstall. Der Hahn kräht. Vom Nachbarhof antwortet ein anderer.
Rangordnung. Sobald die Luke des Hühnerstalls geöffnet wird, kommen die Hühner auf den Hof. Dicht umlagern sie den Futtertrog. Es gibt kaum Streit. In der Hühnerschar herrscht eine *Rangordnung*. Entsprechend seinem Rang kommt jedes Huhn ans Futter. Drängt sich ein rangniederes Huhn vor, wird es *angedroht* oder gehackt. Weicht es dann nicht zurück, gibt es einen *Kampf*. Das unterlegene Huhn ordnet sich in Zukunft dem Sieger unter.
Ernährung. Schnell und zielsicher picken die Tiere Körner auf. Wenn der Futtertrog leer ist, *scharren* sie im Hof nach Futter. Sie fressen nicht nur Körner, sondern auch die Samen von Wildkräutern, Abfälle, junges Gras, Käfer und Würmer. Oft scharrt der *Hahn* und lockt die *Hennen* zum Futter.
Körperpflege. Mehrmals am Tag nehmen die Hühner ein *Staubbad*. Dazu legen sie sich in flache Bodenmulden, scharren und plustern ihr Gefieder auf. Der Staub erstickt lästige Schmarotzer im Gefieder.
Eiablage. Zum *Eierlegen* suchen sich die Hennen möglichst versteckte Plätze *am Boden*. Strohgefüllte Legenester am Stallboden werden von den meisten Hennen als Legeplatz angenommen. Im Jahr legt ein Huhn etwa 300 Eier.

Aufbaumen. Noch bevor es dunkel ist, fliegen die Hühner zum Schlafen auf ihre Sitzstangen im Stall. Das nennt man *Aufbaumen*. Wild lebende Hühner schlafen tatsächlich auf Bäumen.

Ein Nutztier seit alter Zeit
Unser Haushuhn hat Vorfahren aus Indien, die *Bankivahühner*. Sie leben dort noch heute wild. Schon vor 4500 Jahren haben die Menschen Bankivahühner mit Futter in die Nähe ihrer Siedlungen gelockt.

Bankivahahn. Siehst du Unterschiede zum Haushahn?

Im Dickicht der Umgebung legten die halbwilden Vögel dann ihre Eier. Nicht nur die Eier, auch Fleisch und Federn der Vögel waren begehrt. Im Laufe langer Zeit wurden die Hühner schließlich zu Haustieren. Viele verschiedene *Hühnerrassen* wurden seither gezüchtet. *Legerassen* legen bis zu 300 Eier im Jahr, *Fleischrassen* wachsen rasch.

> Alle Haushuhnrassen sind durch Züchtung aus dem Bankivahuhn entstanden. In der Hühnerschar herrscht eine strenge Rangordnung.

Bodenhaltung
Nur noch selten leben heute Hühner im Hühnerhof. Im Gegensatz zu dieser *Freilandhaltung* werden bei der *Bodenhaltung* nur Hennen gehalten, meist zu Hunderten in großen Ställen. Dort können sie bei Tageslicht frei umherlaufen, picken, scharren, Futter und Wasser aufnehmen und bei Bedarf ein Sandbad nehmen. Ihre Eier legen sie in Legenester. Häufig werden jedoch zu viele Hennen in einem Stall gehalten.

Bodenhaltung bei Hühnern

Wildhühner
Ungefähr 250 verschiedene Arten von Hühnervögeln gibt es auf der Welt. Sie alle sind Bodenvögel. Wie das Haushuhn suchen sie am Boden scharrend nach Nahrung, nehmen Staubbäder und brüten am Boden. Auch bei uns leben Wildhühner. Zu ihnen gehören das Rebhuhn und der Jagdfasan, der aus Südasien stammt und bei uns eingebürgert ist.

Das Rebhuhn lebt auf Feldern und Brachland.

Der Fasanenhahn ist bunter gefärbt als die Henne.

Hühner in der Eierfabrik

In engen Drahtkäfigen fristen Hühner in Legebatterien ein tierunwürdiges Dasein.

Legebatterie. Dicht an dicht sitzen die Hühner in engen *Drahtkäfigen*. Tausende von Käfigen mit meist vier Hennen sind in riesigen Hallen neben- und übereinander gestapelt. Ein Käfig für 4 Hühner ist nur 40 Zentimeter lang, 40 Zentimeter breit und ebenso hoch. *Ein Huhn hat also nur etwa so viel Platz, wie diese Seite groß ist!* Der Käfigboden besteht aus einem Gitter. Darunter ist ein Auffangblech für den Kot. Hier müssen die Tiere ihr ganzes Leben verbringen. Damit die Hühner ständig fressen und möglichst viele Eier legen, brennt in den fensterlosen Ställen fast 23 Stunden lang Licht. Die Tiere haben nur etwa eine Stunde Ruhe pro Tag. Auf diese Weise legt ein Huhn im Durchschnitt 250 Eier pro Jahr. *Transportbänder* füllen die Futterrinnen vor den Käfigen automatisch mit einem besonderen *Kraftfutter* und nehmen auch die Eier mit. Die *unnatürliche Enge* führt oft dazu, dass die Tiere angriffslustig werden und sich picken. Um Verletzungen zu vermeiden werden die Schnäbel gekürzt.

1 Tierschützer bezeichnen die Legebatteriehaltung der Hühner als Tierquälerei.
Lest den unten stehenden Auszug aus dem Tierschutzgesetz und diskutiert in der Klasse über Freilandhaltung: das Ei zu 20 Cent; Bodenhaltung: das Ei zu 15 Cent; Batteriehaltung: das Ei zu 9 Cent.
Denkst du, dass ein so geringer Preisunterschied das Leiden der Hühner in Legebatterien rechtfertigt?

Auszug aus dem Tierschutzgesetz

§ 1 Zweck dieses Gesetzes ist es, aus der Verantwortung des Menschen für das Tier als Mitgeschöpf dessen Leben und Wohlbefinden zu schützen. Niemand darf einem Tier ohne vernünftigen Grund Schmerzen, Leiden oder Schäden zufügen.

§ 2 Wer ein Tier hält, betreut oder zu betreuen hat, muss das Tier seiner Art und seinen Bedürfnissen entsprechend angemessen ernähren, pflegen und verhaltensgerecht unterbringen.

Vom Ei zum Küken

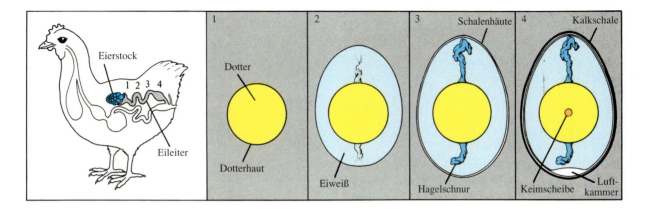

Wie ein Hühnerei entsteht. Hühnereier sind für uns ein wichtiges *Nahrungsmittel*. Kaum jemand denkt noch daran, dass Hühner die Eier zu ihrer *Fortpflanzung* legen und nicht für unsere Pfannen!
Nur etwa 24 Stunden dauert es, bis ein Hühnerei legefertig ist. Aus einer winzigen *Eizelle,* so groß wie dieser Punkt ·, bildet sich im *Eierstock* eine *Dotterkugel*. Sie gelangt in den *Eileiter*. Hier wird sie nacheinander mit dem *Eiweiß*, den *Schalenhäuten* und der *Kalkschale* umgeben.

Vom Ei zum Küken. Wenn der Hahn die Henne begattet, wird die Eizelle im Anfangsteil des Eileiters *befruchtet*. Aus der befruchteten Eizelle entstehen viele Zellen. Sie bilden zusammen die *Keimscheibe*. Beim frisch gelegten Ei kann man die Keimscheibe als kleinen, hellen Fleck auf dem Dotter erkennen. Die Keimscheibe entwickelt sich zum *Embryo* und schließlich zum Küken, wenn die Henne das Ei mit ihrer Körperwärme ausbrütet. Zur Brutzeit fallen der Henne am Bauch die Federn aus. Die nackte Haut überträgt die *Wärme* besser auf die Eier. Immer wieder wendet die Henne die Eier mit dem Schnabel. Die Keimscheibe liegt in ihnen trotzdem *immer oben*, also an der wärmsten Stelle. Der Dotter ist nämlich an zwei Eiweißschnüren, den *Hagelschnüren*, drehbar aufgehängt. 20 Tage brütet die Henne auf den Eiern. Nur kurz verlässt sie ihr Gelege, um zu fressen. Die Eier dürfen nicht unter 25°C abkühlen, sonst sterben die Küken. *Dotter und Eiweiß* nehmen in den Eiern immer mehr ab. Sie dienen *zur Ernährung des Embryos*. Später sticht es mit dem Schnabel die *Luftkammer* am stumpfen Ende des Eies an. Am 21. Tag schlüpft das Küken.

Heute lässt man die Eier meist im *Brutschrank* bei einer Temperatur von 38°C ausbrüten. Auch hier schlüpfen die Küken nach 20 Tagen.

> Beim befruchteten Ei geht aus der Keimscheibe der Embryo hervor. Dotter und Eiweiß dienen zu seiner Ernährung.

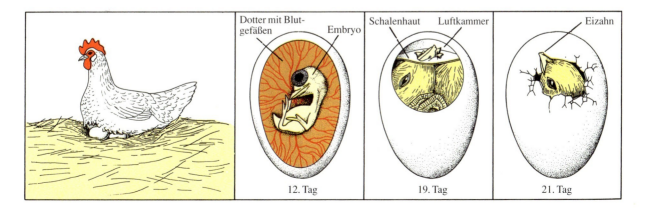

Vom Wildschwein zum Hausschwein

Wildschwein. Die wilden Vorfahren unserer Hausschweine leben auch heute noch in den Wäldern. Vom Spaziergänger werden sie aber nur selten gesehen. Tagsüber sind sie meist versteckt. Erst in der Dämmerung verlassen sie das schützende Dickicht. Ihre Nahrung wühlen sie mit der rüsselartig verlängerten Schnauze aus dem Boden. Eicheln, Pilze, Schnecken, Würmer und Aas gehören dazu. Mit lautem Schmatzen werden sie verzehrt.

Das Gebiss der Schweine zeigt sowohl Merkmale eines Raubtiergebisses als auch die eines Pflanzenfressergebisses. Man nennt es *Allesfressergebiss*, weil es tierische und pflanzliche Nahrung gleichermaßen zerkleinern kann.

Das männliche Wildschwein ist der *Keiler*. Er hat kräftig entwickelte Eckzähne, *Hauer* genannt. Das weibliche Wildschwein, die *Bache*, bringt im Frühjahr meist 6 braungelb gestreifte Junge zur Welt. Man nennt sie *Frischlinge*. Sie sind so gut getarnt, dass sie im Wald kaum zu sehen sind. Fast 4 Monate lang werden sie von der Bache gesäugt. Schweine suhlen sich gerne im morastigen Untergrund. Dabei wird der Körper von lästigen Insekten befreit und anschließend durch Reiben gereinigt. Wie das Rind tritt auch das Schwein nur mit 2 Zehen auf. Jede der beiden Zehen trägt einen *Huf*.

> Schweine sind Allesfresser. Sie gehören zu den Paarhufern und sind Zehenspitzengänger.

Hausschwein. Das Hausschwein unterscheidet sich deutlich vom Wildschwein: Es besitzt nur noch spärliche *Borstenhaare*. Die rosige Haut bestimmt seine Farbe. Eine Speckschicht unter der Haut macht seine Gestalt rundlich. Das Hausschwein wächst rascher als das Wildschwein. Bei gutem Futter erreicht es schon in weniger als 10 Monaten sein Schlachtgewicht von 100 Kilogramm. Hausschweine sind sehr fruchtbar. Oft werden 10 bis 12 Ferkel bei einem Wurf geboren.

> Die Unterschiede zwischen Hausschwein und Wildschwein sind das Ergebnis der Züchtung.

Zur Diskussion: Haltung unserer Nutztiere

„Niemand darf einem Tier ohne vernünftigen Grund Schmerzen, Leiden oder Schäden zufügen. Wer ein Tier hält, darf das artgemäße Bewegungsbedürfnis des Tieres nicht dauernd und nicht so einschränken, dass dem Tier vermeidbare Schmerzen, Leiden oder Schäden zugefügt werden."

Auszug aus dem deutschen Tierschutzgesetz

Nutztiere werden von uns Menschen aus wirtschaftlichem Interesse gehalten. Rinder sollen viel Milch geben, Schweine viel Fleisch liefern, Hühner viele Eier legen. Aber auch diese Nutztiere müssen artgerecht gehalten werden. Im Tierschutzgesetz ist der Umgang des Menschen mit Haustieren geregelt.
– Diskutiert, ob die jeweils auf den Fotos gezeigte Haltung der Nutztiere artgerecht ist. Berücksichtigt dabei das Tierschutzgesetz.

Muttersauen auf der Weide. Hier fressen sie, wühlen im Boden und suhlen sich. Anschließend legen sie sich in den Schatten der Bäume und ruhen sich aus. Die Nacht verbringen sie gemeinsam im Stall.

Schweinemaststall. Die Tiere können sich kaum in ihren engen und dunklen Boxen bewegen. Das Ausmisten und die Fütterung werden automatisch geregelt. Die Tiere nehmen rasch an Gewicht zu.

Hühner auf dem Bauernhof. Während der Nahrungssuche schreiten sie umher, bleiben stehen, scharren mit dem Fuß und picken. Zur Eiablage sucht die Henne ein Nest auf.

Käfighaltung von Hühnern. Im Käfig können sie weder umherlaufen noch scharren. Durch gegenseitiges Picken und durch das Anstoßen am Gitter wird ihr Federkleid zerstört.

Ernährung und Verdauung

Nährstoffe in der Nahrung

Alle Nährstoffe, die unser Körper benötigt, muss er aus der Nahrung beziehen. Vergleicht man die Hauptmahlzeit eines Europäers mit der eines Japaners und eines Bantu, so fällt zunächst auf, wie verschieden sie sind:

Der Deutsche isst an diesem Tag Hackbraten mit Grünkohl und Salzkartoffeln. Dazu trinkt er ein Glas Saft.
Der Hackbraten enthält Eiweiß und Fett. Der Grünkohl wurde mit Fett gedünstet. Die Kartoffeln enthalten Stärke.

Der Japaner isst Fisch, Gemüsestreifen, Pilze und Reis. Dazu trinkt er eine Tasse Tee.
Der Fisch und die Pilze enthalten Eiweiß. Die Gemüsebeilage ist mit Fett gedünstet. Der Reis enthält Stärke.

Der Bantu isst ein Huhn zu Blattgemüse und Hirsebrei. Dazu trinkt er einen Becher Wasser.
Das Hühnerfleisch enthält Eiweiß. Der Hirsebrei enthält Stärke, ein wenig Fett und etwas Eiweiß.

Die drei Mahlzeiten unterscheiden sich in ihrer Zusammensetzung deutlich, dennoch enthalten sie alle dieselben Grundstoffe für unsere Ernährung: *Eiweißstoffe*, *Fette* und *Kohlenhydrate*.
Die *Eiweißstoffe* in unserer Nahrung sind vor allem in Eiern, Fisch, Fleisch, Quark und Käse enthalten, aber auch in Erbsen und Bohnen. Im Ei kommt Eiweiß in besonders reiner Form vor. Deshalb wird die ganze Nährstoffgruppe danach benannt.
Die *Fette* nehmen wir meist mit folgenden Nahrungsmitteln zu uns: Schweinespeck und Schmalz, Sahne und Butter, Margarine, Kokosnussfett und Öl von Sonnenblumenkernen oder anderen Samen und Früchten.
Die *Kohlenhydrate* befinden sich vor allem in der Stärke der Kartoffel und in den Körnern von Reis, Roggen und Weizen. Zucker stammt aus Früchten und Honig, aus der Zuckerrübe und dem Zuckerrohr.

> Eiweißstoffe, Fette und Kohlenhydrate sind die drei Grundstoffe unserer Ernährung.

1   Schaue dir die Lebensmittel an, die es bei dir zu Hause im Kühlschrank und im Vorratsschrank gibt. Kannst du sie den Grundnährstoffen zuordnen?

2   Sonnenblumenöl, Quark, Reismehl, Knäckebrot, Fisch, Butter, Fleisch, Milch, Schokolade.
Welche dieser Nahrungsmittel enthalten vor allem Eiweißstoffe?

3   Nenne die Nahrungsmittel, die viel Fett enthalten.

4   Welche der genannten Nahrungsmittel enthalten viele Kohlenhydrate?

Arbeit macht hungrig

Nach zwei Sportstunden mit einem Fußballspiel hast du einen Bärenhunger. Jetzt schmeckt dir plötzlich dein Pausenbrot, das du an anderen Tagen oft gar nicht auspackst. Auch nach einer längeren Wanderung ist dein Hunger viel größer als nach dem Faulenzen in der Sonne.

Nahrungsbedarf. Eine Hausfrau braucht mehr Nahrung als eine Sekretärin im Büro, ein Bergmann mehr als ein Briefträger. Den größten Nahrungsbedarf haben Bergsteiger und Fahrer bei Sechstagerennen. Sie brauchen mehr als doppelt so viel Nahrung wie ein Bergmann. Weshalb?

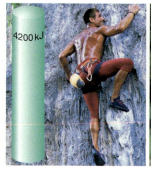

Damit Muskeln arbeiten können, müssen sie mit einem energiereichen „Betriebsstoff" versorgt werden. Je mehr die Muskeln leisten, umso mehr Betriebsstoff ist notwendig. Der Betriebsstoff aber stammt aus der Nahrung.

Motor und Muskel. Auch ein Motor braucht energiereichen Betriebsstoff, wenn er Arbeit leisten soll. Meist dient Benzin als Betriebsstoff. Dass der Benzinverbrauch bei höherer Leistung zunimmt, weißt du. Dir ist auch bekannt, dass Motoren bei der Arbeit heiß werden. Manchmal müssen Motoren repariert werden. Dann benötigt man die passenden Bauteile. Muskeln gleichen Motoren nicht nur im Verbrauch von Betriebsstoff. Muskeln werden bei der Arbeit auch warm. Muskeln müssen abgenutzte Teile ebenfalls ersetzen und brauchen dazu „Baustoffe". Besonders für wachsende Muskeln trifft dies zu. Beides, energiereiche Betriebsstoffe und Baustoffe, wird den Muskeln mit dem Blut zugeführt.

So viel Energie wird bei verschiedenen Tätigkeiten pro Stunde verbraucht.

Betriebsstoffe. *Fette* und *Kohlenhydrate* sind unsere wichtigsten Betriebsstoffe. Zu den Fetten gehören die festen Fette und die Öle. Zu den Kohlenhydraten zählen vor allem Zucker und Stärke. Wer körperlich schwer arbeitet, kann kohlenhydrat- und fettreich essen. Wer weniger anstrengend arbeitet, sollte sich davor hüten. Denn der Körper scheidet nicht einfach aus, was ihm zu viel geboten wird: Zucker verwandelt er zum Beispiel in Fett. Dieses Fett wird als Fettpolster im ganzen Körper eingelagert, vor allem aber unter der Haut.

Arbeit und Wärme. Dir wird es heiß, wenn du körperlich arbeitest. Der Sportler läuft sich warm, ehe er startet. In den Organen des Körpers entsteht beim Verbrauch der Nährstoffe *Wärme*. Besonders viel Wärme wird frei, wenn sich die Muskeln zusammenziehen. Nur ein Teil der *Energie*, die in den Nährstoffen steckt, kann nämlich unmittelbar in Muskelarbeit umgewandelt werden. Der Rest bildet Wärme. Auch bei einem Motor wird ja ein großer Teil der Energie in Wärme umgewandelt und geht verloren.
In deinem Körper werden die Nährstoffe so vorsichtig abgebaut, dass die Wärme nicht zu groß wird. Deshalb wird die Körpertemperatur von 37 Grad Celsius nur selten überschritten.

Energie der Nährstoffe. Zündet man einen Nährstoff an, so brennt er und entwickelt Wärme. Fett lässt sich leicht entzünden, aber auch Eiweiß und Kohlenhydrate, wie Stärke oder Zucker, lassen sich verbrennen. Je energiereicher ein Nährstoff ist, umso mehr Wärme entsteht bei der Verbrennung. Damit ist ein Weg gefunden den *Energiegehalt* eines Nährstoffes zu bestimmen. Man misst, wieviel Wärme bei der Verbrennung einer bestimmten Menge Nährstoff frei wird. Dabei stellt sich heraus: Fette sind am energiereichsten, Kohlenhydrate und Eiweißstoffe liegen deutlich darunter.

Ohne Eiweißstoffe geht es nicht. Alle Zellen unseres Körpers brauchen als Baustoff ständig *Eiweiß*. Besonders viel Eiweiß wird benötigt, solange der Mensch heranwächst. Eiweiß lässt sich weder aus Fett noch aus Kohlenhydraten herstellen. Deshalb muss Eiweiß ständig mit der Nahrung aufgenommen werden. Der Heranwachsende braucht am Tag ungefähr 2 Gramm Eiweiß auf 1 Kilogramm Körpergewicht. Ein Zehnjähriger mit 35 Kilogramm Körpergewicht muss täglich also 70 Gramm Eiweißstoffe aufnehmen. Beim Erwachsenen reicht 1 Gramm Eiweiß auf 1 Kilogramm Körpergewicht. Erhält der Körper über längere Zeit zu wenig Eiweiß, so zeigt er schwere *Mangelerscheinungen*. Die Muskeln bilden sich zurück, die Haut wird rissig und die Haare fallen aus. Kleine Kinder können an *Eiweißmangel* sogar sterben. In den *Hungergebieten* unserer Erde, besonders in Afrika, ist diese Krankheit weit verbreitet.

Enthält die Nahrung über längere Zeit hinweg zu wenig Eiweiß, so führt dies zu schweren Mangelerkrankungen.

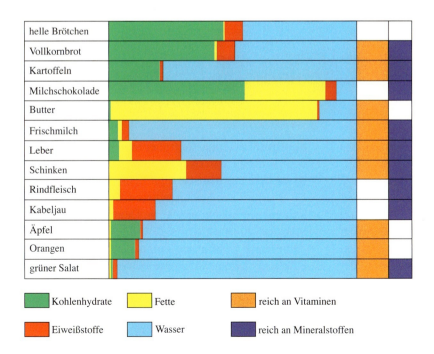

1 Sieh dir die nebenstehende Tabelle genau an. Welche Nahrungsmittel sind besonders wertvoll?

2 Kinder und Jugendliche sollen viel Eiweiß essen. In welchen Nahrungsmitteln sind Eiweißstoffe reichlich vorhanden?

3 Nenne die Nahrungsmittel mit den höchsten Fettanteilen.

4 Warum ist zu viel Schokolade ungesund?

Vitamine, Mineralstoffe und Wasser

Land- und Seekarte um 1750

Dir ist sicher aufgefallen, dass zur Mahlzeit des Deutschen, des Japaners und des Bantu auch Gemüse und Getränke gehören. Frisches Obst hätte alle drei Mahlzeiten noch verbessert. Für die Gesundheit sind diese Nahrungsmittel außerordentlich wichtig, obwohl ihr Gehalt an Nährstoffen nicht groß ist. Heute weiß man, der Mensch braucht außer den Grundnährstoffen Kohlenhydrate, Fette und Eiweißstoffe nämlich noch andere Stoffe in seiner Nahrung, um gesund zu bleiben. Es sind dies die *Vitamine* und *Mineralstoffe*. Diese Stoffe sind besonders in Obst und Gemüse enthalten.

Skorbut. Seeleute, die früher monatelang mit ihren Segelschiffen unterwegs waren, hatten unter einer Krankheit, die man Skorbut nennt, sehr zu leiden. Zwar hatten alle genug zu essen, es gab Zwieback, Salzfleisch, Speck und Wein. Dennoch wurden die Matrosen nach einiger Zeit müde und krank. Das Zahnfleisch begann zu bluten. Später fielen sogar Zähne aus. Niemand konnte sich erklären, weshalb. Auch die Ärzte wussten sich keinen Rat. Man gab dem faulenden Wasser die Schuld. 1760 wurde bei der englischen Marine verordnet, auf den Schiffen Zitronen mitzuführen. Der Skorbut ging zurück.

Vitamine. Heute weiß man, dass es genügt hätte, wenn die Seeleute jeden Tag Sauerkraut gegessen oder, wie bei der englischen Marine, den Saft einer frischen Zitrone getrunken hätten. Sauerkraut und Zitrone enthalten *Vitamin C*. Weniger als eine Messerspitze davon reicht aus, um den Bedarf des Körpers an einem Tag zu decken. Inzwischen kennt man 13 verschiedene Vitamine. Wenn wir sie in winzigen Mengen regelmäßig zu uns nehmen, bleiben wir gesund.

Mineralstoffe. Auch *Mineralstoffe*, wie Kalk, Natrium und viele andere, braucht unser Körper. Du erinnerst dich, dass die Knochen zu einem großen Teil aus Kalk bestehen. Einen Teil des *Kalks* nehmen wir mit dem Trinkwasser auf, *Natrium* mit Kochsalz. Auch die Milch, frisches Obst und Gemüse enthalten Mineralstoffe.

Lebensnotwendige *Metalle*, die wir wie das Eisen nur in äußerst geringen Mengen brauchen, bezeichnet man als *Spurenelemente*.

Der rote Blutfarbstoff zum Beispiel enthält Eisen.

Wasser. Der Mensch kann ohne *Wasser* nicht leben. Durchschnittlich 1 bis 2 Liter Wasser braucht unser Körper täglich. Einen großen Teil davon nehmen wir mit der Nahrung zu uns, einen anderen in Form von Getränken. Als Getränke eignen sich besonders Wasser, auch Mineralwasser, ungesüßte Säfte und ungesüßter Tee. Wer süße Getränke liebt, muss wissen, dass er damit zugleich Kohlenhydrate zu sich nimmt.

> Vitamine, Mineralstoffe und Wasser sind für den Menschen lebensnotwendig.

Praktikum: Nachweis von Nährstoffen

1 Nachweis von Stärke
Kartoffel
Benötigt werden: Iod-Kaliumiodid-Lösung, Kartoffel, Pipette, Messer, kleiner Teller.
Durchführung: Schneide die Kartoffel in zwei Hälften. Lege eine Hälfte auf den Teller und bringe mit der Pipette 1–2 Tropfen Iodlösung auf die Schnittstelle. Was beobachtest du?

2 Nachweis von Fett
Benötigt werden: 1 Blatt Papier, Butter, Wasser, Margarine, Schinken, Brot, Kartoffel.
Durchführung: Zeichne auf das Blatt Papier 6 Kreise und schreibe in die Kreise die Namen der Nahrungsmittel, die du untersuchen sollst. Drücke etwas Butter in den Kreis mit dem Eintrag Butter. Halte das Blatt gegen Licht.
Bringe mit der Fingerspitze einen Tropfen Wasser in den zweiten Kreis.

3 Nachweis von Eiweiß
Benötigt werden: Teller, Becher mit Wasser, Pipette, 1 Hühnerei, Essig, Kartoffelwasser (aus Versuch 1), fein gewürfelter Schinken.
Durchführung: Schlage auf dem Teller das Ei auf und träufle etwas Essig auf das Eiklar. Was kannst du beobachten? Gib die Schinkenstückchen in einen Becher mit Wasser. Prüfe „Schinkenwasser" und „Kartoffelwasser" mit einigen Tropfen Essig auf Eiweiß.

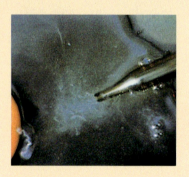

Kartoffelmehl
Zusätzlich benötigt werden: Becher oder Glas mit Wasser, Becher oder Glas, feines Teesieb, Fließpapier, Messer, Reibe.
Reibe die geschälte Kartoffelhälfte. Gib den Kartoffelbrei in ein Teesieb. Gieße einen halben Becher Wasser über den Kartoffelbrei. Warte, bis sich die Trübung im Becher unter dem Sieb etwa 10 Minuten gesetzt hat. Gieße vorsichtig das klar gewordene „Kartoffelwasser" in einen anderen Becher ab. Im Becher bleibt ein weißer Bodensatz. Gib ihn auf das Fließpapier und lasse ihn trocknen. Mache mit diesem Kartoffelmehl wiederum die Iodprobe.

Beispiele für weitere Versuche mit verschiedenen Nahrungsmitteln: Nudeln, Weißbrot, Fleisch, Banane, Apfel, Butter, Margarine usw. Trage die Ergebnisse in dein Heft ein.

Vergleiche beide Flecken sofort und nach etwa 10 Minuten. Du kannst beobachten, dass der durchscheinende „Fettfleck" bleibt.
Drücke in die übrigen Kreise etwas Margarine, Schinken, Brot und Kartoffel. Überprüfe jeweils auf Fett.

4 Nachweis von Zucker
Benötigt werden: Traubenzucker, Rohrzucker, Apfel oder andere Früchte, Löffel, Messer.
Durchführung: Koste die Nahrungsmittel.
Meist erkennt man den Zucker in den Nahrungsmitteln schon am süßen Geschmack.

Vielfalt in der Nahrung ist gesund

„Von allen sieben täglich" – kannst du diese Regel einhalten?

Kohlenhydratreiche Lebensmittel sind vor allem pflanzlicher Herkunft.

Täglich leistest du in der Schule Schwerstarbeit. Ob du rechnest, eine Arbeit schreibst oder Vokabeln lernst, stets musst du dich konzentrieren. Dein Körper, auch das Gehirn, bringt aber nur dann volle Leistung, wenn genügend „Treibstoff" vorhanden ist. Dabei kommt es weniger darauf an, sehr viel zu essen. Wichtig ist vor allem, *was du isst*. Nahrungsmittel enthalten die zum Leben notwendigen Stoffe in ganz unterschiedlichen Mengen. Deshalb sollte unser Essen *abwechslungsreich* sein. Der „Lebensmittelkreis" ist dabei hilfreich. Wir ernähren uns gesund, wenn wir *täglich aus jedem Kreisfeld etwas* zu uns nehmen.

1 Notiere, welche Nahrungsmittel du an einem Tage isst. Vergleiche mit dem Lebensmittelkreis oben. Hast du dich gesund ernährt?
Stelle mithilfe des Lebensmittelkreises den Speiseplan für einen Tag auf.

Ein hoher Fettgehalt ist nicht immer gleich zu erkennen.

Regeln für eine gesunde Ernährung
Oberste Regel ist: Abwechslungsreich essen! Nur so bekommt der Körper alle notwendigen Vitamine und Mineralstoffe sowie die Nährstoffe in ausgewogenem Verhältnis. Viel frisches Obst und Gemüse essen. Gemüse nicht kochen, sondern in wenig Wasser garen, damit die Vitamine erhalten bleiben. Nach Möglichkeit das Kochwasser mitverwenden.
Vollkornbrot gegenüber Weißbrot bevorzugen. Es enthält nicht nur Vitamin B, sondern auch Ballaststoffe; das sind Stoffe, die der Körper zwar nicht verwertet, zur Anregung der Darmtätigkeit aber braucht.
Wer weder viel Sport treibt noch körperlich schwer arbeitet, sollte auf sein Gewicht achten. Für ihn sind mehrere kleine Mahlzeiten besser als eine üppige. Wenn man die Nahrung sehr klein schneidet und gründlich kaut, fühlt man sich schneller gesättigt, als wenn man alles hinunterschlingt.

Lebensmittel, die viel Eiweiß enthalten, liefern dem Körper Baustoffe.

Ein Zug mit sechs Wagen

Der Zug, der gemeint ist, ist der Ernährungszug. Die Lokomotive bist du. Um sie zu versorgen brauchst du sechs Wagen. In ihnen sind *Eiweißstoffe*, *Kohlenhydrate*, *Fette*, *Vitamine*, *Mineralstoffe* und *Wasser* geladen. Keiner dieser Wagen sollte ganz leer sein.
Wenn du genügend Obst, Gemüse und Salate isst, dann nimmst du damit auch Pflanzenstoffe auf, die nicht verdaut werden können. Sie sind für den Verdauungsvorgang wichtig. Diese Stoffe nennt man *Ballaststoffe*.
Auf dieser Seite findest du eine Aufzählung verschiedener Speisen. Überlege dir, ob es mit jeder Mahlzeit gelingt, alle Wagen zu beladen. Mache Vorschläge, wie man durch geeignete Zusätze auch mit unvollständigen Mahlzeiten alle Wagen beladen kann. Immer soll am Ende jeder Wagen des Nahrungszuges etwas abbekommen.

1. Spaghetti mit Tomatensoße und Käse
2. Hamburger
3. Hähnchen mit Pommes frites und Ketschup
4. Schinken mit Speck, Brot und Radieschen
5. Fischfilet mit Petersilienkartoffeln
6. Leberwurst und Sauerkraut mit Kartoffeln
7. Schweinebraten mit Nudeln
8. Kaffee mit Brötchen und Butter
9. Zitronensaft, Käsekuchen und Nüsse
10. Vanilleeis mit Erdbeeren
11. Milch mit Haferflocken und Nüssen

1 Von welcher dieser Speisen kann man viel essen ohne dick zu werden?

2 Welche Mahlzeit macht nur dick, ohne dass der Körper die Nährstoffe bekommt, die er wirklich braucht?

Gesunde und ungesunde Ernährung

Wer sich nur von Schokolade oder Bonbons ernährt, muss damit rechnen, krank zu werden. Die richtige Zusammensetzung der Nahrung ist von entscheidender Bedeutung. Vor allem die *Vollkornkost* kann zur richtigen Ernährung beitragen. Die richtige Mischung von pflanzlicher und tierischer Nahrung ist für die gesunde Ernährung wichtig.
Nicht nur auf die Zusammensetzung der Nahrung kommt es an. Entscheidend ist, welche Menge wir essen. Du weißt, dass der Körper Fette und Kohlenhydrate vor allem als Betriebsstoffe, Eiweiß vor allem als Baustoff verwendet. Der Bedarf an Betriebsstoffen und Baustoffen ist nicht bei allen Menschen gleich. Er hängt beispielsweise auch davon ab, ob ein Mensch noch wächst oder schon ausgewachsen ist. Kinder und Jugendliche brauchen mehr Baustoffe zum Wachstum. Dass auch der unterschiedliche Energieverbrauch bei verschiedenen Berufen den Nahrungsbedarf beeinflusst, weißt du schon.

Viele Menschen essen mehr, als sie eigentlich brauchen. Überschüssige Nahrung wird vom Körper als Fett, vor allem in der Unterhaut gespeichert. Die Folge ist *Übergewicht* oder sogar *Fettleibigkeit*. Die Tabelle auf der nächsten Seite rechts unten zeigt dir das Normalgewicht für verschiedene Altersgruppen. Wiegst du zu viel?
Bei uns wiegen 240 von 1000 Elfjährigen mehr als 5 Kilogramm zu viel, 120 wiegen sogar mehr als 10 Kilogramm zu viel.

Übergewichtige Menschen sind anfälliger gegenüber bestimmten Krankheiten. Erkrankungen des Herzens und der Blutgefäße, aber auch Bluthochdruck und Zuckerkrankheit können die Folge sein. Übergewicht und Fettleibigkeit sollten daher vermieden werden.

Hinzu kommt, dass übergewichtige Menschen sich nicht mehr so gerne bewegen wie normalgewichtige. Aber gerade durch den Bewegungsmangel wächst die Gefahr dick zu werden noch mehr an. Zugleich kann der Mangel an Bewegung wieder zur Ursache von neuen Erkrankungen werden.

Vor allem bei jugendlichen Mädchen kommt es manchmal vor, dass sie aus Sorge um eine schlanke Figur zu wenig essen. Dies kann zu *Untergewicht* führen. Aufgrund von Problemen mit Schule oder Elternhaus kann sich eine Abneigung gegen Nahrung überhaupt entwickeln, die eine lebensbedrohende *Magersucht* zur Folge haben kann.

> Bei einer gesunden Ernährung sind Eiweißstoffe, Kohlenhydrate und Fette in einem ausgewogenen Verhältnis in der Nahrung enthalten.
> Mit der Nahrung sollen dem Körper immer ausreichend Vitamine, Mineralstoffe, Ballaststoffe und Wasser zugeführt werden.

Durchschnittliches Normalgewicht für verschiedene Altersgruppen		
Alter	Kilogramm	
	männlich	weiblich
0 – 6 Monate	5,3	5,2
7 – 12 Monate	9,2	8,4
1 – 3 Jahre	14,0	13,5
4 – 6 Jahre	20,2	20,0
7 – 9 Jahre	28,9	28,6
10 – 12 Jahre	39,2	42,1
13 – 14 Jahre	52,7	53,5
15 – 18 Jahre	63,9	56,6

1 Vergleiche das Gewicht von Jungen und Mädchen in den verschiedenen Altersstufen. Wie ist der große Unterschied im Alter von 15–18 Jahren zu erklären?

Beurteilung von Speiseplänen

Irina, Julia und Mariano kochen zusammen.

Rezepte für ein Mittagessen (4 Personen)
Salatplatte mit Kräutersoße
Zutaten: 1 Kopfsalat oder andere Blattsalate, 250 g Tomaten, 1 Gurke, 200 g Joghurt, 2 Esslöffel Öl, 2 Esslöffel gehackte Küchenkräuter (Schnittlauch, Petersilie, Zitronenmelisse, Estragon usw.), Kräutersalz, Zitronensaft.
Zubereitung: Zutaten waschen, Salatblätter etwas zerkleinern, Gurke und Tomaten in Scheiben schneiden. Joghurt mit Öl verrühren, gehackte Kräuter hinzumischen. Soße mit Kräutersalz und Zitronensaft abschmecken.

Apfelküchlein
Zutaten: 4–5 große Äpfel, 2 Esslöffel Zucker, 1 Zitrone, 125 g Mehl, 100 cm3 Milch und 100 cm3 Wasser, 1 Ei, $\frac{1}{2}$ Teelöffel Salz, Öl, Zucker und Zimt.
Zubereitung: Äpfel schälen, Kerngehäuse herausholen, Äpfel in etwa 1 cm dicke Scheiben schneiden, mit Zucker bestreuen und mit Zitronensaft beträufeln. Zugedeckt stehen lassen. Mehl, Eigelb und Salz mit Milch und Wasser glatt rühren, ebenfalls etwas stehen lassen. Eiweiß zu Schnee schlagen und unter den Teig ziehen. Apfelscheiben mit einer Gabel im Teig wenden. In einer Pfanne Öl heiß werden lassen und die Apfelscheiben darin beidseitig backen. Anschließend mit Zucker und Zimt bestreuen.

Uhrzeit	Speiseplan 1	Speiseplan 2	Speiseplan 3
7:00	1–2 Tassen Milchkakao; 2 Weißbrotschnitten mit Butter und Honig	1 Tasse Malzkaffee mit Milch; 1 Brötchen mit Butter und Marmelade	2 Tassen Milch; 1 Vollkornbrotscheibe mit Butter und Wurst; weiches Ei
10:30	2 Nusshörnchen	1 Tüte Milchkakao	1 Brötchen, Marmelade, Apfel
13:00	100 g Braten, Teigwaren gemischter Salat; Eiscreme	1 Tasse Suppe; Omelett; Fisch, Kartoffeln, Salat	2 Scheiben Leber, Gemüse, Kartoffeln, Tomatensalat
16:00	$\frac{1}{2}$ Tafel Schokolade	1 Tasse Kakao, 1 Stück Kuchen	Zwieback mit Obst
18:30	Nudelauflauf mit Schinken, Tomaten	1 Tasse Vollmilch; Bratkartoffeln, Rührei; 2 Scheiben Brot, Wurst, Käse, Tomaten	2 Tassen Milchmixgetränk; Cornflakes, 2 Scheiben Brot, Quark, Schinken, Tomaten

1 Überprüfe an den 3 Speiseplänen die Grundregeln für eine gesunde Ernährung. Welcher Plan entspricht am ehesten den Regeln?

2 Stelle selbst einen Speiseplan für einen ganzen Tag zusammen, mit dem sich Kinder deines Alters gut und richtig ernähren können.

3 Erkunde, welche Einkaufsmöglichkeiten es an deiner Schule für das Pausenfrühstück gibt. Stelle fest, ob du ein ausgewogenes Pausenfrühstück zusammenstellen kannst, wenn du dort einkaufst. Welche Nahrungsmittel fehlen für eine gesunde Ernährung?

Praktikum: Gesunde Kost

1 Selbst gezogene Keime und Sprossen

Keime und Sprossen sind reich an Vitaminen und Mineralstoffen. Kressesamen, Mungobohnen und Weizenkörner sind die bekanntesten Sorten. Du bekommst sie im Reformhaus.

Wir wollen mit Weizen Keime und Sprossen züchten. Als Keimgefäß eignet sich ein großes Glas mit Schraubdeckel. Dieser wird mehrfach durchlöchert.

Nimm eine Handvoll Weizenkörner, wasche sie gründlich und fülle sie dann in das Keimgefäß. Gieße lauwarmes Wasser darüber und lasse die Körner 6–8 Stunden quellen. In dieser Zeit entwickeln sie sich zu Keimlingen.

Drehe dann das Gefäß um und gieße das Wasser ab. Stelle das Glas bei Zimmertemperatur dunkel. Etwa alle 10 Stunden musst du die Keimlinge spülen. Achte darauf, dass stets Feuchtigkeit im Gefäß ist. Nach 2–3 Tagen sind die Sprossen etwa 0,5 cm lang und ernte-reif. Du kannst sie zu Salaten, mit Quark, als Brotbelag oder einfach so essen. Essen kannst du auch schon die Keimlinge. Sie enthalten aber weniger Vitamine und Mineralstoffe als die Sprossen.

2 Leckere Pausensnacks

Mit dem richtigen Frühstück kannst du viel zur Gesunderhaltung deines Körpers beitragen. Auch für die Zähne sind Obst, Nüsse, Milch- und Vollkornprodukte besser geeignet als Süßigkeiten und Limonade. Frühstücke mit deinen Klassenkameraden doch einmal gemeinsam. Hier sind einige leckere Rezepte:

Süß oder herzhaft

Bestreiche die Hälften eines Vollkornbrötchens mit Doppelrahmkäse. Belege sie je nach Geschmack mit Apfel- oder Bananenscheiben, Salatblättern, Tomaten- oder Gurkenscheiben, Paprikastreifen oder Keimlingen.

Doppeldecker

Bestreiche eine Scheibe Vollkornbrot dünn mit Butter und belege mit Camembert. Darauf kommen Radieschenscheiben und eine Scheibe Knäckebrot. Dazu gibt es eine Mandarine.

Vollkornmüsli

Vermische 4 Esslöffel Vollkornmüsli mit je einem Teelöffel Rosinen, Nüssen und Sonnenblumenkernen oder Kokosflocken. Gib Bananen-, Apfel-, Birnen- und Orangenstückchen dazu und gieße Milch, Joghurt oder Fruchtsaft darüber.

Projekt: Gesundes Schulfrühstück

Gesunde Ernährung macht auch in der Schule Spaß! Das hat die Klasse 5c der Uhlandschule in Mannheim erfahren:

„Zunächst füllten wir drei Wochen lang täglich den unten stehenden Fragebogen aus, um unsere Frühstücksgewohnheiten festzuhalten. Die Auswertung des ‚Gewohnheitsbogens' zeigte erstaunliche Dinge. Von ‚keine Zeit fürs Frühstück' bis ‚Pommes frites' kam alles vor.

In den Biologiestunden behandelten wir in dieser Zeit, welche Nahrungsbestandteile der Körper braucht, um gesund wachsen zu können. Am Beispiel Müsli verglichen wir die verschiedenen Kornarten, erst im Rohzustand und dann nach dem Mahlen in der Getreidemühle in verschiedener Körnigkeit.

Die Getreideflocken lernten wir als gequetschte Körner kennen, die noch alle Bestandteile des Korns enthalten. Verblüffend war für viele, dass knackige und saftige Gemüse wie Karotten, Paprika und Radieschen zum Frühstück ebenso schmackhaft sein können wie ein Apfel oder eine Orange. Die saftige Rohkost schmeckt nicht nur vorzüglich, sondern kräftigt auch Gebiss und Kaumuskulatur.

Nach der Theorie begann die Aktion. Mit Rezepten, die wir gesammelt oder selbst erfunden hatten, setzten wir unsere Erkenntnisse in die Praxis um. Für drei aufeinander folgende Tage legten wir gemeinsam die Schwerpunkte fest. Der erste Tag war der ‚Müslitag', am zweiten Tag befassten wir uns mit Spießchen und dem Pausenfrühstück. Wir dekorierten die Zutaten schön auf unseren Schultischen. Das allein war bereits ein Augenschmaus. Und am dritten Tag kamen unsere eigenen Rezepte zum Einsatz. Der große Renner war das ‚Kalte Entchen', ein Getränk aus kaltem Früchtetee und Orangen- oder Apfelsaft.

Die Aktion war ein Riesenspaß und gesund satt wurden alle. Nur Besteck und Servietten blieben auf den reich gedeckten Tischen übrig. Zum Abschluss bearbeiteten wir am 3. Tag in Gruppenarbeit verschiedene Themen und fertigten große Plakate dazu an. ‚Gesunde Nahrungsmittel', ‚Müsli', ‚Spießchen und Getränke', ‚Belegte Brote und Brötchen'. So wurde festgehalten, was wir erarbeitet hatten. Auch für die anderen Klassen waren die Plakate eine begehrte Informationsquelle. Was war wohl mit den Gemüsen, dem Obst, den Körnern und Brötchen geschehen, die die Kinder tagelang ins Klassenzimmer transportiert hatten?"

Kennt ihr gesunde Frühstücksrezepte? Was schmeckt am besten? Vielleicht lässt sich auch in eurer Klasse ein Frühstücksprojekt durchführen?

Prüfen, Kauen, Schlucken

Hast du schon einmal im Finstern einen Apfel gegessen? Warum hast du zunächst gezögert?
Ehe wir etwas essen, prüfen wir die Nahrung mit den *Augen*. Was für eine Apfelsorte haben wir in der Hand? Ist der Apfel reif, frisch und sauber?
Dann prüfst du mit der *Nase* den Geruch des Apfels. Einen fauligen Apfel würdest du bestimmt nicht essen.
Mit den *Fingern* hast du den Apfel längst betastet, ohne dass du darüber nachgedacht hast. Du hast geprüft, ob seine Haut straff ist oder ob sie weich und runzelig ist. Mit den *Lippen* tastest du den Apfel noch einmal ab, bevor du hineinbeißt.
Mit den *Schneidezähnen* hast du ein Stück abgebissen. Die Zunge schiebt das abgebissene Stück zwischen die *Backenzähne*. Dort wird es zu Brei zerkaut.
Mit der *Zunge* prüfst du die Speise sehr genau. Die Zunge betastet jeden Bissen noch einmal. Mit der Zungenspitze stellst du fest, ob er süß schmeckt. Mit den Zungenrändern bemerkst du, dass er sauer ist. Auf der Zungenfläche kann man salzigen Geschmack feststellen. Den bitteren Nachgeschmack bemerkt man erst ganz hinten auf dem Zungengrund.

1 Beiße mit geschlossenen Augen ein Stück von einem Apfel ab, kaue und schlucke. Welche Wahrnehmungen machst du dabei nacheinander?

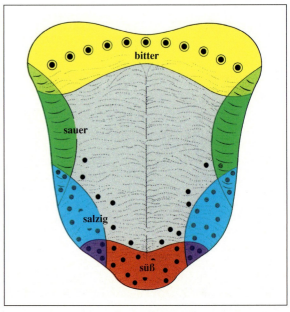

Die Zunge hat verschiedene Zonen, an denen sie für einen ganz bestimmten Geschmack empfindlich ist.

Beißmuster der Zähne im Apfel, Oberkiefer Bettina, 10 Jahre

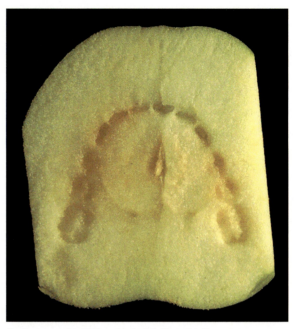

Beißmuster der Zähne im Apfel, Unterkiefer Bettina, 10 Jahre

Zähne zum Beißen. Wenn du in einen Apfel beißt, ohne das Apfelstück ganz herauszubeißen, dann kannst du die Abdrücke deiner Zähne betrachten. Versuche festzustellen, wie viele Zähne du im Ober- und Unterkiefer hast?

Die *Schneidezähne* sind keil- oder meißelförmig. Sie hinterlassen im Apfel den Abdruck ihrer scharfen Schneiden. Wie starke Messer trennen sie beim Abbeißen Stücke von der Nahrung ab. Im Ober- und Unterkiefer befinden sich jeweils 4 Schneidezähne, davon 2 auf der linken und 2 auf der rechten Seite. Die anschließenden *Eckzähne* ähneln den Schneidezähnen. Oft haben sie eine zugespitzte Schneide oder können kegelförmig sein. Dann ist ihr Abdruck entweder lang gestreckt oder punktförmig. Die Eckzähne halten die Nahrung wie Zangen fest und helfen Stücke herauszureißen. Insgesamt hast du 4 Eckzähne, in jeder Kieferhälfte einen.

Hinter den Eckzähnen entdeckst du in deinem Gebissabdruck die flächigen Abdrücke der *Vorbackenzähne* und der *Backenzähne*. Kleine Höcker machen die Oberfläche der Backenzähne rau. Sie wirken dadurch wie Mühlsteine, welche die Nahrung zu einem feinen Brei zerreiben. Man nennt die Backenzähne daher auch *Mahlzähne*.

Wenn ihr in eurer Klasse die Gebissabdrücke verschiedener Schüler vergleicht, dann werdet ihr sicherlich Unterschiede feststellen. Zwar haben vermutlich alle in jeder Kieferhälfte 2 Vorbackenzähne, die Zahl der Backenzähne kann aber durchaus unterschiedlich sein. Dies liegt daran, dass noch nicht alle Zähne des Erwachsenengebisses durchgebrochen sind. Das vollständige Erwachsenengebiss hat in jeder Kieferhälfte 3 Backenzähne. Den hintersten Backenzahn nennt man Weisheitszahn.

Die Zerkleinerung der Nahrung ist eine wichtige Voraussetzung für das Schlucken und die Verdauung. Je feiner der Speisebrei, umso besser können die Verdauungsstoffe angreifen.

Achte auf die Regel: „Gut gekaut ist halb verdaut!"

1 Vergleiche die Zähne des Menschen mit denen des Hundes (S. 20) und des Rindes (S. 37). Welche Gemeinsamkeiten und Unterschiede fallen dir auf? Gibt es Zusammenhänge zwischen Zähnen und Ernährung?

Zähne

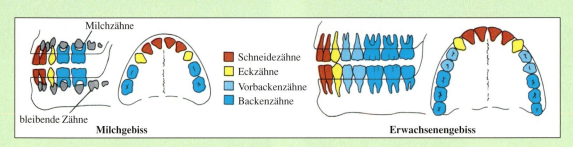

Milchgebiss. Die ersten Milchzähne brechen beim Säugling schon im ersten Lebensjahr durch. Nach etwa $2\frac{1}{2}$ Jahren hat das Kleinkind 20 Milchzähne: 4 Schneidezähne, 2 Eckzähne und 4 Milchbackenzähne in jedem Kiefer.

Erwachsenengebiss. Zwischen dem sechsten und dem achten Lebensjahr werden die Milchzähne durch große bleibende Zähne ersetzt. In Oberkiefer und Unterkiefer kommen auf jeder Seite noch zwei Backenzähne dazu. Bei vielen Erwachsenen bricht dahinter noch je ein Weisheitszahn durch. Das Gebiss des Erwachsenen besteht aus 32 Zähnen.

Zahnaufbau. Der glänzende Überzug der Zähne, der Zahnschmelz, ist hart wie Stein. Darunter liegt das weichere Zahnbein. Feine Blutäderchen in der Zahnhöhle versorgen den Zahn. Auch eine äußerst schmerzempfindliche Nervenfaser zieht vom Kiefer in die Zahnhöhle hinein.
Die Zahnwurzel ist durch Haltefasern fest im Kiefer verankert. Ihre äußerste Schicht ist der harte Zahnzement. Schneide-, Eck- und die meisten Vorbackenzähne haben 1 Wurzel. Die Backenzähne des Oberkiefers haben 3 Wurzeln. Die Weisheitszähne im Oberkiefer können bis zu 5 Wurzeln haben. Nur die Krone des Zahns ragt aus dem stark durchbluteten Zahnfleisch heraus.

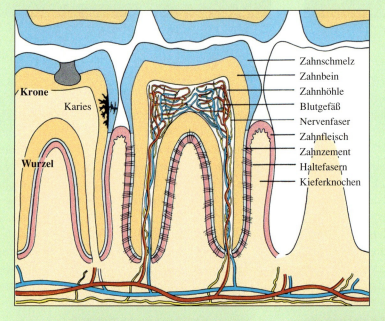

Aufbau eines Backenzahnes. Durch Risse im Schmelz kommt es zur Karies, der Zahnfäule. Der Zahnarzt entfernt Karies und verschließt das entstandene Loch im Zahn mit einer Plombe.

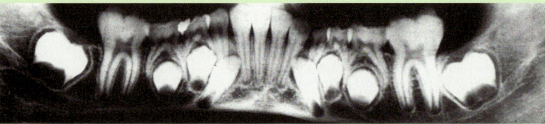

Röntgenaufnahme eines Kinderunterkiefers. Unter den Milchzähnen bilden sich bereits die Zähne des bleibenden Gebisses.

Gesundheit: Die Zähne richtig pflegen

Die Zahnbürste. Die wirkungsvollste Methode zur Gesunderhaltung von Zähnen und Zahnfleisch ist das Zähneputzen.
Dazu brauchst du eine gute Zahnbürste mit mittelharten Borsten. Abgerundete Borstenenden schützen das Zahnfleisch vor Verletzungen. Nach dem Gebrauch wird die Zahnbürste gründlich gereinigt und zum Trocknen aufgestellt. Eine Zahnbürste hält etwa zwei bis drei Monate. Nur wenn die Borsten gerade sind, reinigen sie gut. Eine Munddusche entfernt Speisereste aus den Zahnzwischenräumen und massiert das Zahnfleisch.

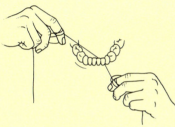

Zahnreinigung mit Zahnseide. Alle paar Tage solltest du die Zahnzwischenräume einer zusätzlichen Reinigung unterziehen. Mit Zahnseide kannst du Speisereste entfernen, die du mit der Zahnbürste nicht erreicht hast.

Kontrolle der Zahnpflege. Mithilfe von Färbetabletten kannst du überprüfen, wie gut du deine Zähne geputzt hast. Färbetabletten bekommst du in der Apotheke. Sie färben den Zahnbelag rot an. So siehst du genau, wo du noch gründlicher putzen musst.

Wie putzt du deine Zähne?
Überprüfe einmal, ob du beim Zähneputzen alles richtig machst. Kontrolliere den Putzvorgang vor einem Spiegel. Die Bilder 1 bis 6 zeigen dir, wie du vorgehen musst.

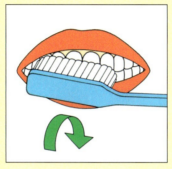 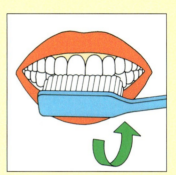

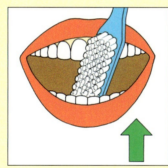 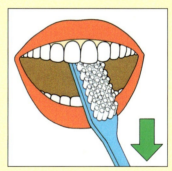

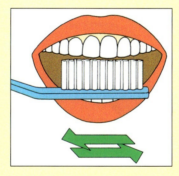 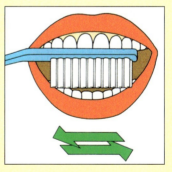

- Waagerechtes Schrubben reinigt die Zähne nur schlecht. Setze die Bürste daher stets am Zahnfleisch an und rolle sie wie auf den Bildern gezeigt ab.
- Bürste die Kauflächen der Backenzähne besonders gründlich.
- Putze deine Zähne immer mindestens 3 Minuten lang.
- Reinige deine Zähne möglichst nach jeder Mahlzeit, auf alle Fälle aber nach dem Frühstück und vor dem Schlafengehen.

Die Nahrung wird verdaut

Wenn du dein Pausenbrot verzehrst, denkst du sicher kaum daran, dass dein Körper nun Bestandteile dieser Mahlzeit in Muskeln, Fingernägel oder Knochen verwandeln wird. Und doch vollbringt dein Körper mehrmals täglich diese Leistung. Man bezeichnet den Vorgang als *Verdauung*.

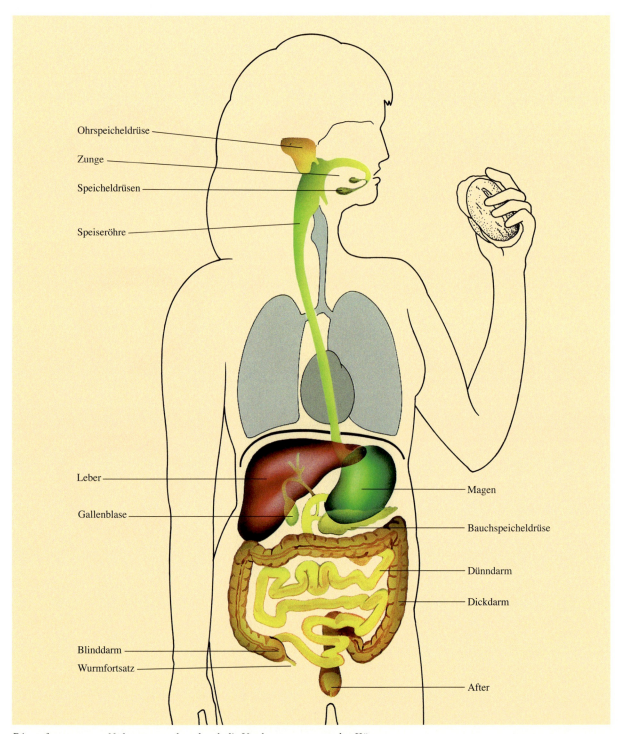

Die aufgenommene Nahrung wandert durch die Verdauungsorgane des Körpers.

Die Verdauung beginnt im Mund. Mit den Zähnen zerkleinern wir das Brötchen. Dies regt die *Speicheldrüsen* an, nun besonders viel *Speichel* abzusondern, bis zu 1,5 Liter am Tag. Der Mundspeichel hat einen Nährstoff des Brötchens, nämlich die Stärke, in einfache Zuckerbausteine zersetzt. Der zerkleinerte und eingespeichelte Bissen ist gleitfähig und rutscht beim Schlucken in die *Speiseröhre*.

Magen. Die Brotbissen werden im Magen vermischt und gesammelt. Der Magen kann bis zu 2 Liter Speisebrei aufnehmen. Die Magenwand sondert täglich etwa 2 Liter *verdünnte Salzsäure* und *Verdauungsstoffe* ab. Beides zusammen nennt man *Magensaft*. Dieser Magensaft zersetzt die Eiweißstoffe der Wurst in viel kleinere Bausteine, als dies die Zähne jemals könnten. Kohlenhydrate und Fette können von ihm nicht zerlegt werden. Die Salzsäure tötet gleichzeitig Bakterien ab, die mit der Nahrung aufgenommen werden.

Dünndarm. Aus dem Magen wird der Speisebrei portionsweise an den *Dünndarm* weitergegeben. In den 3 bis 4 Meter langen Muskelschlauch münden zwei wichtige Verdauungsdrüsen: die *Leber* und die *Bauchspeicheldrüse*. Die Leber erzeugt Gallenflüssigkeit, die *Galle*, die das Fett in kleinste Tröpfchen zerlegt. Die Gallenflüssigkeit kann in der *Gallenblase* gespeichert werden. Die *Bauchspeicheldrüse* sondert den *Bauchspeichel* ab, der bis hierhin noch nicht zerkleinerte Kohlenhydrate, Fette und Eiweiße deines Pausenbrötchens vollständig zerlegt. Nach dem Aufspalten in kleinste Bausteine können nun alle Nährstoffe durch die Dünndarmwand ins Blut gelangen und mit dem Blutstrom zu allen Körperzellen transportiert werden.

Dickdarm. Der dünnflüssige Nahrungsbrei wird im Dickdarm eingedickt. Dabei wird viel Wasser für den Körper zurückgewonnen. Der unverdauliche Rest wird als Kot ausgeschieden.

Verdauungsstoffe. An der Verdauung der Nährstoffe wirken Verdauungssäfte mit, die im *Mundspeichel*, im *Magensaft* und im *Bauchspeichel* vorhanden sind. Auch der Lebersaft, den man *Galle* nennt, unterstützt die Verdauung.

Bei der Verdauung werden die Nährstoffe durch Verdauungssäfte in kleinste Nährstoffbausteine zerlegt. Sie durchdringen die Darmwand und werden mit dem Blut im Körper verteilt.

---

1   Versuche folgende Begriffe kurz zu erklären: Nahrung, Nährstoffe, Nährstoffbausteine, Verdauungssaft.

2   Beschreibe den Weg, den die Nährstoffe deines Pausenbrötchens bei der Verdauung zurücklegen.

3   „Gut gekaut ist halb verdaut!" Was stimmt daran und was nicht?

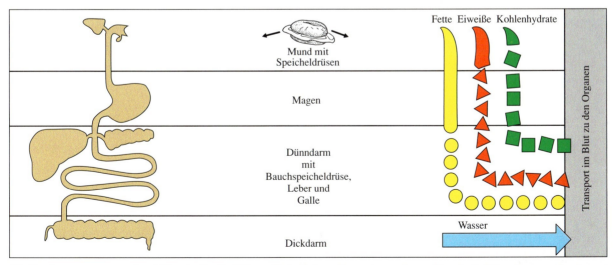

Die Verdauungsorgane geben Säfte ab, die die Nährstoffe in kleinste Bausteine zerlegen. Durch die Dünndarmwand gelangen die Nährstoffe ins Blut und somit in den gesamten Körper.

Erkrankungen des Verdauungssystems

Sodbrennen. Ein brennendes Gefühl in der Speiseröhre, Sodbrennen genannt, weist auf eine Entzündung hin. Diese entsteht, wenn saurer Mageninhalt in die Speiseröhre gelangt. Wer häufig darunter leidet, sollte in kurzen Abständen kleine Portionen essen, nicht rauchen und auf Alkohol verzichten.

Gastritis. Die Magenschleimhaut ist sehr empfindlich und kann sich leicht entzünden. Man spricht dann von einer Gastritis. Schmerztabletten und Antirheumamittel, vor allem aber Alkohol und Nikotin auf leeren Magen reizen die Magenschleimhaut. Am häufigsten aber wird sie durch Bakterien, beispielsweise Salmonellen, angegriffen. Mit der Nahrung gelangen diese in Magen und Darm. Es kommt zu einer Entzündung der Magen- und Darmschleimhaut. Bei leichten Fällen bewähren sich Fasten, Bettruhe, Kamillentee und Pfefferminztee. Auf jeden Fall ist es richtig, den Arzt aufzusuchen und eine geeignete Schonkost festzulegen.

Magengeschwür, Zwölffingerdarmgeschwür. Vor allem Männer zwischen 20 und 50 Jahren sind von Magen- und Zwölffingerdarmgeschwüren betroffen. Das Geschwür erfasst auch die tiefer liegenden, muskulösen Schichten. Die Gefahr eines Durchbruchs in die Bauchhöhle besteht, und es kommt zu einer Bauchfellentzündung, wenn Bakterien eindringen. In jedem Fall sollte man den Arzt aufsuchen.

Blinddarmentzündung. Als Blinddarmentzündung wird die Entzündung des 7–10 cm langen Wurmfortsatzes bezeichnet. Diese macht sich durch heftige Schmerzen im Bauchraum bemerkbar, die sich rasch im rechten Unterbauch konzentrieren. Nur der Arzt kann entscheiden, ob sofort operiert werden muss.

Durchfall. Durchfall kann viele Ursachen haben. Sobald er länger als drei Tage anhält, muss der Arzt zurate gezogen werden. Dies gilt vor allem dann, wenn Blut und Schleim im Kot auftreten.

Verstopfung. Verstopfung kann ebenfalls viele Ursachen haben. Oft tritt sie auf, wenn die dünnen Wände des Dickdarms den zu lange liegenden und deshalb stark entwässerten Kot nicht weiterbefördern können. Wer oft unter Verstopfung leidet, sollte nicht gleich zu Abführmitteln greifen, sondern seine Ernährung auf mehr Ballaststoffe, Gemüse und Obst umstellen.

Seelische Ursachen. Neben falscher Ernährung, Nikotin, Alkohol und Coffein können auch seelische Belastungen Erkrankungen bewirken. Kummer, Angst und Hetze beeinflussen über das vegetative Nervensystem innere Organe. Entspannung, schöpferische Tätigkeit, körperliche Bewegung und Änderung der Lebensweise sind hilfreich.

Salmonellen. Die Salmonelleninfektion ist eine Darmerkrankung, die durch Bakterien hervorgerufen wird. Die Übertragung ist beim Genuss von infizierten Eiern und Geflügel leicht möglich. Diese Infektion äußert sich durch Erbrechen, Fieber und heftigen Durchfall. Ein Arzt sollte immer zurate gezogen werden. Durch überlegten Einkauf, Beachten des Haltbarkeitsdatums und strenge Hygiene im Haushalt kann eine solche Erkrankung vermieden werden.

Cholera und Typhus. Diese beiden Krankheiten sind ähnliche, aber sehr gefährliche Darminfektionen. Zu starkem Erbrechen kommt ein lebensgefährlicher Durchfall. In Berichten von Krankheitswellen aus den armen Ländern der Welt hören wir, wie Tausende von Menschen und vor allem Kinder davon erfasst werden. Bei kriegerischen Unruhen, Unglücksfällen und in übervölkerten Gebieten können wegen der mangelhaften Hygiene Cholera und Typhus immer wieder ausbrechen. Bei Fernreisen müssen wir uns unbedingt durch Impfungen schützen.

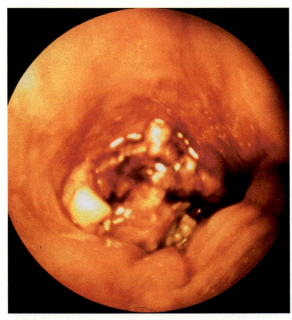

Magengeschwür am Magenausgang

Gesundheit: Ernährung

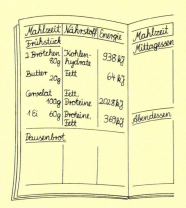

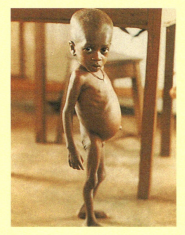

Essen und Trinken planen. Notiere, was du am vergangenen Tag alles verzehrt und getrunken hast. Ermittle mithilfe einer Nährwerttabelle den jeweiligen Anteil an Nährstoffen und ihren Energiegehalt. Zähle zusammen und vergleiche mit den Werten, die empfohlen werden. Beurteile auch die Vitamine. Stelle dann einen Speiseplan für einen Tag auf. Achte darauf, dass alle notwendigen Bestandteile in der richtigen Menge enthalten sind.

Iss vernünftig und in Ruhe. Hektik beeinträchtigt die Verdauung und führt häufig zu Magengeschwüren. Iss daher in Ruhe und achte auf eine angenehme Umgebung. Iss regelmäßig, aber jeweils nicht zu viel. So vermeidest du Leistungstiefs.

Eiweißmangel. 500 Millionen Menschen sind unterernährt. In mindestens 24 Ländern herrscht Nahrungsmangel, in einigen weiteren Hungersnot. Reis, Mais und Hirse, die wichtigsten Nahrungsmittel in diesen Ländern, enthalten zwar Fette und Kohlenhydrate, aber kaum Eiweiße. Wichtige Zellbestandteile, Enzyme, Hormone und Abwehrstoffe können daher nur unzureichend aufgebaut werden. Geringes Wachstum, Muskelschwund, häufige Infektionen und Stoffwechselstörungen sind die Folge der Eiweißmangelkrankheit Kwashiorkor.

Schadstoffe in der Nahrung. Pflanzen werden oft mit Pflanzenschutzmitteln, Tiere mit Arzneimitteln behandelt. Rückstände davon in der Nahrung speichert unser Körper in Leber, Muskel- und Fettgewebe. Gesundheitsschäden wie Allergien können die Folge sein. Die Schwermetalle Quecksilber und Cadmium sind giftig. Gelangen sie aus Industriebetrieben ins Wasser oder in den Boden, können sie von Tieren und Pflanzen aufgenommen werden und später in der Nahrung enthalten sein. Der Körper speichert die Schwermetalle und reichert sie immer mehr an.

Die Haut isst mit. Wer Hautprobleme hat, dem verordnet der Arzt außer Medikamenten auch frische Luft, Fitnesstraining und eine gesunde Ernährung. Zu fette, süße, salzige oder scharfe Ernährung kann zu Unreinheiten der Haut führen. Auch die ungenügende Versorgung mit Mineralstoffen und Vitaminen kann Folgen haben. Für das stark wasserhaltige Bindegewebe in der Haut sind die Mineralstoffe Kalium und Natrium wichtig. Sie regulieren den Wasserhaushalt. Bei Mangel an Vitamin A wird die Haut rissig und spröde. Vitamin E erhält die Zellen teilungsfähig und sorgt ebenso wie Vitamin C für den Neuaufbau der Haut. Milch enthält reichlich Vitamine und Mineralstoffe.

Bewegung

Stehen, Gehen, Laufen, Springen

Zeitlupe des Weitsprungs: Anlauf … … Sprung … … Landung

Immer in Bewegung …

Ein Leben ohne *Bewegung* kannst du dir sicher gar nicht vorstellen. Fast ständig bewegen wir uns. Bewegung hält unseren Körper gesund und fit.
Beim Gehen, Laufen, Springen oder Kriechen ist der ganze Körper beteiligt. Beim Schreiben, Sprechen oder Lachen dagegen bewegen sich nur Teile des Körpers wie die Hand, der Arm oder das Gesicht.
Ein Kleinkind muss viele Bewegungen erst mühsam lernen. Selbst das Krabbeln macht anfangs noch große Schwierigkeiten. Erst allmählich lernt das Kind zu stehen und aufrecht zu gehen. Dies zeigt dir, wie schwierig viele Bewegungsabläufe sind. Sie müssen lange trainiert werden, damit sie richtig gelingen.
Wie du durch Tasten leicht feststellen kannst, wird die Bewegung durch das Zusammenspiel von *Muskeln* und *Knochen* ermöglicht. Die Muskeln sind über *Sehnen* mit den Knochen verbunden. Dadurch wird die Bewegung der Muskeln auf die Knochen übertragen. Ganz entscheidend für geordnete Bewegungsabläufe ist aber auch, dass die Muskeln vom *Gehirn* die richtigen Befehle erhalten. Die Übermittlung dieser Befehle erfolgt durch die *Nerven*.
Beim Weit- oder Hochsprung, Turnen am Reck oder Stoppen eines Balles beim Fußball werden alle Bewegungsabläufe durch das Gehirn gesteuert. Auch beim Spielen eines Musikinstrumentes, wie Klavier oder Gitarre, muss tüchtig geübt werden, damit ein geordneter Bewegungsablauf der Finger gelingt.

> An der Bewegung sind Muskeln, Sehnen und Knochen, aber auch das Gehirn und die Nerven beteiligt.

1   Versuche einige Zeit völlig unbeweglich zu stehen. Welche Beobachtung machst du? Wie erklärst du sie?

2   Beobachte einen Klassenkameraden beim Gehen, Laufen und Kriechen. Beschreibe die Körperhaltung. Wo wird der Körper abgewinkelt und gestreckt?

3   Springe aus dem Stand über einen auf dem Boden liegenden Stapel Biologie-Schulbücher. Beschreibe die Körperhaltung und ihre Veränderungen während des Sprungs.

4   Beschreibe am Bild oben die Haltung des Körpers beim Weitsprung. Achte dabei besonders auf die Stellung des Oberkörpers, der Arme und der Beine.

5   Betaste mit den Fingern der linken Hand den Handrücken der rechten Hand, während du die Finger bewegst. Dabei spürst du die Bewegung der Sehnen. Wo liegen die Muskeln, die die Finger bewegen?

Die Knochen des Skeletts

Jeder Mensch hat über 200 Knochen. Alle diese Knochen bilden zusammen das *Skelett*.

Kopfskelett. Die *Schädelkapsel* wird von mehreren 1 bis 6 Millimeter dicken, plattenartigen Knochen gebildet. Diese sind gewölbt und wie die Teile eines Puzzles miteinander verzahnt.

Der *Oberkiefer* bildet das Gaumendach und trägt die Zähne. Der *Unterkiefer* ist mit dem Schädel durch das Kiefergelenk beweglich verbunden. Auch er trägt Zähne.

Rumpfskelett. Es besteht aus der Wirbelsäule und den *Rippen*. Die Wirbelsäule stützt den Körper. Die Wirbel nehmen vom Hals bis zum Unterkörper an Größe zu. Zwischen den Wirbeln liegen polsterartige Kissen aus Knorpel, die *Bandscheiben*. Sie federn Stöße ab.

Die *Rippen* bilden zusammen mit dem *Brustbein* den *Brustkorb*. Dieser schützt die Lungen, das Herz, den Magen und die Leber.

Schultergürtel. Die beiden *Schlüsselbeine* und die *Schulterblätter* bilden zusammen den *Schultergürtel*. Er verbindet den Brustkorb beweglich mit den Armen.

Beckengürtel. Der untere Teil der *Wirbelsäule* bildet mit den *Beckenknochen* zusammen den stabilen *Beckengürtel*. An ihm setzen die Oberschenkelknochen an. Außerdem stützt er die Eingeweide des Bauchraumes.

Gliedmaßenskelett. In den Armen und Beinen liegen lange, röhrenförmige Knochen. Im Oberarm und im Oberschenkel befindet sich je ein kräftiger Knochen. Im Unterarm und Unterschenkel dagegen sind es jeweils zwei Knochen: beim Unterarm die kräftige *Speiche* und die schlanke *Elle*, beim Unterschenkel das stabile *Schienbein* und das dünnere *Wadenbein*.

Die *Handwurzel* und die *Fußwurzel* werden jeweils von einer Gruppe kleinerer Knochen gebildet. *Mittelhandknochen* und *Mittelfußknochen*, *Fingerknochen* und *Zehenknochen* schließen sich daran an.

> Das Skelett des Menschen besteht aus den Schädelknochen, den Knochen der Gliedmaßen, dem Schultergürtel, dem Brustkorb, dem Beckengürtel und der Wirbelsäule.

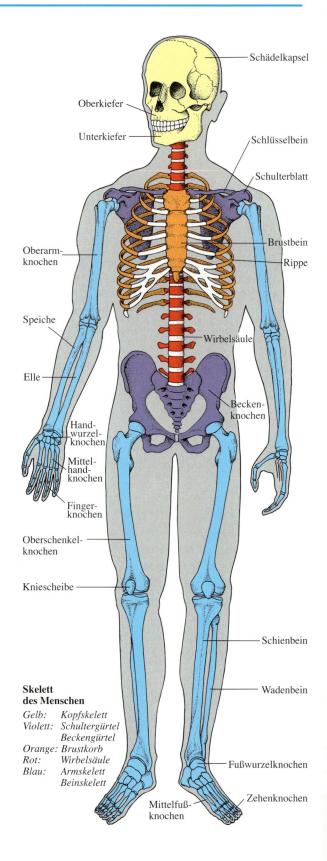

Skelett des Menschen
Gelb: Kopfskelett
Violett: Schultergürtel
Beckengürtel
Orange: Brustkorb
Rot: Wirbelsäule
Blau: Armskelett
Beinskelett

Die Gelenke

Robert betreibt einen rasanten Sport: Skateboardfahren. Stürze lassen sich dabei nicht immer vermeiden. Gelenkschützer und Helm haben sie aber immer glimpflich ablaufen lassen.

Wie wichtig ein Gelenk ist, merken wir erst, wenn es durch eine Verletzung oder Krankheit schmerzt und wir es nicht bewegen können. Daher sollte man auf die Gelenke besonders Acht geben.

Aufbau der Gelenke. Alle Gelenke sind ähnlich gebaut. Der gewölbte *Gelenkkopf* des einen Knochens passt in die Vertiefung des anderen, in die *Gelenkpfanne*. Die Enden der Knochen sind glatt und mit elastischem *Gelenkknorpel* gepolstert. Zusammen mit der *Gelenkschmiere* sorgt er dafür, dass sich die Knochen leicht bewegen lasssen. Eine zähe Hülle, die *Gelenkkapsel*, und kräftige *Bänder* halten die Knochen zusammen.

Gelenkarten. In unserem Körper kommen verschiedene Gelenkarten vor. *Kugelgelenke* wie das Schultergelenk und das Hüftgelenk ermöglichen eine kreisende Bewegung der Gliedmaßen, also eine Bewegung nach allen Seiten. *Scharniergelenke* lassen, vergleichbar den Scharnieren einer Tür, nur Bewegungen nach zwei Richtungen zu. Scharniergelenke sind das Ellenbogengelenk und die Gelenke zwischen den Fingergliedern. Ein *Sattelgelenk* liegt zwischen Handwurzel und Daumen. Dieses Gelenk lässt ebenfalls kreisende Bewegungen zu.

Skateboardfahrer

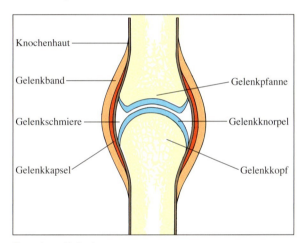
Bau eines Gelenks

> Gelenke verbinden Knochen beweglich miteinander. Kugel, Scharnier- und Sattelgelenke ermöglichen unterschiedliche Bewegungen.

1   Wo findet man am Skelett Scharniergelenke, wo Kugelgelenke? Nimm die Abbildung auf S. 70 zu Hilfe.

2   Welche Bewegungen lassen sich mit den verschiedenen Gelenken ausführen?

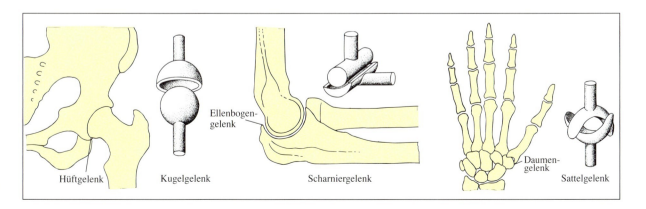

Bau des Knochens

Knochenaufbau. Obwohl die Knochen sehr viel Kalk enthalten, sind sie ebenso wie die anderen menschlichen Organe aus lebenden Zellen aufgebaut. Bei den Knochen sind es *Knochenzellen* und *Knorpelzellen*. Jeder Knochen ist von einer *Knochenhaut* umhüllt. Diese ist gut durchblutet und sehr schmerzempfindlich. Das Innere vieler Knochen wird von schwammigem, rotem *Knochenmark* ausgefüllt. Es spielt eine wichtige Rolle bei der Bildung des Blutes.

Röhrenknochen. Die Wand der Röhrenknochen wird von vielen kleinen *Knochensäulchen* durchzogen. Der Hohlraum in der Mitte der Knochen ist mit Knochenmark ausgefüllt. Durch die Röhrenform ist der Knochen leichter, als wenn er massiv gebaut wäre. Zugleich wird so die Biegefestigkeit erhöht. An den Gelenkenden löst sich die Knochenwand in zahlreiche *Knochenbälkchen* auf. Sie halten starke Druckbelastungen aus. Der *Gelenkkopf* ist von einer elastischen *Knorpelkappe* überzogen.

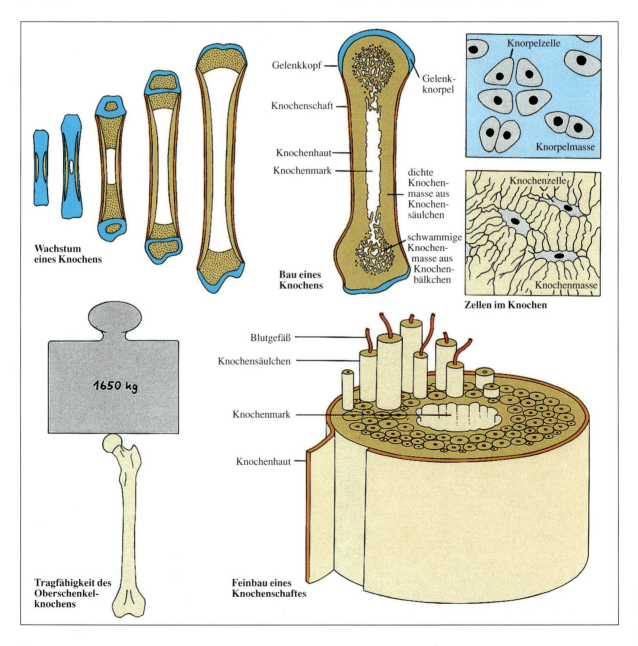

Knochenwachstum. Ein kleines Kind hat noch biegsame, weiche Knochen. Sie bestehen zum großen Teil aus dem elastischen *Knochenknorpel*. Erst im Laufe des Wachstums wird Kalk in die Knochen eingelagert. Der Knochen des erwachsenen Menschen enthält hauptsächlich harten *Knochenkalk*. Reiner Knorpel befindet sich dann nur noch in Form polsterartiger Bandscheiben zwischen den Wirbeln und an den Gleitflächen der Gelenke.

Wirbelsäule. Die Hauptachse des Skeletts wird von der Wirbelsäule gebildet. Sie ist doppelt S-förmig gebogen und kann daher Stöße gut abfedern. Die Wirbelsäule besteht aus 33 *Wirbeln*, zwischen denen die *Bandscheiben* aus elastischen Knorpeln liegen. Wenn du in der Rückenmitte mit den Fingern über die Wirbelsäule fährst, spürst du die *Dornfortsätze* der Wirbel. Durch sie wird die Biegefähigkeit der Wirbelsäule nach hinten eingeengt.

Mit den *Querfortsätzen* der 12 Brustwirbel sind 12 Rippenpaare beweglich verbunden. Die Rippen schützen als Brustkorb die Lungen und das Herz. Die oberen 10 Rippenpaare sind durch Knorpel mit dem Brustbein verbunden. *Wirbelkörper* und Wirbelfortsätze bilden zusammen den *Rückenmarkskanal*, in dem das *Rückenmark* verläuft.

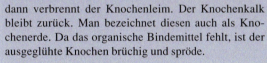

Legt man einen Knochen in Salzsäure, so löst sich der Knochenkalk auf. Zurück bleibt weicher und biegsamer Knochenknorpel, auch Knochenleim genannt, den man sogar mit dem Messer schneiden kann. Beim Knochenleim handelt es sich um den organischen Anteil des Knochens.

Glüht man einen Knochen auf einem Drahtnetz aus, dann verbrennt der Knochenleim. Der Knochenkalk bleibt zurück. Man bezeichnet diesen auch als Knochenerde. Da das organische Bindemittel fehlt, ist der ausgeglühte Knochen brüchig und spröde.

Auch Knochen sind lebendige Organe, die aus Zellen aufgebaut sind. Der harte Knochenkalk und der weiche Knochenleim zusammen machen den Knochen fest und elastisch zugleich.

---

1 Warum kann die Wirbelsäule Stöße gut abfedern?

Ausschnitt aus der Wirbelsäule von der Seite gesehen. Knochen gelb, Knorpel blau

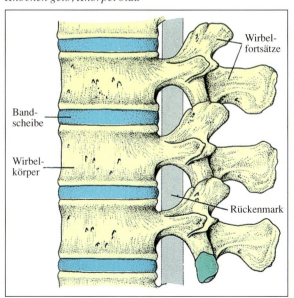

Aufsicht auf einen einzelnen Wirbel von oben

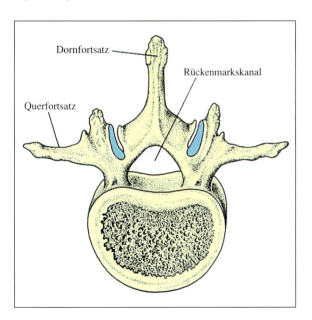

Praktikum: Die Wirbelsäule

1 Welche Wirbelsäulenform ist am stärksten belastbar?

Die Bedeutung der Krümmung der Wirbelsäule kannst du an einem Drahtmodell überprüfen.

Benötigt werden: 3 gleich lange Drahtstücke, z. B. Blumendraht, von etwa 40 cm Länge und 2 mm Durchmesser,
3 Holzstücke mit Bohrung,
eine 40 cm lange Messlatte,
3 Plastiksäckchen mit je 50 g Sand.

Durchführung: Fertige wie im Bild rechts 3 Wirbelsäulenmodelle an (Höhe 35 cm). Befestige sie in der Bohrung der Hölzer.

Drücke mit dem Finger oben auf den Draht. Beschreibe deine Beobachtung.

Hänge an die Spitze jedes Drahtes ein Gewicht von ungefähr 50 g.
Um das Gewicht mit einem Faden am Draht befestigen zu können, musst du das Drahtende zu einem kleinen Haken umbiegen.

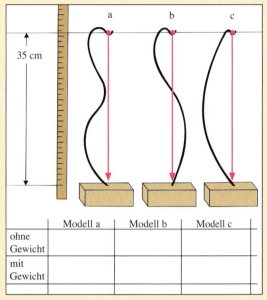

	Modell a	Modell b	Modell c
ohne Gewicht			
mit Gewicht			

– Wie verändert sich das Wirbelsäulenmodell?
– Welches Modell entspricht am ehesten der menschlichen Wirbelsäule?

2 Wie werden die Bandscheiben belastet?

Benötigt werden: 4 Holzscheiben mit Durchmesser von ca. 10 cm, 3 Schaumgummischeiben mit demselben Durchmesser, verschiedene Gewichte.

Durchführung:
Schichte Holz- und Schaumgummischeiben abwechselnd zu einem Turm auf. Belaste die oberste Scheibe zunächst mit verschiedenen Gewichten.
Belaste nun verschiedene Stellen (Mitte, Ränder).
– Beschreibe deine Beobachtungen und werte aus.
– Ziehe nun Schlussfolgerungen: Worauf sollte man beim Sitzen und Stehen unbedingt achten?

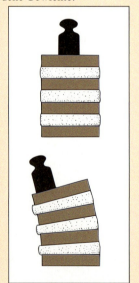

3 Ändert sich die Körpergröße im Tagesverlauf?

Benötigt werden: ein dickes Buch oder ein großes Winkeldreieck, Bleistift, Zentimetermaß.

Durchführung:
Stelle dich barfuß in einem Türrahmen so auf, dass Kopf und Rücken den Rahmen berühren. Fixiere nun einen Punkt in Augenhöhe. Ein Helfer markiert deine Körpergröße am Türrahmen. Mit dem Zentimetermaß kannst du messen, wie groß du bist. Führe die erste Messung sofort nach dem Aufstehen, die zweite vor dem Schlafengehen durch.
– Notiere das Ergebnis und werte es aus.
– Vergleiche mit den Ergebnissen in der Klasse.

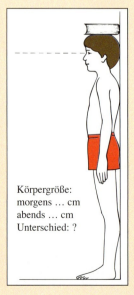

Körpergröße:
morgens … cm
abends … cm
Unterschied: ?

Gesundheit: Haltungsschäden müssen nicht sein

Haltungsschäden. Haltungsschwächen wie Rundrücken oder Hohlkreuz machen sich meist schon im Kindes- oder Jugendalter bemerkbar. Aus ihnen können dauerhafte Haltungsschäden werden, die nicht mehr rückgängig zu machen sind. Wenn man die Wirbelsäule falsch oder zu stark belastet, lange sitzt und sich wenig bewegt, treten auch Rücken- und Kopfschmerzen auf.

Beim Sitzen, Stehen, Gehen und Laufen werden die Bandscheiben wie Polster zusammengedrückt. Liegen entlastet die Wirbelsäule. Die Bandscheiben saugen dabei Flüssigkeit aus dem Gewebe auf und werden wieder prall. Wer auf einer durchgelegenen Matratze schläft, schädigt damit vor allem die Bandscheiben.

Du kannst selbst dazu beitragen, dass ein Haltungsschaden gar nicht erst entsteht.

Schädigung der Füße. Falsche oder zu starke Belastung kann die Füße dauerhaft schädigen.
Hochhackige Schuhe verlagern einen großen Teil des Körpergewichts auf den Vorderfuß. Der Fuß verformt sich und das Fußgewölbe sinkt ein. Verformungen entstehen auch durch spitze und zu enge Schuhe. Turnschuhe sollten ein festes Fußbett haben, die Schnürsenkel sollten gebunden sein.

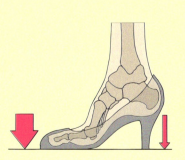

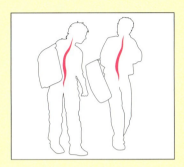

Wenn du deine Schultasche ständig unter dem Arm trägst, wird die Wirbelsäule einseitig belastet. Mit der Zeit verformt sich die Wirbelsäule seitlich, sodass Muskeln und Bänder sie nicht mehr aufrecht halten können. Damit das nicht passiert, solltest du die Schultasche auf dem Rücken tragen oder einen Rucksack nehmen, den du mit verstellbaren Tragegurten an deine Körpergröße anpassen kannst.

Im oberen Bild sitzt Meike falsch. Ihr Rücken ist stark gekrümmt. Die Bandscheiben werden einseitig zusammengedrückt. Mit der Zeit kann sich die Wirbelsäule dadurch krankhaft verändern. Beim Arbeiten am Schreibtisch solltest du aufrecht sitzen. Die Beine sollen leicht gespreizt sein, die Füße auf dem Boden stehen. Tisch und Stuhl müssen zur Körpergröße passen und die richtige Höhe haben.

Bewegung durch die Muskeln

Die Muskeln bilden das „Fleisch" unseres Körpers, formen das Aussehen und bewegen die Knochen. Daran sind mehr als 600 Muskeln beteiligt. Alle Muskeln, die das Skelett bewegen, arbeiten auf Befehl. Du hast dir vorgenommen einen Korb anzuheben. Die Befehle dazu kommen vom Gehirn.
Beuger. Hast du schon einmal bemerkt, welcher Muskel an deinem Arm dick wird, wenn du eine Last zu heben versuchst? Es ist der Muskel vorne am Oberarm. Er wird immer dick und hart, wenn du den Unterarm an den Oberarm heranbeugst. Man nennt diesen Muskel *Unterarmbeuger* oder auch *Bizeps*.
Strecker. Sobald du den Unterarm streckst, wird ein anderer Muskel am Oberarm dick. Es ist der *Unterarmstrecker*.

Gegenspieler. Zieht sich der Unterarmbeuger zusammen, wird der Unterarmstrecker gedehnt. Kein Muskel kann sich aus eigener Kraft strecken. Das muss immer ein anderer Muskel besorgen. Man nennt ihn *Gegenspieler*. Auch Unterarmbeuger und Unterarmstrecker sind Gegenspieler. An einer Bewegung sind immer mindestens zwei Muskeln beteiligt. Der eine „arbeitet" und zieht sich zusammen, während der andere gleichzeitig gestreckt wird.

> Muskeln können sich nur zusammenziehen. Für Bewegungen sind deshalb zwei Gegenspieler nötig, ein Beuger und ein Strecker.

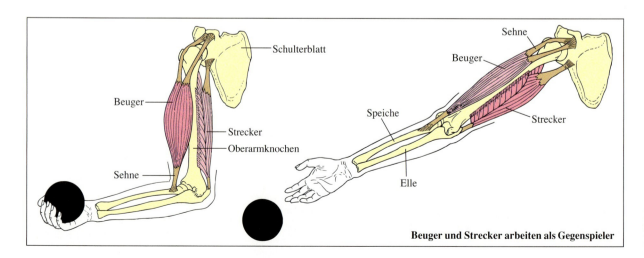

Beuger und Strecker arbeiten als Gegenspieler

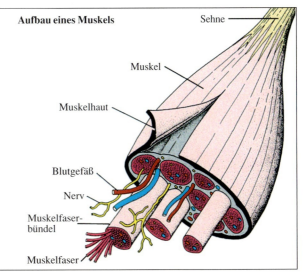

Der Aufbau eines Muskels. Im dicken *Muskelbauch* liegen die Muskelfasern, die sich zusammenziehen können. Die *Muskelhaut* umhüllt den ganzen Muskel. Mit den langen, seilartigen *Sehnen* ist der Muskel an den Knochen festgewachsen, die er gegeneinander bewegen soll. Eine der beiden Sehnen führt immer über das Gelenk hinweg zum benachbarten Knochen. Dort ist sie festgewachsen. Nur so ist eine Bewegung möglich.

Oft liegen die Muskeln ziemlich entfernt vom Knochen, der bewegt wird. Die Muskeln für die Bewegung des Oberarms liegen „einen Stock höher", im Rumpf. Wenn du einen Arm hochreißt, kannst du mit der anderen Hand fühlen, wie der Schultermuskel dick wird.

1   Taste an deinem Oberarm den Unterarmbeuger (vorne) und den Unterarmstrecker (hinten). Beuge mit einer schweren Last in der Hand den Unterarm. Strecke ihn dann wieder. Was fällt dir auf?

2   Lege ein Pauspapier über die Zeichnung auf der linken Seite (oben). Zeichne ein, bei welchem Männchen sich der Oberschenkelbeuger und bei welchem sich der Oberschenkelstrecker zusammenzieht.

3   Wo in den Beinen liegt der Fußheber und wo der Fußsenker?

4   Auch die Bewegungen der Tiere sind nur dadurch möglich, dass Muskeln als Gegenspieler arbeiten. Erkläre mit der unten abgebildeten Grafik von Steinbock und Pferd.

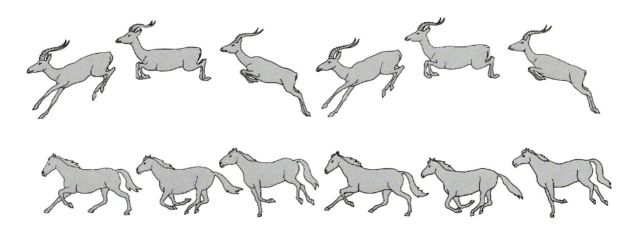

Sport und Gesundheit

Leistungssport. Läufer werden immer schneller, Hochspringer springen höher und Weitspringer immer weiter. Hast du dich auch schon gefragt, wie die Sportler diese Leistungssteigerungen erreichen? Voraussetzung ist sicher ein intensives Training, das meist schon im Kindesalter beginnt. Wie die zunehmenden Verletzungen und Sportschäden mancher Leistungssportler zeigen, ist so intensiv betriebener Sport jedoch nicht unbedenklich. Die Schäden machen deutlich, dass der Körper stärker belastet wurde, als er aushalten konnte. Dies ist besonders gefährlich, solange sich der Körper noch in Aufbau und Wachstum befindet.

Beim Leistungssport sollte ein Trainingsprogramm nur unter Mithilfe erfahrener Trainer durchgeführt werden. Der Gesundheitszustand muss vom Arzt überwacht werden, damit die körperliche Belastbarkeit im Laufe des Trainings langsam wächst, der Körper aber nie überlastet wird.

Konzentrierte Leistungssportlerin am Schwebebalken

Überall bietet sich die Möglichkeit sich sportlich zu betätigen: Ein solches Ballspiel macht Spaß und stärkt Muskeln und Gelenke.

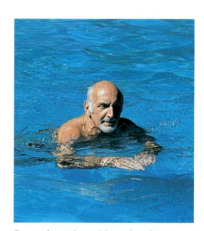

Besonders ältere Menschen können sich durch Schwimmen fit halten.

Breitensport. Regelmäßiges Training fördert die Leistungsfähigkeit des Körpers. Durch Ballspiele, Waldlauf, Schwimmen oder Gymnastik werden Gelenke und Muskeln gestärkt. Ebenso werden Herz und Lungen gekräftigt. Der Körper bleibt durch vielseitiges Training beweglich und fit. Bewegungen werden somit nicht zur Qual, sondern machen Spaß und Freude. Für sportliche Betätigungen gibt es viele Möglichkeiten. Dazu gehört das Sporttreiben im Verein ebenso wie Ballspiel oder Laufen mit Freunden und Kameraden. Sicher nutzt auch du die Möglichkeiten, die sich für dich bieten. Sport, den man zusammen mit anderen betreibt, nützt nicht nur dem Körper, sondern fördert die Kameradschaft in der Gruppe und trägt zu einem besseren Verständnis untereinander bei.

> Bewegung bei Sport und Spiel macht Spaß und hält den Körper gesund.

Gesundheit: Haltungstraining

Muskelkater. Wer Sport treibt, ohne sich vorher aufzuwärmen, oder sich ungewohnte Leistungen abverlangt, leidet am nächsten Tag an Muskelkater. Die Schmerzen werden durch winzige Risse in den Muskelfasern verursacht. Sanfte Bewegungen und Massage fördern die Durchblutung der Muskeln und lindern die Schmerzen.

Verstauchung. Eine heftige Bewegung kann die Gelenkbänder überdehnen. Dabei werden meist auch Blutgefäße im Gelenk verletzt, sodass ein Bluterguss entsteht. Das Gelenk schwillt an und schmerzt. Es muss gekühlt und ruhig gestellt werden.

Verrenkung. Verrenkungen betreffen meistens Kugelgelenke. Der Gelenkkopf springt aus der Gelenkpfanne. Dies ist ausgesprochen schmerzhaft. Der Arzt renkt das Gelenk wieder ein.

Knochenbruch. Durch Fehlbelastung oder einen Unfall kann es zum Knochenbruch kommen. Der Arzt fügt die Bruchenden aneinander und stellt sie ruhig, meist mit einem Gipsverband. Manchmal muss der Knochen operativ mit Metallplatten und Stahlnägeln zusammengefügt werden (Foto unten rechts). Der Knochen wächst wieder zusammen.

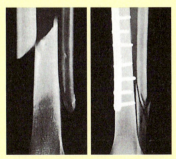

Röntgenbilder eines Knochenbruchs

Dehnungsübungen oder „Stretching" zum Warmmachen der Muskeln. Sportliche Aktivitäten wollen vorbereitet sein. Beim „Stretching" dehnt man die Muskeln langsam vor und wärmt sie auf. Auch warme Sportkleidung beugt Muskelrissen und -zerrungen vor. Die folgenden Übungen werden langsam und konzentriert ausgeführt. Die Spannung der jeweils trainierten Muskeln wird immer einige Sekunden lang gehalten.

1 nach vorne neigen, Ferse auf den Boden drücken
2 Fuß ans Gesäß hochziehen, Becken vorschieben
3 mit geradem Rücken nach vorn beugen
4 seitliche Rumpfbeuge
5 Hüfte nach vorn abwärts drücken
6 Rücken rund machen

Haltungstraining. Die häufigsten Haltungsschäden sind Rundrücken und Hohlkreuz. Mit den ersten 3 Übungen kann der Neigung zum Rundrücken begegnet werden. Sie fördern die aufrechte Haltung. Die Übungen 4 bis 6 dienen zum Ausgleich des Hohlkreuzes. Sie machen die Wirbelsäule im Lendenbereich beweglicher. Bei den Bodenübungen solltest du eine Decke unterlegen, bei Übung 5, falls es anfangs etwas wehtut, auch 2 Decken.

1 in Bauchlage den Oberkörper heben
2 Armkreisen rückwärts
3 nach vorne rutschen auf dem Boden
4 Radfahren in der Luft
5 Bodenschaukel aus dem Hocksitz
6 aus dem Kniestand seitlich hinsetzen

Atmung und Blutkreislauf

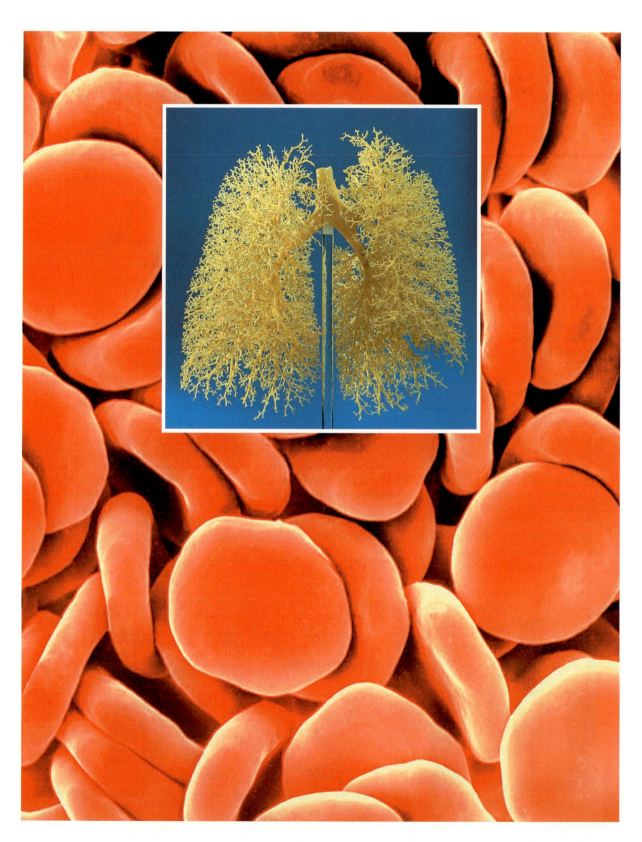

Atmung

Wettschwimmer kurz vor dem Ziel

Nach einem 100-m-Lauf atmen wir viel tiefer und rascher als sonst. Auch beim Bergwandern, Treppensteigen, Schnellschwimmen oder bei schwerer körperlicher Arbeit geht unser Atem rasch, manchmal sogar keuchend. Offenbar benötigen wir mehr Atemluft, wenn wir uns körperlich anstrengen.

Sauerstoff und Kohlenstoffdioxid. Vergleicht man die Luft, die wir einatmen, mit der, die wir ausatmen, so zeigt sich, die eingeatmete Luft enthält mehr *Sauerstoff* und weniger *Kohlenstoffdioxid* als die ausgeatmete Luft. Außerdem ist die ausgeatmete Luft feuchter. In unserem Körper wird demnach *Sauerstoff verbraucht* und *Kohlenstoffdioxid gebildet*.

Wozu dient der Sauerstoff? Wenn Kohle verbrennt, verbindet sich der Kohlenstoff mit Luftsauerstoff zu Kohlenstoffdioxid. Dabei wird *Energie* frei. Die Zellen unseres Körpers brauchen Sauerstoff um Nährstoffe abzubauen, die Kohlenstoff enthalten. Dabei entsteht neben Kohlenstoffdioxid auch Wasser, und es wird ebenfalls Energie frei.

Die Energie dient unter anderem dazu, Muskeln zu bewegen. Je angestrengter Muskeln arbeiten, desto mehr Energie ist nötig und desto mehr Sauerstoff müssen wir einatmen.

Beim Einatmen wird Sauerstoff aufgenommen, beim Ausatmen Kohlenstoffdioxid abgegeben. Der Sauerstoff dient dazu, Nährstoffe in den Zellen abzubauen.

Benötigte Luftmenge in der Stunde bei verschiedenen Tätigkeiten	
Schlafen	280 l
Liegen	400 l
Stehen	450 l
Gehen	1000 l
Radfahren	1400 l
Schwimmen	2600 l
Bergsteigen	3100 l
Rudern	3600 l

1 Stelle fest, wie rasch dein Mitschüler oder deine Mitschülerin atmet. Zähle nur beim Einatmen. Vergleiche die Zahl der Atemzüge pro Minute bei ruhigem Sitzen, nach 15 Kniebeugen und nach einem 50-m-Sprint über den Schulhof. Notiere das Ergebnis und erkläre es.

Atembewegungen

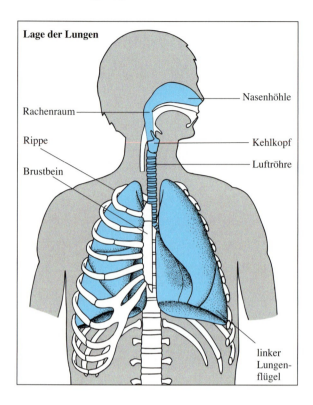

Unsere Atmungsorgane sind die *Lungen*. Sie liegen im Brustraum und füllen den oberen Teil des Brustkorbs fast ganz aus. Sie bestehen aus einem schwammigen Gewebe ohne Muskeln. Außen sind sie von einer Haut umgeben, dem *Lungenfell*. Das Lungenfell haftet fest an einer zweiten Haut, dem *Rippenfell,* das den Brustkorb immer auskleidet. Ähnlich wie zwei feuchte Glasscheiben können Lungenfell und Rippenfell ohne Reibung aneinander gleiten. Nach unten, zum Bauchraum hin, schließt das *Zwerchfell* den Brustraum ab.

Damit Atemluft eingesaugt wird, müssen sich die Lungen dehnen. Das kann auf zweierlei Weise geschehen: *Bauchatmung* und *Brustatmung*.

Bauchatmung. Strafft sich das Zwerchfell, so wird es nach unten gezogen. Der Brustraum wird dadurch größer, die Lungen dehnen sich mit. Luft strömt ein. Erschlafft das Zwerchfell, wölbt es sich wieder nach oben und verkleinert den Brustraum. Die Dehnung der Lungen geht zurück. Luft wird aus den Lungen gedrückt.

Brustatmung. Muskeln zwischen den Rippen sorgen dafür, dass sich der ganze Brustkorb hebt. Dabei nimmt gleichzeitig sein Rauminhalt zu. Die Lungen weiten sich. Luft strömt ein. Senkt sich der Brustkorb, verringert sich sein Rauminhalt. Die Lungen nehmen ihre ursprüngliche Größe wieder ein und die Luft strömt aus.

Meist kombinieren wir beim Atmen beide Arten von Atembewegungen miteinander.

Zum Einatmen vergrößert sich der Brustraum, die Lungen dehnen sich aus. Zum Ausatmen verkleinert sich der Brustraum, die Lungen werden zusammengedrückt.

---

1 Beschreibe anhand der Grafiken oben, wie bei der Brustatmung und der Bauchatmung ein- und ausgeatmet wird.

2 Warum ist es für den Atemvorgang wichtig, dass Lungenfell und Rippenfell fest aneinander haften? Mache dir dazu nochmals klar, auf welche Weise die Lungen beim Einatmen gedehnt werden.

Der Weg der Luft zu den Lungen

Nase. Meist wird die Atemluft bei geschlossenem Mund durch die *Nase* eingesaugt. Staub und andere Fremdkörper bleiben im *Nasenschleim* hängen. So wird die Luft gereinigt. Außerdem wird sie in den *Nasenhöhlen* befeuchtet, erwärmt und durch den Geruchssinn geprüft. Die Nasenhöhlen öffnen sich hinten zum Rachenraum.

Rachen. Durch den Rachenraum strömt die Luft an den *Mandeln* vorbei zur *Luftröhre*. Die Mandeln fangen Krankheitserreger ab, die in der Atemluft enthalten sind.

Kehlkopf. Am Eingang zur Luftröhre liegt der *Kehlkopf*. Mit dem *Kehldeckel* vermag er die Luftröhre zu verschließen. So wird verhindert, dass Nahrungsbrocken statt in die Speiseröhre in die Luftröhre gelangen. Der Kehlkopf ist außerdem für das Sprechen wichtig. Er besteht aus mehreren Knorpeln, zwischen denen die *Stimmbänder* ausgespannt sind. Diese können im Luftstrom schwingen und erzeugen dabei Töne.

Luftröhre, Bronchien und Lungen. Die Luftröhre ist etwa 10 cm lang und hat einen Durchmesser von 2 cm. Innen ist sie mit einer *Schleimhaut* ausgekleidet. Auf ihr sitzen viele feine *Flimmerhärchen*. Die Härchen bewegen sich ständig so, dass eingedrungene Staubteilchen wieder nach oben transportiert werden. Im Brustkorb teilt sich die Luftröhre in zwei Äste, die *Bronchien*. Jede Bronchie führt zu einem *Lungenflügel*. Dort verzweigt sie sich vielfach und endet schließlich in den kugeligen Lungenbläschen. Die einzelnen *Lungenbläschen* haben kaum die Größe eines Stecknadelkopfs. Außen sind sie von feinsten Blutgefäßen umsponnen. Durch die dünne Wand der Lungenbläschen wandert der Sauerstoff in die Blutgefäße. Mit dem Blut gelangt er zu den Körperzellen. Das Kohlenstoffdioxid, das aus dem Körper stammt, wandert aus dem Blut in die Lungenbläschen. Es wird in der Atemluft ausgeatmet.

> Über Nase oder Mund, Rachen, Kehlkopf, Luftröhre und Bronchien gelangt die Atemluft in die Lungen. In den Lungenbläschen findet der Gasaustausch statt.

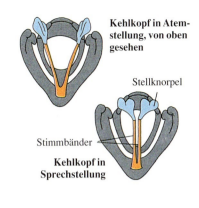

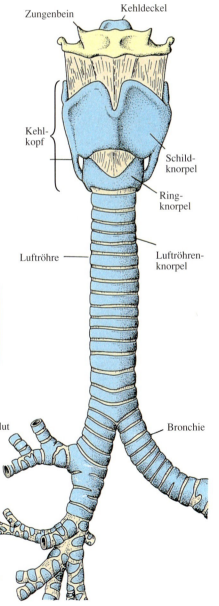

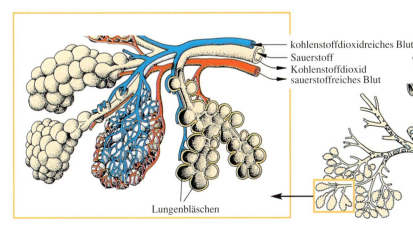

Praktikum: Atmung

1 Wie die Bauchatmung funktioniert
Benötigt werden:
Glasglocke, Gummituch, Stopfen, y-förmiges Glasrohr, 2 Luftballons, Bindfaden, Schere.
Durchführung:
Baue alles zusammen, wie rechts im Bild gezeigt.
- Ordne die Organe den Teilen des Modells zu.
- Nun zeige die Funktionsweise: Ziehe das Gummituch nach unten. Was beobachtest du?
- Vergleiche deine Beobachtungen am Modell mit den Vorgängen bei der Bauchatmung.

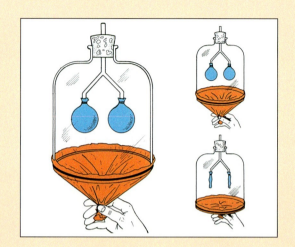

2 Baue ein Modell zur Brustatmung!
Benötigt werden:
6 Pappstreifen von 30 x 1,5 cm, Musterklammern, Maßband, Locher, Schere.
Durchführung:
Loche die Pappstreifen und baue das Modell so zusammen, wie es die Zeichnung rechts zeigt. Versuche, mithilfe des Modells die Vorgänge bei der Brustatmung zu erklären.
- Miss deinen Brustumfang in Höhe der unteren Rippen nach tiefem Ein- und Ausatmen.
- Zeige am Modell, wie die Veränderung der Weite zustande kommt.
- Achte darauf, ob du normalerweise mehr über die Brust oder mehr über den Bauch atmest.
- In welchen Situationen ändert sich das? Vergleiche in Ruhe und nach einem Wettrennen. Welche Art der Atmung ist die „Ruheatmung"?

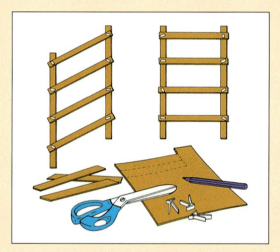

3 Wie viel Liter Luft enthält dein Atemzug?
Benötigt werden:
Pro Person ein Gefrierbeutel mit über 3 Liter Fassungsvermögen, ein 5-l-Glasgefäß mit etwa 20 cm Durchmesser, Messbecher, Filzstift, Wasser.
Durchführung:
- Baut zuerst den Atemmesser. Füllt in Halbliterschritten Wasser ins Gefäß und markiert die Füllhöhe mit dem Filzstift bis zu 5 Liter. Nun leert das Gefäß bis auf 2 Liter.

Nacheinander sind alle einmal Versuchsperson. Diese holt tief Luft und atmet einen Atemzug in einen Gefrierbeutel aus. Der Beutel wird duch Drehen sofort gut verschlossen. Nun drückt den gefüllten Beutel bis zum Verschluss in das Gefäß unter Wasser. Dabei müsst ihr das Eintauchen der Hände vermeiden. Wie hoch ist der Wasserstand jetzt? Wie viel Luft ist in dem Beutel?

Rauchen? – Nein danke!

Schon wieder schaltet die Ampel auf Rot. Klaus wird immer nervöser. Ungeduldig tritt er auf das Gaspedal und zündet sich noch eine Zigarette an. Aus dem Auspuff seines Autos quellen dichte Abgaswolken. Klaus kurbelt die Fensterscheibe herunter und macht sie schnell wieder zu. „Das ist ja ein furchtbarer Mief da draußen", murmelt er.
Reine Luft atmen Stadtbewohner bestenfalls im Urlaub ein. Auch in den Lungen von Nichtrauchern sammeln sich im Laufe des Lebens beträchtliche Schmutzmengen an. Bei Rauchern kommen auch noch *Teer* und *Ruß* aus dem Tabakrauch hinzu. Als schwarze Masse lagern sich diese Stoffe in den Lungen ab und *zerstören die Lungenbläschen*. Die Leistungsfähigkeit der Lungen nimmt dadurch mehr und mehr ab. Das zeigt sich schon bei geringer körperlicher Anstrengung. Raucher leiden zudem oft an *chronischer Bronchitis*. Das ist eine dauernde Entzündung der Bronchienschleimhäute verbunden mit *Raucherhusten*. Durch die Entzündung werden die Flimmerhärchen der Schleimhäute zerstört. Schadstoffe und Schleim gelangen ungehindert zur Lunge und verstopfen die Verzweigungen der Bronchien. Rauchen kann noch andere schwere Krankheiten verursachen, wie *Lungenkrebs* und *Durchblutungsstörungen*.

> Der Verzicht auf das Rauchen ist Voraussetzung für eine gesunde Lunge.

1 Auf jeder Zigarettenschachtel wird vor den schädlichen Wirkungen des Rauchens gewarnt. Warum greifen trotzdem so viele Menschen zur Zigarette?

2 Sammle Werbeanzeigen für Tabakwaren und werte sie kritisch aus. Entwirf ein Werbeplakat, das zum Nichtrauchen aufruft.

3 Spielt folgende Situation nach: Jemand bietet dir eine Zigarette an, du lehnst ab und begründest: „Nein danke, ich rauche nicht, weil …!"

„Schon mal probiert …"

Das Blut

Rote Blutkörperchen. Ein stecknadelkopfgroßer Blutstropfen enthält etwa 5 Millionen rote Blutkörperchen. Der eisenhaltige Eiweißstoff *Hämoglobin* verleiht dem Blut seine rote Farbe. Hämoglobin kann Sauerstoff und Kohlenstoffdioxid an sich binden und so die beiden Gase im Körper transportieren. Rote Blutkörperchen haben einen Durchmesser von weniger als $\frac{1}{100}$ mm. Die Oberfläche aller roten Blutkörperchen eines Menschen zusammen ergibt allerdings eine Fläche, die etwa der Größe eines Fußballfeldes entspricht. Diese große Fläche steht für den *Transport von Sauerstoff und Kohlenstoffdioxid* zur Verfügung. Rote Blutkörperchen werden im Knochenmark ständig neu gebildet. Nach 120 Tagen werden sie in Milz und Leber abgebaut.

Weiße Blutkörperchen. Neben roten Blutkörperchen befinden sich in einem Blutstropfen etwa 7500 weiße Blutkörperchen. Sie werden im roten Knochenmark und in den Lymphknoten gebildet. Weiße Blutkörperchen sind farblose Zellen, die sich wie Amöben fortbewegen können. Sie können die Blutgefäße verlassen und in das umliegende Gewebe wandern. Weiße Blutkörperchen *bekämpfen Krankheitserreger und Fremdkörper*.

Blutplättchen. In einem Blutstropfen befinden sich außerdem noch etwa 300 000 unregelmäßig geformte Blutplättchen. Sie sind nur etwa ein Viertel so groß wie die roten Blutkörperchen und werden im roten Knochenmark gebildet. Ihre Lebensdauer beträgt wie bei den weißen Blutkörperchen etwa 4 bis 10 Tage. Blutplättchen spielen bei der *Blutgerinnung* eine wichtige Rolle.

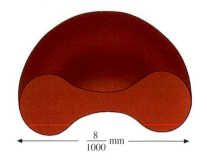

Halbiertes rotes Blutkörperchen ($\frac{8}{1000}$ mm)

> Blut enthält als feste Bestandteile rote und weiße Blutkörperchen und Blutplättchen. Aufgabe der roten Blutkörperchen ist der Transport von Sauerstoff. Die weißen Blutkörperchen wehren Krankheitserreger und Fremdkörper ab. Die Blutplättchen sind für die Blutgerinnung wichtig.

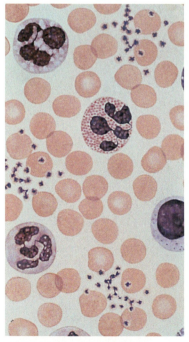

Angefärbte rote und weiße Blutkörperchen unter dem Mikroskop

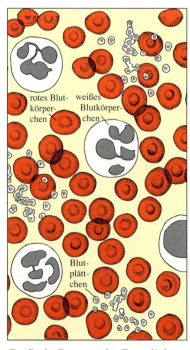

Grafische Deutung des Fotos links

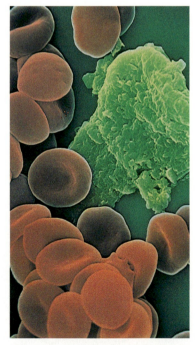

Rote und weißes Blutkörperchen im Raster-Elektronenmikroskop

Aufgaben des Blutes

Wenn vom *Blut* die Rede ist, denkt man oft nur an den Blutstropfen, der aus der Schnittwunde quillt. Bald gerinnt er und verschließt die Wunde. Unser Blut erfüllt aber sehr viele verschiedene Aufgaben. Es ist das *wichtigste Transportsystem des Körpers* und befördert:
- Sauerstoff von den Lungen zu allen Geweben des Körpers,
- Kohlenstoffdioxid von den Geweben zu den Lungen,
- Nährstoffe vom Darm zu den Körperzellen,
- Giftstoffe, die in den Körper gelangen, und Abfallstoffe, die im Körper entstehen, zur Leber und zu den Nieren,
- Botenstoffe, auch Hormone genannt, von den Hormondrüsen zu den Orten im Körper, an denen sie ihre Wirkung entfalten.

Das Blut ist an der *Regulierung der Körperwärme* beteiligt und bildet *Abwehrstoffe* gegen Krankheitserreger und körperfremde Stoffe.

Frisches und abgestandenes Blut, bei dem die Gerinnung verhindert wurde

> Das Blut ist das wichtigste Transportsystem unseres Körpers.

Blutmenge und Zusammensetzung des Blutes

Ein Erwachsener hat durchschnittlich 5 bis 6 Liter Blut. Das Blut ist keine einheitliche Flüssigkeit wie Wasser. Lässt man es in einem Glasgefäß erschütterungsfrei stehen und gibt einen Gerinnungshemmer hinzu, so setzt sich nach einiger Zeit eine rote, undurchsichtige Masse ab. Unter dem Mikroskop erkennt man, dass dieser Teil des Blutes vor allem die *Blutkörperchen* enthält. Die Flüssigkeit, die über den Blutkörperchen im Glas steht, ist bernsteinfarben und durchsichtig. Sie heißt *Blutplasma*.

Blutplasma. Das Blutplasma besteht zum größten Teil aus Wasser. Außerdem enthält es 10 Prozent gelöste Stoffe. Unter ihnen sind *Eiweiße* am häufigsten. Einige der Eiweiße wirken als *Abwehrstoffe gegen Krankheitserreger*, andere sind an der *Blutgerinnung* beteiligt. Blutplasma, aus dem die Gerinnungsstoffe entfernt wurden, nennt man *Blutserum*. Im Blutplasma werden auch *Traubenzucker* und *Fette* sowie *Salze* und *Abfallstoffe* transportiert.

Als Energiespender für die Muskelarbeit ist der Traubenzucker lebensnotwendig. Insgesamt sind im Blutplasma 4 bis 6 Gramm (ein Teelöffel) enthalten. Fett kommt nach einer fettreichen Mahlzeit im Blut in kleinen Tröpfchen vor. Es wird rasch in Fettspeicherzellen abgelagert.

Salze sind im Blutplasma zu etwa 1 Prozent enthalten.

> Der flüssige Bestandteil des Blutes heißt Blutplasma. Blutplasma ohne Gerinnungsstoffe nennt man Blutserum.

Herz und Blutkreislauf

Das Herz
Unser Blut fließt in *Blutgefäßen*. Vom Schlag des *Herzens* wird es vorwärts getrieben. Durchschnittlich 70 – 80mal in der Minute schlägt das Herz. Das sind rund 100 000 Schläge am Tag!

Lage. Im Röntgenbild sieht man das Herz als helle Fläche im Bereich des Brustkorbs. Es liegt etwas links von der Körpermitte und zeigt mit der Spitze nach links unten.

Bau. Das Herz ist ein *Hohlmuskel*. Eine kräftige *Scheidewand* teilt das Herz in zwei Hälften. Jede Hälfte besteht aus zwei Teilen: einem dünnwandigen *Vorhof,* in dem die zuführenden Blutgefäße münden, und einer *Herzkammer* mit muskulöser Wand. Zwischen Vorhof mit Herzkammer liegen die häutigen *Segelklappen.* Sie wirken als Ventile und lassen das Blut nur in einer Richtung hindurchfließen. Weitere Ventile, die *Taschenklappen,* liegen am Eingang der Blutgefäße, die die Herzkammern verlassen.

Die beiden *Herzhälften* sind nicht nur vollständig voneinander getrennt, sie haben auch *unterschiedliche Aufgaben*. Die rechte Herzhälfte bekommt Blut aus dem Körper zugeführt und pumpt es zur Lunge. Die linke Herzhälfte bekommt Blut aus der Lunge zugeführt und pumpt es in den Körper. Alle zum Herzen führenden Blutgefäße nennt man *Blutadern* oder *Venen.* Alle vom Herzen wegführenden Blutgefäße heißen *Schlagadern* oder *Arterien.*

Arbeit des Herzens. Das Zusammenziehen des Herzmuskels nehmen wir als *Schlagen des Herzens* wahr. Dabei ziehen sich zuerst die Vorhöfe zusammen. Blut gelangt aus den Vorhöfen durch die geöffneten Segelklappen in die Herzkammern. Unmittelbar darauf ziehen sich die Herzkammern kräftig zusammen. Durch den Druck des Blutes schließen sich die Segelklappen und die Taschenklappen werden aufgestoßen. Aus beiden Herzkammern strömt das Blut in die sich jeweils anschließenden Schlagadern. Dann erschlaffen die Herzkammern wieder. Die Taschenklappen verhindern jedoch das Zurückfließen des Blutes. Noch während sich die Herzkammern zusammenziehen, entspannen sich die Vorhöfe. Ihr Rauminhalt nimmt zu, Blut wird aus den Venen nachgesaugt. Wenig später erfolgt der nächste Herzschlag.

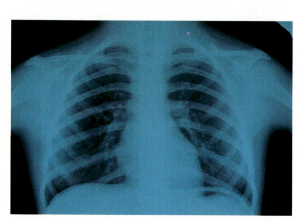

Röntgenaufnahme des Brustkorbs. Man sieht das Herz als helle Fläche etwas links von der Körpermitte.

Herzschläge in der Minute	
Höchstwert beim Sport	250
neugeborenes Kind	130
6-jähriges Kind	90
14-jähriger Jugendlicher	80
30-Jähriger	70
70-Jähriger	60 – 70

Das Herz ist ein Hohlmuskel. Es besteht aus zwei getrennten Hälften. Jede gliedert sich in Vorhof und Herzkammer. Durch das Zusammenziehen der Herzkammern wird das Blut in die Blutgefäße gepumpt.

Schlagadern oder Arterien sind die vom Herzen wegführenden Blutgefäße, Blutadern oder Venen die zum Herzen hinführenden Blutgefäße.

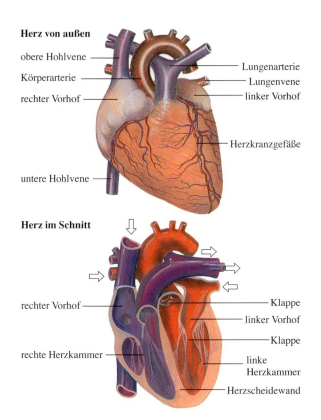
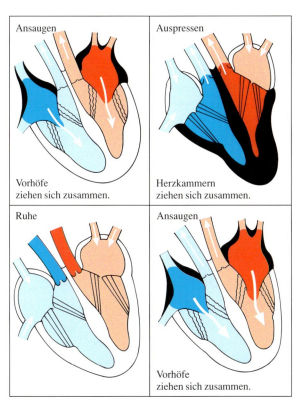
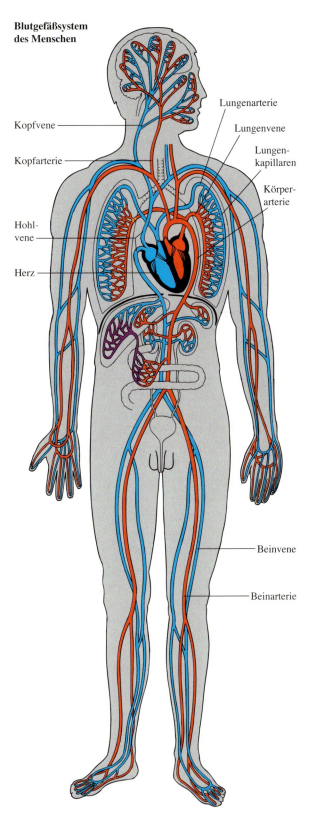

Der Blutkreislauf

Das Blut wird vom Herzen fortgepumpt und fließt wieder dorthin zurück. Diesen ständigen Blutstrom nennt man *Blutkreislauf*. Genau genommen sind es zwei Kreisläufe, ein *Lungenkreislauf* und ein *Körperkreislauf*.

Lungenkreislauf. Der Lungenkreislauf wird von der *rechten Herzhälfte* angetrieben. Sie pumpt das *sauerstoffarme Blut* aus dem gesamten Körper über die *Lungenarterien* zu den *Lungen*. Dort gibt das Blut Kohlenstoffdioxid ab und nimmt Sauerstoff auf. Über die *Lungenvenen* fließt das *sauerstoffreiche Blut* zum linken Vorhof.

Körperkreislauf. Der Körperkreislauf wird von der *linken Herzhälfte* angetrieben. Das *sauerstoffreiche Blut* verlässt die linke Herzkammer über die *Körperschlagader*. Sie verzweigt sich in ungefähr 40 große *Arterien*. Diese führen zu allen Organen in Kopf, Rumpf und Gliedmaßen, natürlich auch zum Herzmuskel, der für seine Arbeit ebenfalls Sauerstoff und Nährstoffe benötigt. Auf dem Weg zu den Organen zweigen sich die Arterien immer weiter auf. Ihr Durchmesser nimmt ab. Noch die kleinsten Arterien sind aber deutlich von Venen zu unterscheiden. Sie haben eine dicke, muskulöse Wand und können sich zusammenziehen. Die Wände der größeren Arterien enthalten zusätzlich viele elastische Fasern. Dadurch sind sie dem Druck gewachsen, der beim Zusammenziehen der Herzkammern und dem Ausstoßen des Blutes entsteht. Als *Puls* kann man den *Blutdruck* am Handgelenk spüren.

Die kleinsten Arterien münden im Netz von äußerst feinen Blutgefäßen, den *Haargefäßen* oder *Kapillaren*. Durch die dünnen Wände der Kapillaren wird Blutplasma hindurchgepresst. Auf diese Weise werden alle Zellen in der Umgebung der Kapillaren mit Sauerstoff und Nährstoffen versorgt. Der größte Teil des Blutplasmas gelangt anschließend wieder zurück in die Kapillaren. Er führt Kohlenstoffdioxid und Abfallstoffe aus den Zellen mit. Das Blut wird also in den Kapillaren *sauerstoffarm* und *kohlenstoffdioxidreich*.

Die Kapillaren vereinigen sich zu kleinen *Venen* und diese zu größeren. Die Venen haben dünne Wände mit wenig Muskelfasern. Der Blutdruck ist in ihnen sehr gering. *Venenklappen*, die ähnlich gebaut sind wie die Taschenklappen des Herzens, verhindern das

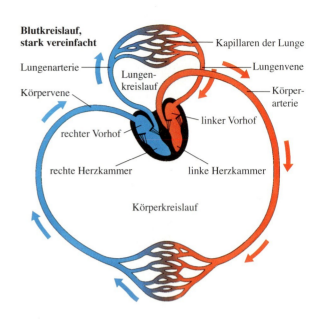

Zurückfließen des Blutes. Über die großen Hohlvenen fließt das Blut zum rechten Vorhof. Damit ist der Körperkreislauf geschlossen.

Im Lungenkreislauf fließt sauerstoffarmes Blut von der rechten Herzhälfte zur Lunge, nimmt dort Sauerstoff auf und fließt zurück zur linken Herzhälfte.

Im Körperkreislauf fließt das sauerstoffreiche Blut von der linken Herzhälfte durch Arterien in alle Teile des Körpers. In den Kapillaren gibt es Sauerstoff ab und nimmt Kohlenstoffdioxid auf. Über Venen kehrt es zur rechten Herzhälfte zurück.

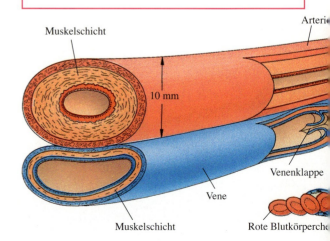

Stress belastet Herz und Blutkreislauf. Thomas fühlt sich gestresst. Sechs Stunden Unterricht, dann der überfüllte Schulbus und nun soll er auch noch den Müll wegbringen. In einer Stunde muss er beim Training sein. Vorher will er seinen Freund abholen. Gegessen hat er auch noch nichts.

Solche Situationen, in denen man glaubt die Aufgaben nicht mehr zu schaffen, kennt jeder. Man fühlt sich von Terminen gehetzt, rennt der Zeit hinterher und ist oft ärgerlich und gereizt. Man steht unter *Stress* oder glaubt es zumindest. Dabei erzeugen viele Menschen den Stress selbst, unter dem sie leiden. Sie nehmen sich zu viel vor und sind nicht in der Lage sich zu entspannen. Dabei wird nicht berücksichtigt, dass Stress neben Rauchen, hohem Blutdruck, Fehlernährung und Bewegungsmangel zu *Herz-* und *Blutkreislauf-Erkrankungen* führt.

Während das Herz im Ruhezustand bis zu 80-mal in der Minute schlägt, steigert sich bei Stress die Herztätigkeit, die *Herzschläge pro Minute* nehmen zu. Man spricht auch von Steigerung der *Herzfrequenz*. Der Herzmuskel wird durch Mehrarbeit belastet. Schon bei einem gesunden Autofahrer kann die Verkehrshektik *Herzrhythmusstörungen* verursachen. Der Belastung unseres *Herz-Blutkreislauf-Systems* durch Stress können wir selbst entgegenwirken. Neben körperlichem Training können wir auch durch Meditation, autogenes Training und Yoga Stress abbauen. Jeder sollte lernen regelmäßig abzuschalten. Dafür musst du dir die Zeit bewusst nehmen.

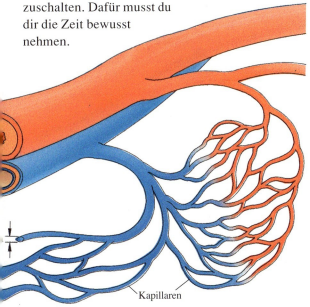

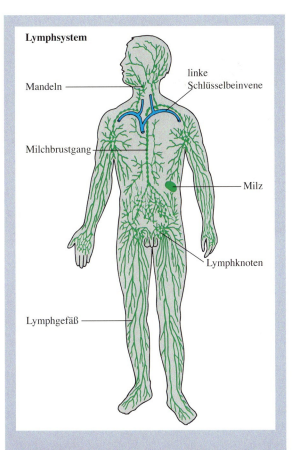

Die Lymphe

Das Lymphsystem ist ein weiteres Transportsystem des Körpers. Es ist nicht selbstständig, sondern steht mit dem Blut in Verbindung. Die Lymphe ist Blutplasma, das die Kapillaren verlassen hat und nun die Zellen umspült. In zunächst sehr feinen, dann bis stricknadeldicken Lymphgefäßen wird die Lymphe gesammelt. Über einen Anschluss an die Schlüsselbeinvene gelangt sie wieder zurück in den Blutkreislauf. Die Lymphe fließt sehr langsam. Sie wird in ihren Gefäßen ja nicht vom Herzen vorwärts getrieben. Ähnlich wie in den Venen gibt es in den Lymphgefäßen Klappen, die das Zurückfließen verhindern.

In der Lymphe werden Eiweißstoffe und Fette transportiert. Daneben hat das Lymphsystem eine weitere wichtige Aufgabe: die Abwehr von Krankheitserregern. In die Lymphgefäße sind knotenartige Verdickungen eingeschaltet, die Lymphknoten. Sie wirken als Bakterienfilter. In ihrem Innern enthalten sie zahlreiche weiße Blutkörperchen, die Bakterien fressen. Besonders viele Lymphknoten sitzen in den Achselhöhlen und in der Leistenbeuge. Große Lymphknoten sind die Milz und die Mandeln. Verdickungen von Lymphknoten weisen stets auf eine Entzündung im Körper hin.

Atmung und Blutkreislauf hängen zusammen

Ein 100-Meter-Lauf ist körperlich anstrengend.

Achtung – fertig – los. Daniela und Lara liefern sich ein Kopf-an-Kopf-Rennen. Nur noch wenige Meter bis zum Ziel. Daniela holt das Letzte aus sich heraus. Hinter der Zielgeraden ist sie völlig außer Atem. Das war ein knapper Sieg.

Sauerstoffbedarf. Wenn wir uns körperlich anstrengen, benötigen wir mehr Atemluft. Wir atmen tiefer und die Zahl der Atemzüge pro Minute nimmt deutlich zu. Warum? Wenn die Muskeln arbeiten, benötigen sie mehr Energie. Diese Energie gewinnen sie bei der Zellatmung, bei der Traubenzucker abgebaut wird. Dabei verbrauchen die Körperzellen auch mehr Sauerstoff.

Das *Gehirn* sorgt jetzt dafür, dass die Körperzellen besser mit Sauerstoff versorgt werden. Wir atmen schneller und tiefer. So nimmt das Blut in den Lungenbläschen mehr Sauerstoff auf. Das Gehirn lässt auch das *Herz* kräftiger und schneller schlagen. Das Herz treibt das Blut schneller durch den Körper. Sauerstoff und Nährstoffe gelangen rascher zu den Körperzellen. Auf diese Weise passen sich *Atmung* und *Blutkreislauf* an den höheren *Sauerstoffbedarf* des Körpers an.

> Bei körperlicher Anstrengung atmen wir schneller und tiefer, auch das Herz schlägt schneller und kräftiger. Auf diese Weise werden die Muskeln mit mehr Sauerstoff und Nährstoffen versorgt.

1 Beschreibe, welche Aufgaben des Blutes bei einem Marathonläufer im Wettkampf besonders gefordert sind.

2 Zähle bei dir oder deinem Partner die Atemzüge und Pulsschläge pro Minute. Ermittle die Werte in Ruhe und nach einem 200-Meter-Lauf. Vergleiche die Werte und erkläre.

3 Bei gut trainierten Personen beschleunigen der Puls und die Atmung nicht so rasch. Begründe.

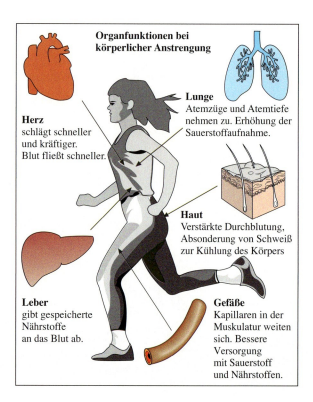

Praktikum: Atmung und Blutkreislauf

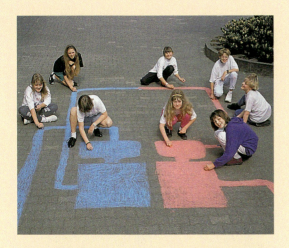

1 Das Blutkreislauf-Spiel
Benötigt werden:
sehr viel blaue und rote Kreide, blaue und rote Bälle, rote und blaue Bänder. Für das Aufmalen und die Durchführung des Spiels reicht eine Schulstunde.
Durchführung:
Vor Spielbeginn wird ein großes Schema vom Blutkreislauf auf den Schulhof gezeichnet. Das Herz ist die Schnittstelle der Bahnen. Orte des Gasaustauschs sind „Lunge" und „Körper". Statt des allgemeinen Begriffs „Körper" können auch einzelne Gasaustauschstellen eingezeichnet werden, z. B. Muskeln, Nieren, Leber. An den Orten des Gasaustauschs stehen Schüler, die überkreuzte rote und blaue Bänder tragen. Bei der Lunge liefern sie Sauerstoff – das sind die roten Bälle – in den Kreislauf und nehmen blaue Bälle – das Kohlenstoffdioxid – entgegen. Im Körper geben sie blaue Bälle in den Kreislauf und nehmen rote Bälle auf.
Mehrere Schüler sind als „rote Blutkörperchen" unterwegs und transportieren Sauerstoff und Kohlenstoffdioxid. Ihre Aufgabe ist nicht einfach: Sie müssen den richtigen Weg herausfinden. Dazu müssen sie wissen, wie Herz und Blutkreislauf funktionieren.
– Achte darauf, wie im Foto das Herz gezeichnet ist. Was fällt dir auf? Erkläre.

2 Was hat die Atmung mit dem Puls zu tun?
Benötigt werden:
Stoppuhr, Schreibunterlagen, 4 Testpersonen.
Durchführung:
Die Versuchsperson sitzt ruhig und bequem. Der erste Tester misst innerhalb von 15 Sekunden die Anzahl der Pulsschläge bei der Versuchsperson. Die Abbildung zeigt, wie man den Puls am leichtesten findet. Der zweite Tester zählt in der gleichen Zeit die Atemzüge der Versuchsperson. Der Protokollführer gibt den Testern Beginn und Ende des Versuchs an und notiert wie unten gezeigt die Werte. Beide Zählergebnisse werden mit 4 malgenommen, so erhält man den Wert für 1 Minute.
Nun macht die Versuchsperson etwa 25 Kniebeugen. Führt anschließend die gleichen Messungen noch einmal durch.
Was könnt ihr feststellen? Wie viele Atemzüge und Pulsschläge sind es jetzt? Wie hängen die Zahl der Atemzüge und die der Pulsschläge zusammen?

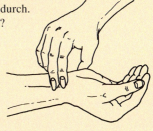

Puls und Atmung	Atemzüge	Pulsschläge
in Ruhe	? x 4 =	? x 4 =
nach Anstregung	? x 4 =	? x 4 =

Wir werden erwachsen

Paula, 3 Monate alt

Paula, 2 1/2 Jahre

Paula mit Katrin und Florian

Die Pubertät

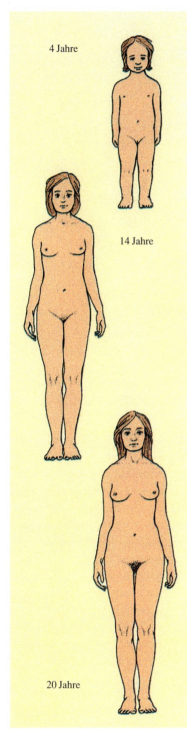

Im Verlauf der Entwicklung wachsen die einzelnen Körperteile unterschiedlich. Während der Pubertät runden sich die Körperformen der Frau.

Zwischen dem 10. und dem 13. Lebensjahr beginnt die Pubertät. Das ist die *Reifezeit*, in der aus einem Mädchen eine Frau und aus einem Jungen ein Mann wird. Der kindliche Körper nimmt allmählich die *Gestalt des Erwachsenen* an. Unter den Achseln und an den Geschlechtsorganen wachsen Haare. Die Schweißdrüsen arbeiten stärker. Einige Jugendliche bekommen Pickel im Gesicht, die später wieder verschwinden.

Die Rolle der Hormone. Die körperlichen Veränderungen werden durch *Hormone* ausgelöst. Das sind *Wirkstoffe*, die in besonderen Drüsen hergestellt werden. Sie kreisen mit dem Blut durch den ganzen Körper und bewirken an bestimmten Stellen Veränderungen. So gibt es zum Beispiel Drüsen für *Wachstumshormone* und Drüsen für *Geschlechtshormone*.

Die Geschlechtshormone sorgen dafür, dass die Geschlechtsorgane heranreifen. Sobald sie herangereift sind, können Mädchen und Jungen selbst Kinder haben, auch wenn sie noch nicht erwachsen sind.

In der Pubertät fühlen sich Mädchen und Jungen oft nicht wohl in ihrer Haut. Ihre Stimmung wechselt häufig. Viele sind unzufrieden mit den Erwachsenen. Sie wollen ein eigenes, selbstständiges Leben führen. Für die Jugendlichen wie für die Erwachsenen, mit denen sie zusammenleben, ist die Zeit der Pubertät oft schwierig.

1 Welches sind die Geschlechtsunterschiede zwischen Frau und Mann?

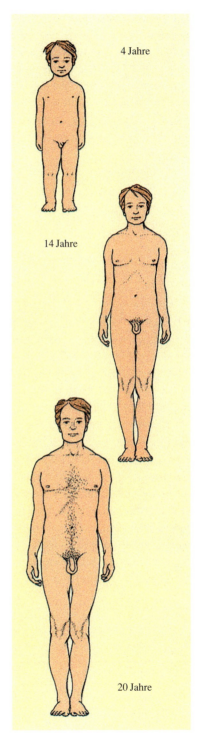

Während der Pubertät bilden sich die wesentlichen Kennzeichen des erwachsenen Mannes aus.

Die weiblichen Geschlechtsorgane

Die *Geschlechtsorgane der Frau* befinden sich zum größten Teil im *Körperinnern*. Außen liegen die *Schamlippen*. Sie umgeben die *Schamspalte*. In ihr endet die *Scheide*. Darüber mündet getrennt davon der *Harnleiter*. Zwischen den Schamlippen liegt der *Kitzler*, den man auch *Klitoris* nennt. Der Kitzler und die Schamlippen enthalten Schwellkörper, die sich bei geschlechtlicher Erregung durch Blutstau vergrößern.

Beim Mädchen werden die meisten Geschlechtshormone in den *Eierstöcken* gebildet. Diese Hormone sorgen für die Entwicklung der weiblichen Körpermerkmale. Die *Brüste* wachsen und die Geschlechtsorgane vergrößern sich.

Die beiden Eierstöcke liegen geschützt in der Bauchhöhle. Von Geburt an ruhen in ihnen schon Hunderttausende kleiner *Eizellen*. Während der *Pubertät* wird immer regelmäßiger eine von diesen Eizellen reif, abwechselnd einmal im linken, einmal im rechten Eierstock. Die *erste Eireifung* erfolgt zwischen dem 11. und 15. Lebensjahr. Sie zeigt an, dass das Mädchen *geschlechtsreif* ist. Zwischen dem 45. und 50. Lebensjahr hört die Eizellenbildung normalerweise auf.

Vom Eierstock führt ein dünner Schlauch fort, der *Eileiter*. Durch ihn wird die reife Eizelle in die *Gebärmutter* geleitet. Das ist eine große Muskeltasche, die innen mit einer sehr zarten Schleimhaut ausgekleidet ist. Immer wenn eine Eizelle den Eierstock verlässt, wächst die Schleimhaut in der Gebärmutter und wird stärker durchblutet. In ihr könnte sich das Ei wie in einem Nest „einnisten". So sind in der Gebärmutter alle Vorbedingungen geschaffen, damit sich in ihr ein Kind entwickeln könnte.

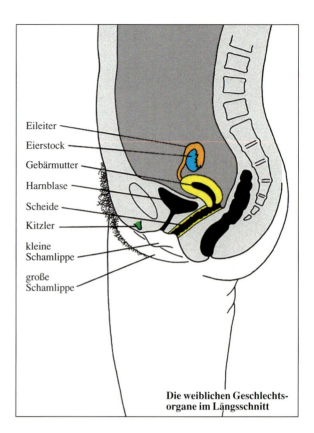

Die weiblichen Geschlechtsorgane im Längsschnitt

> Schamlippen, Klitoris, Scheide, Gebärmutter, Eileiter und Eierstöcke sind die weiblichen Geschlechtsorgane.

Die Menstruation

Damit sich ein Kind entwickeln kann, muss die Eizelle, wie du weißt, befruchtet sein. Wird sie nicht befruchtet, stirbt sie ab. Das Nest in der Gebärmutter wird überflüssig. Die gut durchblutetes *Schleimhaut löst sich ab*. Es kommt zu einer *Blutung*, die etwa 4 bis 5 Tage dauert. Mit dem Blut verlässt auch die abgelöste Schleimhaut den Körper durch die Scheide. Inzwischen wird aber schon das nächste Ei reif. Es wächst eine neue Schleimhaut und die nächste Blutung erfolgt. Weil sich das ungefähr jeden Monat regelmäßig wiederholt, nennt man das „die Regel". Sie heißt auch *Menstruation* oder *Periode*. Die Mädchen und Frauen sagen auch: „Ich habe meine Tage." Sie tragen dann Binden oder Tampons, die das Blut auffangen. Besonders jetzt sollte jedes Mädchen darauf achten, täglich den Scheidenausgang zu waschen. Manche Mädchen müssen sich in dieser Zeit beim Sport oder Schwimmen schonen. Aber die Regel ist ein ganz natürlicher Vorgang und keine Krankheit.

> Eine Frau hat alle 26 bis 31 Tage ihre Menstruation. Dabei löst sich die Schleimhaut von der Gebärmutter ab. Es kommt zu einer Blutung.

Die männlichen Geschlechtsorgane

Beim Mann befinden sich die Geschlechtsorgane hauptsächlich außen am Körper. Die *äußeren Geschlechtsorgane* des Mannes sind das *Glied* und der *Hodensack*. Im Hodensack liegen die *Hoden*. Das Glied wird auch *Penis* genannt. Vorn am Penis sitzt die *Eichel*, die von der zurückschiebbaren *Vorhaut* bedeckt ist. Bei manchen Jungen ist die Vorhaut verengt. Der Arzt kann dies leicht beheben. Unter der Vorhaut sammelt sich eine talgige Masse aus abgestorbenen Zellen und Flüssigkeiten an. Sie muss täglich abgewaschen werden.

Beim Jungen werden verschiedene *Geschlechtshormone* in den *Hoden* gebildet. Sie sorgen dafür, dass der Junge immer mehr männliche Körpermerkmale bekommt. Der Bart beginnt zu wachsen. Die Stimme wird tiefer, wenn sich der Kehlkopf, man nennt ihn auch Adamsapfel, vergrößert hat. Auch die Geschlechtsorgane vergrößern sich. Der Junge hat zum ersten Mal einen *Samenerguss*. Daran kann man erkennen, dass nun *Spermazellen* in seinem Körper heranreifen. Das bedeutet, dass er *geschlechtsreif* ist und Kinder zeugen kann. Die Spermazellen werden in den Hoden gebildet. Sie reifen zu Millionen immer neu heran und werden zunächst in den *Nebenhoden* gespeichert. Von dort können sie in den *Samenleiter* gelangen, der durch den Hodensack nach oben führt. In den Samenleiter hinein liefern verschiedene Drüsen eine Flüssigkeit, in der sich die Spermazellen bewegen.

Der *Harnleiter*, der aus der *Harnblase* herausführt, vereinigt sich mit dem Samenleiter und verläuft als Harnsamenleiter zur Eichel. Im männlichen Glied liegen *Schwellkörper*. Sie sind von dehnbaren Blutadern durchzogen. Wenn sich das Blut in diesen Adern staut, wird das Glied steif. Das geschieht bei geschlechtlicher Erregung, aber auch bei gefüllter Harnblase. Die Spermazellen werden auf dem Höhepunkt der geschlechtlichen Erregung ausgeschleudert. Von Zeit zu Zeit geschieht dies auch im Schlaf.

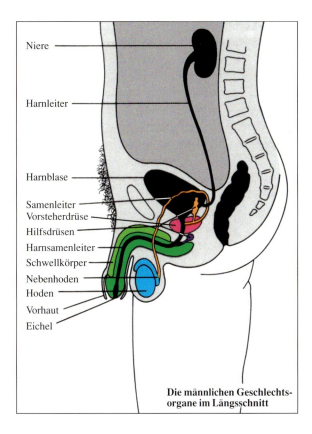

Die männlichen Geschlechtsorgane im Längsschnitt

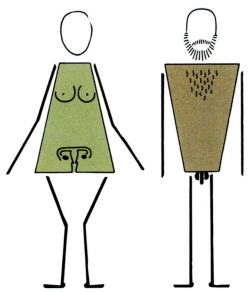

Glied, Hodensack mit Hoden und Nebenhoden, Samenleiter, verschiedene Drüsen und der Harnsamenleiter sind die männlichen Geschlechtsorgane.

Die Geschlechtsorgane bezeichnet man auch als die primären Geschlechtsmerkmale. Das äußere Erscheinungsbild von Mann und Frau wird jedoch mehr durch die sekundären Geschlechtsmerkmale bestimmt – Bartwuchs und breite Schultern beim Mann, Brüste und breites Becken bei der Frau.

Mein Körper

Jeder Körper ist *einzigartig*. Keiner gleicht dem anderen. Es gehört zur Pubertät, sich selbst und den eigenen Körper, so wie er nun mal ist, gut kennen zu lernen. Daraus gewinnt man *Sicherheit für sich selbst* und *Selbstbewusstsein*. Das ist gerade in der Zeit der Veränderungen nicht einfach. Man weiß ja noch nicht: Wie wird sich mein Körper entwickeln? Oft zweifeln Jugendliche daran, dass bei ihnen alles „normal" verläuft: Karin hat immer noch nicht die Regel, Utes Busen will nicht wachsen und Jörg sorgt sich, dass sein Penis zu klein ist. Dabei ist es ganz normal, dass Gleichaltrige in der Pubertät unterschiedlich groß und weit entwickelt sind. Jeder Körper hat eben sein eigenes „Tempo".

Wichtig ist, sich von allgemeinen Urteilen unabhängig zu machen und sich selbst *positiv einzuschätzen*.

Körperpflege. In der Pubertät muss der Jugendliche auch lernen selbst für seinen Körper zu sorgen. Die Schweißdrüsen arbeiten jetzt stärker und man schwitzt mehr, besonders bei körperlicher Anstrengung und bei Aufregung. Insbesondere die *Achseln*, die *Geschlechtsorgane* und die *Füße* sind täglich zu waschen. Jungen müssen sich daran gewöhnen, täglich die Absonderungen zwischen Vorhaut und Eichel zu entfernen. Sonst können sich dort Entzündungen bilden. Die Scheide der Mädchen kann sich innerlich selbst reinigen, äußerlich muss sie aber auch jeden Tag gewaschen werden. Besonders wichtig ist dies während der Menstruation, damit keine Krankheitskeime von außen in die Gebärmutter eindringen können. Dazu gehört auch das häufige Wechseln von Binden und vor allem Tampons.

Die körperlichen Veränderungen in der Pubertät zeigen das Heranwachsen auch äußerlich. Zum Wohlfühlen gehört es, den Körper zu pflegen.

Afrikanische Stämme feiern den Beginn der Geschlechtsreife bei ihren Jugendlichen

Jungmänner in Kamerun nach der Beschneidung

Tanzfest von 12- bis 14-jährigen Mädchen in Kamerun

Bei den Tshokwe in Angola: Zu Beginn der Pubertät müssen die Jungen eine bestimmte Zeit in Hütten außerhalb des Dorfes in der Wildnis leben. Sie werden von Älteren betreut und eingeführt in alles das, was zu ihrer Rolle als Mann gehört. Am Ende dieser Zeit findet die schmerzhafte Beschneidung der Vorhaut statt. Nun feiert das ganze Dorf ein Fest mit Tanzen und Singen. Jetzt sind die Knaben Jungmänner in der Dorfgemeinschaft.

Nisas erste Menstruation: „Alle Frauen kamen zu mir. Sie nahmen ihre Perlen und ihren Schmuck und flochten ihn in mein Haar. Dann rieben sie mich mit Öl ein. Sie bereiteten ein Lager und bauten eine Hütte. Sie deckten sie mit Gras, dann legten sie mich hinein und begannen zu singen. Sie sangen, sprachen und tanzten jeden Tag, bis alles vorbei war."

Aus: „Nisa erzählt" von M. Shostak, südliches Afrika

Mann und Frau lieben sich

Wenn sich ein Mann und eine Frau sehr mögen, sind sie zärtlich miteinander, streicheln und küssen sich. Ihr Verlangen, mit dem Partner eins zu sein, kann so stark werden, dass es zu einer *geschlechtlichen Vereinigung* kommt. Man spricht auch vom *Geschlechtsakt* oder *Beischlaf*. Dabei führt der Mann seinen Penis in die Scheide der Frau ein. Weil die Geschlechtsorgane sehr berührungsempfindlich sind, verspüren sie beide Lust. Der Mann hat einen *Samenerguss*. Bei dieser Begattung gelangen Spermazellen in die Scheide. Sie liegen dann im oberen Teil der Scheide und beginnen von hier aus sofort die Wanderung zur Eizelle.

Mann und Frau vereinigen sich, doch sie wollen nicht jedes Mal ein Kind zeugen. Sie benutzen dann ein *Verhütungsmittel*. Das ist ein Mittel, das verhüten soll, dass die Spermazellen zum Ei gelangen. Wenn das Ei nicht von einer Spermazelle befruchtet wird, kann auch kein Keim entstehen. Nicht nur junge Menschen lieben sich, sondern auch ältere. Manchmal kannst du sehen, wie zwei alte Menschen Hand in Hand gehen oder miteinander zärtlich sind. Sie können sich herzlich lieben, miteinander schlafen und vieles zusammen unternehmen wie jüngere Paare auch.

Was ist Liebe?

Liebe ist, wenn man nicht mehr alleine auskommt, wenn man Sex hat, wenn man Zärtlichkeit miteinander hat. Und Liebe ist noch, wenn man zueinander Vertrauen hat, wenn man einander Gefühle zeigt. Es muss nicht unbedingt so sein, dass man miteinander schläft.
Nicole, 11 Jahre

Wenn Mann und Frau denken, ohne einander nicht mehr leben zu können, oder immer füreinander da sein wollen, wenn sie sich brauchen.
Matthias, 12 Jahre

Liebe ist, wenn man ein komisches Gefühl hat und wenn man seine beste Freundin dann sieht, verschwindet das Gefühl.
Stefan, 12 Jahre

Wenn man sich so liebt, dass man sich nicht anlügt.
Sharam, 10 Jahre

Liebe ist, wenn sich zwei Erwachsene lieben. Ein Mann und eine Frau. Sie fahren dann beide in den Urlaub. Und wenn sie wollen, können sie heiraten. – Ich liebe zum Beispiel meine Mutter. Es passiert auch oft, dass sich Eltern scheiden lassen wollen. Das ist für die Kinder sehr traurig.
Sven, 13 Jahre

Zur Liebe gehört zuerst das Kennenlernen, dann, wenn man sich etwas besser kennt, küssen, nachher miteinander schlafen. Aber dafür, finde ich, muss man sich ziemlich gut kennen. Wenn man sich wirklich gern hat, sollte man sich auch verloben und später auch heiraten. Liebe ist nicht nur ein Spiel, sondern etwas Ernstes. Man muss nett zueinander sein, sich nicht streiten, manchmal auch einen zärtlichen Kuss geben. Sich versöhnen, wenn man sich gestritten hat. Man kann vieles gern haben, sein Haustier, Menschen und auch sein Schmusetier.
Corinna, 12 Jahre

Liebe ist, wenn ein Junge ein Mädchen liebt. Es gehört zur Liebe, dass man fragt, ob es auch ihn liebt, wenn ja, dann gehören da auch Küsse dazu und dass man zum Mädchen viel zärtlich ist.
Marco, 11 Jahre

Liebe ist sich küssen und lieb haben, Hand in Hand gehen, mal treffen und ins Kino gehen und nebeneinander sitzen.
Thomas, 12 Jahre

Wenn ein Mann eine Frau schön findet und wenn die Frau den Mann schön findet, heiraten sie. Aber zuerst verabreden sie sich, sie gehen ins Kino, sie gehen tanzen, gehen zum Essen. Liebe ist ein Gefühl, das jeder Mensch hat.
Serkan, 11 Jahre

Wenn man verliebt ist, fühlt man es im Herzen und im Magen.
Melanie, 10 Jahre

Man braucht auch Gefühle für die Liebe und dass man die Mädchen nicht gleich anmacht.
Martin, 12 Jahre

Manchmal bekommt man einen Liebesbrief mit einem Gedicht.
Devrim, 11 Jahre

Man kann Tiere und Menschen lieben. Ich zum Beispiel mag meinen Vogel furchtbar gerne, meine Schwester auch. Bald kriege ich eine Katze und die werde ich auch furchtbar gerne haben. Meine Eltern habe ich auch furchtbar gerne. Später will ich vielleicht heiraten.
Liane, 10 Jahre

Ein Kind entsteht

Heute wird viel gelacht in der 5a. Die Mädchen und Jungen haben ihre Babybilder mitgebracht. Markus hält ein Foto in die Höhe. Die anderen versuchen zu erraten, zu wem dieses Babygesicht gehört. „Ich kann mir gar nicht vorstellen, dass ich einmal so klein war", sagt Sabine schmunzelnd. „Dann kannst du dir sicher noch weniger vorstellen, wie winzig du vor deiner Geburt warst", meint die Lehrerin. Sie nimmt eine Nadel aus dem Pult, sticht damit ein Loch in ein Blatt Papier und hält es hoch. „Am Anfang hättet ihr durch dieses Loch gepasst." Das wissen die meisten in der Klasse bereits, wenn eine Eizelle von der Mutter und eine Spermazelle vom Vater zu einer Zelle werden, entsteht ein Kind.

Eizelle und Spermazelle. Im Körper der Frau wird alle vier Wochen eine *Eizelle* reif zur *Befruchtung*, abwechselnd eine im linken und eine im rechten *Eierstock*. Die Eizelle ist so winzig, dass sie auf diesen Punkt · passen würde. Sie hat einen Durchmesser von nur 0,2 Millimeter. Aus dem Körper des Mannes stammen viele Millionen *Spermazellen*. Sie sind noch viel winziger als die Eizellen.

Befruchtung. Wenn die Spermazellen in den Körper der Frau gelangen, beginnt ein „Wettschwimmen" zur Eizelle.
Viele Millionen Spermazellen erreichen ihr Ziel nicht. Etliche finden den Eingang zur *Gebärmutter* nicht. Andere verirren sich in den *Eileiter*, in dem gerade keine reife Eizelle ist. Viele sind einfach zu schwach und gehen bald zugrunde.

Zeichen für weiblich

Zeichen für männlich

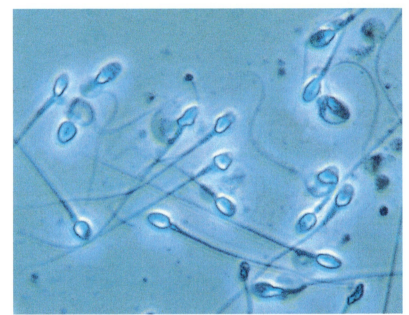

Spermazellen des Mannes

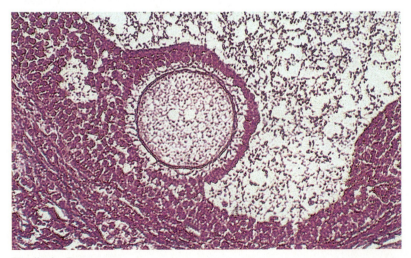

Eizelle der Frau

Die schnellsten sind nach etwa einer Stunde im Eileiter. Dort müssen sie gegen eine Strömung schwimmen, die die Eizelle zur Gebärmutter trägt. Nur die kräftigsten erreichen die Eizelle und nur eine von ihnen kann in die Eizelle eindringen. Sie *befruchtet* die Eizelle. Danach bildet die Eizelle sofort eine Art *Schutzhülle* gegen die übrigen Spermazellen. Aus der befruchteten Eizelle entwickelt sich ein neuer Mensch. Wir alle entstanden aus einer Eizelle und aus einer Spermazelle, die bei diesem Wettschwimmen die erste war.

Der Keim nistet sich ein. Mit dem Strom der Körperflüssigkeit wird die befruchtete Eizelle zur *Gebärmutter* getragen. Das dauert ungefähr 3 bis 6 Tage. In dieser Zeit teilt sich die Eizelle wieder und wieder. Erst sind es zwei, dann vier, dann acht und zuletzt mehrere Dutzend Zellen. Dieser *Keim* sieht aus wie eine winzige Himbeere. Er nistet sich in die Gebärmutter wie mit feinen Wurzeln ein.

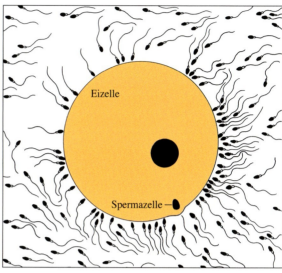

Eine Spermazelle ist in die Eizelle eingedrungen. Sofort bildet die Eizelle eine Schutzhülle, die verhindert, dass noch andere Spermazellen eindringen.

Die befruchtete Eizelle wandert in die Gebärmutter. Dort entwickelt sich der Keim.

Auf dem Weg in die Gebärmutter teilt sich die befruchtete Eizelle viele Male.

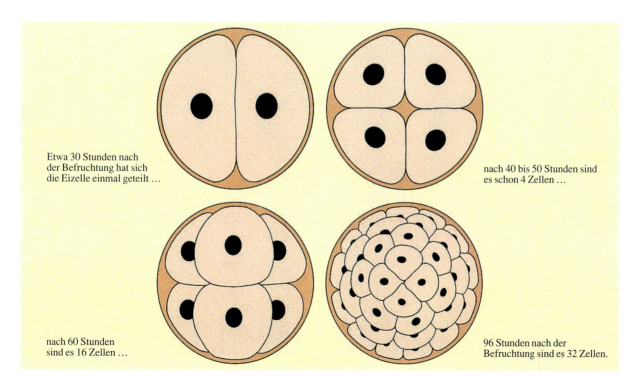

Etwa 30 Stunden nach der Befruchtung hat sich die Eizelle einmal geteilt …

nach 40 bis 50 Stunden sind es schon 4 Zellen …

nach 60 Stunden sind es 16 Zellen …

96 Stunden nach der Befruchtung sind es 32 Zellen.

So wächst das Kind im Mutterleib

Der Keim entwickelt sich. Wie schnell der Embryo wächst, erkennst du, wenn du dir das Bild des *Embryos* acht Wochen nach dem Einnisten ansiehst. Aus dem Keim ist erkennbar ein *Mensch* geworden. Er wiegt nicht viel mehr als 11 Gramm und ist so klein, dass er auf einem 5-Cent-Stück liegen könnte. Obwohl er noch ganz zart ist, klopft in ihm schon das Herz. Alle inneren Organe sind ausgebildet. Die Augen sind noch geschlossen, die Ohrmuscheln noch nicht ausgebildet. Der Embryo hat Arme, so klein wie dieses Ausrufungszeichen „!". Daran sind Hände und sogar schon winzige Finger. Er hat bereits ein menschliches Gesicht.

In der Gebärmutter liegt der Embryo in einer *Fruchtblase*, die mit *Fruchtwasser* gefüllt ist. Hier ist er vor Stößen geschützt. Am Ende des vierten Schwangerschaftsmonats spürt die Mutter erste Bewegungen des Kindes. Sie werden immer heftiger. Das Fruchtwasser erleichtert die Bewegungen des Kindes.

Ernährung des Kindes im Mutterleib. Um zu wachsen braucht der Keim *Nährstoffe* und *Sauerstoff*. Er bekommt sie aus dem Blut der Mutter. Seine Blutgefäße führen durch die *Nabelschnur* bis dicht an die *Blutgefäße* der Mutter. Durch die dünnen Wände der Blutgefäße hindurch nimmt der Embryo Nährstoffe und Sauerstoff auf. Abfallstoffe werden auf dem gleichen Weg an das Blut der Mutter abgegeben.

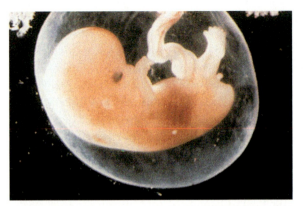

Acht Wochen alter Embryo. Er hat bereits kleine Finger und Zehen.

> Geschützt durch die Fruchtblase und das Fruchtwasser entwickelt sich der Keim.

Arme und Hände eines 4 Monate alten Embryos

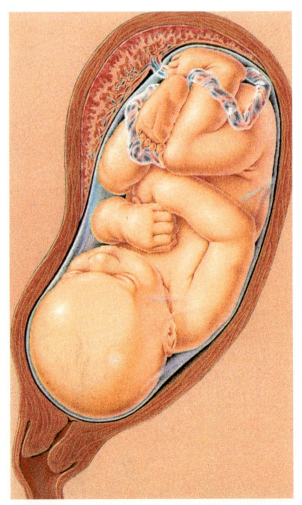

Das Kind ist voll entwickelt, die Geburt steht unmittelbar bevor.

Wenn das ungeborene Kind *5 Monate* alt ist, misst es 25 Zentimeter und wiegt fast 500 Gramm. Es schläft oft, aber es bewegt sich auch sehr lebhaft. Es strampelt, macht Purzelbäume, schwimmt kopfüber, lutscht am Daumen, macht eine Faust. Kräftige Bewegungen kann die Mutter spüren.

Das Kind nimmt Geräusche wahr. Den Herzschlag der Mutter und ihre Stimme, Musik oder Autolärm von „draußen". Ein lauter Knall kann es erschrecken. Obwohl es im Fruchtwasser nicht atmen kann, macht es schon Atembewegungen.

Ob es ein Junge oder ein Mädchen wird, steht schon im Augenblick der Befruchtung fest. Im fünften Monat ist das Geschlecht auch äußerlich erkennbar.

Die Schwangerschaft. Etwa *9 Monate* dauert es, bis aus der winzigen Eizelle ein *allein lebensfähiges Baby* wird. Für die Mutter ist dies die nicht einfache Zeit der *Schwangerschaft*. Das wachsende Kind braucht immer mehr Platz und wird immer schwerer. Es drängt Magen und Darm der Mutter nach oben, sodass sie oft Magendrücken und Atembeschwerden hat. Sie darf nicht schwer tragen und heben. Wir sollten ihr so rücksichtsvoll wie möglich begegnen.

Gefahr droht dem heranwachsenden Kind, wenn es aus dem mütterlichen Blut *Giftstoffe* übernimmt. Raucht die Mutter, gelangen die Giftstoffe aus der Zigarette auch in den Embryo. Schon etwa eine Minute, nachdem die Mutter den ersten Zug an der Zigarette getan hat, beginnt das Herz des Embryos hastiger zu schlagen. Auch *Alkohol* und *Drogen* können den *Embryo schädigen*. Während der Schwangerschaft muss die Mutter deshalb versuchen, sich so gesund wie möglich zu ernähren.

> Schwangere Frauen brauchen viel Verständnis und Rücksichtnahme.

1 Wie wirkt sich die Größenzunahme der Gebärmutter auf den Körper der Mutter aus?

2 Wie kann eine Schwangere das Ungeborene und sich selbst schützen? Wie können ihr andere dabei helfen?

3 Warum kann Alkohol für das ungeborene Kind gefährlich sein?

Das Kind wird geboren

Viele Mütter bereiten sich auf die Geburt durch Gymnastik und besondere Übungen vor. So kann die Geburt fast schmerzlos ablaufen.

Die Geburt setzt mit den Wehen ein. Nach neun Monaten Schwangerschaft kündigt sich die *Geburt* mit *Wehen* an. Die Mutter spürt sie, wenn sich die Muskeln der Gebärmutter krampfartig zusammenziehen. Die *Fruchtblase* platzt, das *Fruchtwasser* läuft aus und die Wehen kommen immer häufiger. Das Kind wird dabei durch die Scheide nach außen gedrückt. Die Mutter muss kräftig *mitpressen*. Meistens schiebt sich der Kopf des Kindes zuerst heraus. Hebamme und Arzt helfen bei der Geburt. Auch der Vater darf heute mit dabei sein.

Der erste Atemzug. Es ist wichtig, dass das Kind gleich nach der Geburt schreit. Beim Schreien *entfalten sich die Lungen* und füllen sich mit Luft. Das Baby muss jetzt das regelmäßige Atmen lernen.

Die *Nabelschnur* wird *abgebunden* und abgetrennt. Danach wird das Baby gewogen und gemessen. Endlich darf die Mutter es in die Arme nehmen. Dann aber brauchen beide Ruhe, denn die Geburt ist für Mutter und Kind anstrengend.

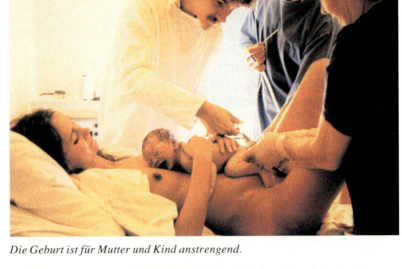
Die Geburt ist für Mutter und Kind anstrengend.

Das Neugeborene wird gewogen.

1 Lass dir erzählen, wie groß und schwer du bei deiner Geburt warst. Schreibe es auf und vergleiche deine Werte mit denen deiner Klassenkameraden.

Die Familie: Vater, Mutter und Kind

Zwillinge

Zweieiige Zwillinge. Es kommt vor, dass *zwei Eizellen* zur gleichen Zeit *reif* sind und jede dieser Eizellen von einer Spermazelle befruchtet wird. Aus jeder befruchteten Eizelle entwickelt sich ein Kind. Es entstehen *zweieiige Zwillinge*. Sie sehen sich so ähnlich wie andere Geschwister auch. Sie können gleiches oder unterschiedliches Geschlecht haben.

Eineiige Zwillinge. Es kann aber auch einmal geschehen, dass sich nach der ersten Teilung der befruchteten Eizelle aus *jedem Teil* ein Kind entwickelt. Da sie aus einer *einzigen Eizelle* entstanden sind, nennt man diese Kinder *eineiige Zwillinge*. Sie sind sich zum Verwechseln ähnlich oder gleichen sich „wie ein Ei dem anderen". Sie haben immer dasselbe Geschlecht.

In der Gebärmutter hat jeder Zwilling eine eigene Fruchtblase und eine eigene Nabelschnur.

Eineiige Zwillinge

> Eineiige Zwillinge entstehen aus einer einzigen Eizelle. Zweieiige Zwillinge entstehen aus zwei getrennten Eizellen.

1   Überlege wie Drillinge entstehen.

2   Unter deinen Freunden befinden sich Zwillinge. Es sind ein Junge und ein Mädchen. Sind es eineiige oder zweieiige Zwillinge?

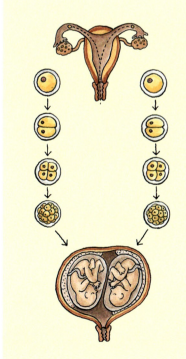

⇦ Zweieiige Zwillinge entstehen, wenn zwei Eizellen gleichzeitig reif sind und befruchtet werden. Zweieiige Zwillinge können unterschiedlichen Geschlechts sein.

Eineiige Zwillinge entstehen aus einer einzigen ⇨ Eizelle, wenn sich in den ersten Tagen der Entwicklung der Keim durchtrennt. Eineiige Zwillinge haben stets das gleiche Geschlecht.

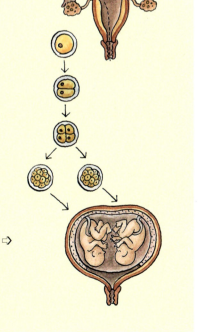

Zärtlich sein

Wenn man sagt, dass man jemanden liebt, so meint man damit nicht immer die geschlechtliche Vereinigung von Mann und Frau. Man drückt damit vielmehr aus, dass man für jemanden *Zuneigung und Zärtlichkeit* empfindet. Die meisten Menschen haben ein Bedürfnis danach, andere Menschen, die sie mögen, zu umarmen oder zärtlich zu streicheln und selbst umarmt oder gestreichelt zu werden.

Jeder Mensch hat aber auch *intime Körperbereiche*, die eine ganz *persönliche Bedeutung* für ihn haben. Werden diese intimen Körperstellen berührt, kann es sehr angenehm und lustvoll sein. Deshalb ist es aber auch wichtig, diese *Intimsphäre* zu schützen, indem wir sie nicht von jedem berühren lassen, sondern nur dann, wenn wir selbst es wirklich möchten.

1 Sieh dir die Bilder an und erzähle, was dir zu ihnen zum Thema „zärtlich sein" einfällt.

Vom „Neinsagen"

Elis Onkel. Eli geht gern zu ihrem Lieblingsonkel Klaus. Im Kindergarten erzählt sie immer vorher schon ganz aufgeregt, dass die Familie am Wochenende wieder zu Onkel Klaus fahren will.
Am Montag fällt der Erzieherin Marion auf, dass Eli heute gar nicht wie sonst von dem Besuch erzählt. Sie sitzt still in einer Ecke und tobt auch nicht wie gewohnt mit den anderen herum. Marion geht zu ihr und Eli kuschelt sich sofort in ihre Arme. Nach und nach erfährt Marion, warum Eli so durcheinander ist. Sie nennt ihren Lieblingsonkel jetzt einen „doofen Onkel" und will nie mehr zu ihm hin.
Der Onkel Klaus hat sie plötzlich so komisch geküsst, „ganz nass und sabbelig", es war ihr eklig, und als Eli weglaufen wollte, hat er sie festgehalten, sodass es ihr richtig wehtat. Eli war ganz still vor Schreck und wusste nicht, was sie tun sollte …

Falsche Kinderfreunde. Liebe, Zärtlichkeit und Geschlechtlichkeit sind etwas Schönes. Es gibt aber Erwachsene, die Jungen oder Mädchen gegen deren Willen an intimen Köperstellen anfassen oder sich von ihnen anfassen lassen. Man sagt dann, sie *missbrauchen* die Kinder. Andere erzwingen sogar Geschlechtsverkehr. Das ist schlimm für die betroffenen Mädchen oder Jungen. Sie fordern die Kinder auf, alles geheimzuhalten und sagen vielleicht, es würde etwas Schlimmes passieren, wenn jemand davon erfährt. Manche Kinder wagen dann nicht einmal ihrer Mutter oder einer anderen Person, der sie vertrauen, etwas davon zu erzählen. Aber solche Geheimnisse, die mit Angst und Lügen verbunden sind, muss ein Kind nicht bei sich behalten, die darf es auf jeden Fall immer weitererzählen.

Ein Kind hat niemals die Schuld, wenn ein Erwachsener es gegen seinen Willen zu diesen Handlungen zwingt. Fast alle Kinder werden gewarnt, sie sollen nicht mit Fremden mitgehen. Leider sind die Täter viel häufiger gut bekannte Personen aus der Nachbarschaft oder sogar aus der eigenen Familie.

Nein-Sagen. Achte auf deine Gefühle! Wenn deine innere Stimme Ja sagt zu einer Berührung, wenn du das Gefühl hast, dass du sie gerne magst, dann ist es in Ordnung, was geschieht. Wenn aber deine innere Stimme Nein sagt, wenn es dir unangenehm ist, wie du berührt wirst, dann musst du es dir nicht gefallen lassen. Dann darfst du „Nein!" sagen und deine Ablehnung deutlich zeigen.

Wenn du etwas erlebt hast, was dich beunruhigt, solltest du mit jemandem, zu dem du Vertrauen hast, *darüber sprechen*.

Es ist ganz wichtig, sich *Hilfe* zu holen und nicht allein mit dem Problem zu bleiben. An wen kannst du dich wenden?

1. Sprich mit jemandem, dem du vertraust: deinen Eltern, deinem Klassenlehrer oder einer anderen Vertrauensperson.
2. Nutze das kostenlose Info-Telefon für Kinder und Jugendliche des Deutschen Kinderschutzbundes: *0800 1 11 03 33*.
3. Wende dich auch an spezielle Beratungsstellen in deiner Nähe, die extra für *dich* da sind. Auskunft gibt dir auch hier der Deutsche Kinderschutzbund.

Pfiffigunde weiß ganz genau, was sie will und was nicht.

Aufbau und Verwandtschaft der Blütenpflanzen

Aufbau einer Blütenpflanze

Trotz aller Unterschiede im Aussehen zeigen Blütenpflanzen meistens den gleichen Grundaufbau. Sie bestehen aus *Wurzel*, *Stängel* und *Laubblättern*. Stängel und Blätter werden zusammen auch als *Spross* bezeichnet. *Blüten* sind nur während der Blütezeit vorhanden.

Blüte. Im Bau der Blüte lassen sich verschiedene Blütenteile unterscheiden. Häufig wird sie von grünen *Kelchblättern* umgeben. Diese umhüllen die *Blütenknospe* und schützen sie. Die *Blütenkronblätter* sind meist groß und auffällig farbig. In der Blüte stehen *Staubblätter* und *Stempel*. Ein Staubblatt besteht aus *Staubfaden* und *Staubbeutel*. In ihm wird der *Blütenstaub*, der Pollen, gebildet. Der Stempel, auch *Fruchtblatt* genannt, besteht aus *Narbe*, *Griffel* und *Fruchtknoten*. Dieser enthält eine oder mehrere *Samenanlagen* mit den *Eizellen*.

Stängel. Der Stängel bringt die Blätter zum Licht und führt ihnen Wasser und die darin gelösten *Mineralstoffe* zu. Die Leitung erfolgt in röhrenartigen Zellen, die in den *Leitbündeln* liegen. Diese *Leitungsbahnen* stützen und festigen gleichzeitig den Stängel. Bei holzigen Pflanzen, vor allem bei Sträuchern und Bäumen, wird in die Zellwände *Holzstoff* eingelagert. Dadurch wird die Festigkeit erhöht.

Laubblätter. Sie sind von Pflanze zu Pflanze sehr unterschiedlich gestaltet. Meist sind sie grün. Beim Aufbau der Laubblätter lassen sich *Blattstiel*, *Blattfläche* und *Blattgrund* unterscheiden. Die Blattfläche wird von *Blattadern* durchzogen. In ihnen werden das Wasser, die Mineralstoffe und der Zucker geleitet.

Wurzel. Die Wurzel verankert die Pflanze im Boden. Sie gibt der Pflanze mit ihrem meist stark verzweigten Wurzelwerk Halt. Manche Pflanzen, wie beispielsweise die Kiefern, bilden tief reichende *Pfahlwurzeln* aus. Andere, wie die Sonnenblumen, haben flaches Wurzelwerk.

Die Wurzeln haben noch eine andere wichtige Aufgabe. Mit den feinen Wurzelhaaren nehmen sie Wasser und darin gelöste Mineralstoffe aus dem Boden auf.

Blütenpflanzen bestehen aus Wurzel, Stängel, Laubblättern und Blüten.

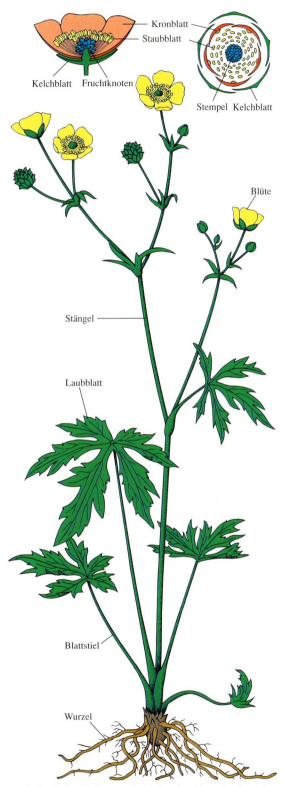

Auch der Scharfe Hahnenfuß zeigt den Grundaufbau der Blütenpflanzen: Wurzel, Stängel, Laubblätter, Blüte.

Der Ackersenf

Mit der Wurzel dringt der Ackersenf tief in den Boden ein. Die oberirdischen Teile der Pflanze sind Stängel, Laubblätter, Blüten und Früchte.

Der *Ackersenf* wächst auf Äckern, an Wegrändern und manchmal auch in Gärten. Häufig wird er vom Menschen als „Unkraut" bezeichnet und herausgerissen.

Blüte. Der Ackersenf blüht von Mai bis August. Obwohl die Blüten eher klein sind, fällt die Pflanze deutlich auf. Dies liegt an der leuchtend gelben Farbe und an der großen Zahl der Blüten, die im oberen Teil des Stängels beisammenstehen. Jede *Einzelblüte* besteht aus:
- 4 schmalen, gelbgrünen *Kelchblättern*,
- 4 gelben *Kronblättern*,
- 6 *Staubblättern*, auch *Staubgefäße* genannt. In ihnen entwickelt sich der *Blütenstaub* oder *Pollen*.
- 1 *Stempel*, der in der Mitte der Blüte steht. In seinem unteren, verdickten Teil, dem *Fruchtknoten*, finden sich mehrere *Samenanlagen*.

Da sich die Blütenteile des Ackersenfs wie bei einem Kreuz gegenüberstehen, bezeichnet man die Blüte als *Kreuzblüte*.

Die Blüte dient der *Fortpflanzung*. Die leuchtende *Farbe* und der *Duft* der Kronblätter locken Bienen an. Auf der Suche nach Nahrung übertragen die Bienen den *Blütenstaub* von den Staubblättern auf den *Stempel*. Nach der Bestäubung entwickelt sich aus dem *Fruchtknoten* die *Frucht*.

Frucht. Die Frucht des Ackersenfs ist eine *Schote*. Sie wird durch eine Scheidewand in zwei Hälften geteilt. Die *Samen* hängen in 4 Reihen links und rechts der Scheidewand.

Stängel. Im *Stängel* verlaufen *Leitungsbahnen*. Diese transportieren in der Pflanze das *Wasser* und die darin gelösten *Mineralstoffe* und *Nährstoffe*. Durch die Leitungsbahnen wird der Stängel zugleich gefestigt und gestützt. Der Stängel trägt die Blüten und die Blätter.

Blätter. Die unteren Stängelblätter sind lang gestreckt und sehr groß. Ihr Rand ist unregelmäßig eingebuchtet und gezähnt. Die oberen Blätter sind eiförmig. Vom *Blattstiel* zweigen zahlreiche *Blattadern* ab. Sie sind ebenfalls Leitungsbahnen, in denen Wasser, Mineralstoffe und Nährstoffe geleitet werden. Die Blätter enthalten den grünen *Blattfarbstoff*, das *Blattgrün*. Dieser Farbstoff ist wichtig für die *Fotosynthese*. Bei diesem chemischen Prozess werden Nährstoffe wie *Zucker* und *Stärke* gebildet.

Wurzel. Mit der Wurzel ist die Pflanze im Boden verankert. Die *Hauptwurzel* dringt tief in den Boden ein. An der Hauptwurzel befinden sich viele *Seitenwurzeln*. Besonders mit den feinen *Haaren* an den Wurzelspitzen nimmt die Pflanze *Wasser* und *Mineralstoffe* aus dem Boden auf.

Blüte des Ackersenfs

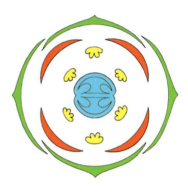

Grundriss der Ackersenfblüte

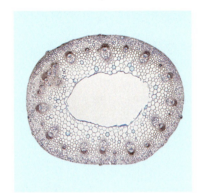

Stängel mit Leitungsbahnen

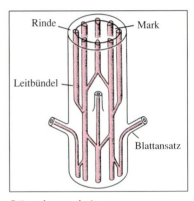

Stängelquerschnitt

Wurzelhaare

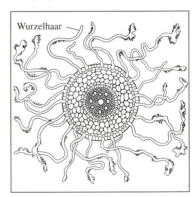

Wurzelquerschnitt

Der Ackersenf ist in Wurzel und Spross gegliedert. Zum Spross zählen Stängel, Blätter und Blüten. Die Kreuzblüte besteht aus 4 Kelchblättern, 4 Kronblättern, 6 Staubblättern und 1 Stempel.

1 Beschreibe den Grundbauplan einer Blütenpflanze.

2 Erläutere die Aufgaben der verschiedenen Organe der Pflanze.

3 Was stellt ein Blütengrundriss dar?

4 Kennst du andere Pflanzen, die wie der Ackersenf eine Kreuzblüte haben?

5 Kennst du andere Pflanzen, die wie der Ackersenf eine Schote als Frucht haben?

Die drei Blütensorten der Rosskastanie

Wenn du nachzählen willst, wie viele Blütenstände eine Rosskastanie hat, dann lege auf das Foto ein durchsichtiges Blatt und trage für jeden Blütenstand einen Punkt ein.

Das Auszählen ist einfach, wenn immer 10 Blütenstände mit einem Kreis umgeben werden. Am Schluss brauchst du nur die Kreise zu zählen und mit 10 malzunehmen.

Der Kerzenbaum

Hast du schon einmal versucht die vielen Blüten eines Kastanienbaumes zu zählen?

Auf einem Foto kann man die Zahl der Blütenkerzen ziemlich genau bestimmen. Natürlich braucht man für eine genaue Zählung mindestens zwei Bilder: eines, das den Baum von vorne zeigt, und eines, auf dem er von hinten zu sehen ist.

Für eine Schätzung genügt es, den Umriss des Baumes zweimal zu zeichnen und darin die Blütenkerzen einzutragen. Das Ergebnis ist erstaunlich. Ein großer Baum hat ungefähr 1000 Blütenkerzen.

Blütenstände. Da solche Blütenkerzen aus vielen Blüten bestehen, nennt man sie *Blütenstände*. Der Blütenstand der Rosskastanie ist eine *Rispe*. Jede dieser Rispen bildet im Verlauf einer Blütezeit 200 bis 250 Einzelblüten aus. Insgesamt kann ein Rosskastanienbaum also rund 250 000 Einzelblüten haben.

Würde aus jeder Blüte eine *Kastanienfrucht* entstehen, dann wären es bei einem Gewicht einer einzelnen Frucht von 40 Gramm:
1000 x 250 x 40 Gramm = 10 000 000 Gramm.
10 000 Kilogramm müsste der Baum also tragen. Selbst ein sehr starker Baum wäre dazu nicht in der Lage.

Blütenstände

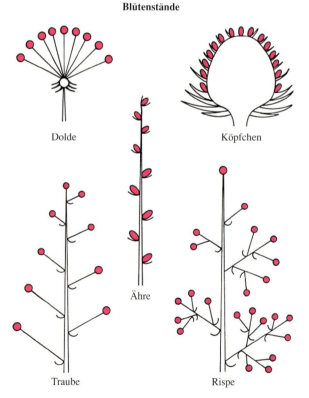

Die Blüten der meisten Blütenpflanzen stehen nicht einzeln an der Pflanze, sondern in größeren oder kleineren Gruppen. Man spricht dann von einem Blütenstand.

Doch diese Gefahr besteht beim Rosskastanienbaum nicht. Nur ein Teil der 250 Blüten einer Kerze kann Früchte bilden. Warum das so ist, entdeckst du, wenn du die Blüten miteinander vergleichst.

Bau der Blüten. Die Blüten sind nicht alle gleich. Drei verschiedene Sorten lassen sich unterscheiden:
- Die erste Blütensorte besitzt außer Blütenstiel, Kelch und Kronblättern 7 bis 9 Staubblätter und in der Mitte der Blüte einen Stempel.
- Die zweite Blütensorte besitzt zwar auch einen Stempel, aber die Staubblätter sind verkümmert und fehlen manchmal ganz. Man nennt sie Stempelblüten.
- Die dritte Blütensorte hat zwar voll ausgebildete Staubblätter, aber einen verkümmerten Stempel. Man bezeichnet sie als Staubblattblüten.

Früchte. Einige Wochen nach der Bestäubung fallen von den Blüten die Kronblätter und die Staubblätter ab. Die Stempel dagegen bleiben erhalten. Ihre Fruchtknoten schwellen an. Narbe und Griffel aber werden welk und vertrocknen. Im Laufe des Sommers entstehen stachelige *Kastanienfrüchte*.
Nur aus Blüten der ersten und zweiten Blütensorte, die einen voll ausgebildeten Stempel besitzen, können sich Früchte entwickeln. Die anderen Blüten locken mit Farbe, Duft und Nektar Insekten an und liefern den Pollen für die Bestäubung.

> Die Rosskastanie hat dreierlei Blüten: Blüten mit Stempel und Staubblättern, Stempelblüten und Staubblattblüten.

1 Vergleiche die Blütenstände auf der vorhergehenden Seite. Versuche solche Blüten zu finden und mitzubringen.

2 Welche der drei Blütensorten der Rosskastanie können Früchte hervorbringen?

Im Herbst fallen die reifen Früchte ab und platzen auf.

Erste Blütensorte: Rosskastanie mit voll entwickeltem Stempel und reifen Staubblättern

Zweite Blütensorte: Rosskastanienblüte mit langem Stempel und kurzen verkümmerten Staubblättern. Es ist eine Stempelblüte.

Dritte Blütensorte: Rosskastanienblüte ohne Stempel, aber mit langen, reifen Staubblättern. Es ist eine Staubblattblüte.

Die Tulpe – von der Wildpflanze zur Zierpflanze

Es gibt Tausende verschiedener Tulpenrassen. Sie alle stammen von *Wildtulpen* ab, die in den Steppen Asiens zu Hause sind.

Wie züchtet man Tulpen? Wie geht ein Züchter vor, der sich Tulpen mit 7 Kronblättern wünscht? Er hat zwei Möglichkeiten:

Samen. Der Züchter weiß natürlich, dass die meisten Tulpen 6 Kronblätter haben. Er weiß aber auch, dass gelegentlich Tulpen mit 5 oder 7 Kronblättern auftreten. Nun sammelt er die Samen von Tulpen mit 7 Kronblättern und sät sie aus. Bis die Pflanzen blühen, vergehen fünf Jahre. Untersucht er dann die Blüten, findet er aber nur wenige mit 7 Kronblättern. Wie kommt das?

Die Samen sind aus Samenanlagen mit befruchteten Eizellen entstanden. Da die meisten Tulpen aber 6 Kronblätter haben, brachten die Bienen Blütenstaub von Blüten mit 6 Kronblättern. Also haben die Pollen von Blüten mit 6 Kronblättern die Eizellen von Blüten mit 7 Kronblättern befruchtet. Manchmal setzte sich die Anweisung „6 Kronblätter" durch, manchmal die Anweisung „7 Kronblätter".

Zwiebeln. Der Gärtner kann aber auch *Tulpenzwiebeln* zur Weiterzucht verwenden. Zwiebeln bilden *Tochterzwiebeln*, aus denen innerhalb eines Jahres neue Tulpenpflanzen heranwachsen. Sie haben die gleichen Eigenschaften wie die Elternpflanzen.

> Benutzt man Zwiebeln für die Weiterzucht, unterscheiden sich die Tochterpflanzen in ihren Eigenschaften nicht von den Mutterpflanzen.

1 Lege dir ein Blatt an, auf das du die unterschiedlichen Tulpensorten klebst, die du in einem Gartenkatalog finden kannst.

2 Welche Möglichkeiten gibt es, Tulpen zu vermehren?

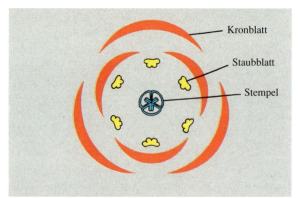

Blütengrundriss der Tulpe

Tulpenblüten sind dreizählig.

Wildtulpen

Praktikum: Die Tulpe

1 Öffnen und Schließen der Tulpenblüte

Benötigt werden: 4 Tulpen, 4 Wassergefäße, hohes Einweckglas, Kühlschrank.
Durchführung: Stelle jeweils eine blühende Tulpe in einem Wassergefäß
- in einen zimmerwarmen, dunklen Schrank,
- in einen dunklen, kühlen Kühlschrank,
- auf eine helle, warme Fensterbank,
- in eine helle, feuchte Kammer.

Eine feuchte Kammer kannst du herstellen, indem du ein hohes Einweckglas so über das Wassergefäß mit der Tulpe stülpst, dass die Pflanze nicht beschädigt wird.
Beobachte die Tulpen alle 30 Minuten und notiere deine Beobachtungen.

2 Untersuchung von Fruchtknoten und Staubblättern

Benötigt werden:
Tulpenblüte, Messer oder Rasierklinge, Lupe.
Durchführung:
- Schneide mit einem scharfen Messer oder einer Rasierklinge *(Vorsicht!)* einen Staubbeutel quer durch. Wie viele Fächer erkennst du? Verwende für deine Beobachtung eine Lupe.
- Streife etwas Blütenstaub auf deinen Finger. Kannst du ihn wegblasen?
- Schneide einen Fruchtknoten quer durch. Wie viele Fächer erkennst du? Worum handelt es sich bei den kleinen Körnchen in den Fächern?

3 Untersuchung der Tulpenzwiebel

Benötigt werden:
Tulpenzwiebel, Messer.
Durchführung:
Betrachte und beschreibe die Tulpenzwiebel. Fertige eine Skizze an.
Schneide nun die Zwiebel mit dem Messer längs durch. Fertige auch von dem Längsschnitt eine Zeichnung an und benenne die einzelnen Teile der Zwiebel.

Verwandtschaft bei Pflanzen – die Familie der Kreuzblütler

Der Raps

Im Frühsommer leuchten die gelben Rapsfelder. Der Raps blüht.

Blüte. Jede Blüte hat 4 *Kelchblätter*, 4 *Kronblätter* und 2 + 4 *Staubblätter*. Die beiden äußeren Staubblätter sind kürzer als die 4 inneren. Der *Stempel* wird von 2 *Fruchtblättern* gebildet, die miteinander verwachsen sind. Dir fällt sicher auf, dass die Blütenteile *kreuzförmig* angeordnet sind. Der Raps gehört zur Pflanzenfamilie der *Kreuzblütler*.

Frucht. Die Frucht der Kreuzblüte nennt man *Schote*. Reißt man eine Schote auf, so erkennt man die beiden *Fruchtblätter*, aus denen sie entstanden ist. Die Fruchtblätter sind an ihren Rändern miteinander verwachsen. Eine *Scheidewand* teilt den Innenraum der Schote in 2 Fächer. Die *Samen* hängen in 4 Reihen an den Rändern der Fruchtblätter, zwei in der linken und zwei in der rechten Fruchthälfte.

> Alle Kreuzblütler haben als Früchte Schoten.

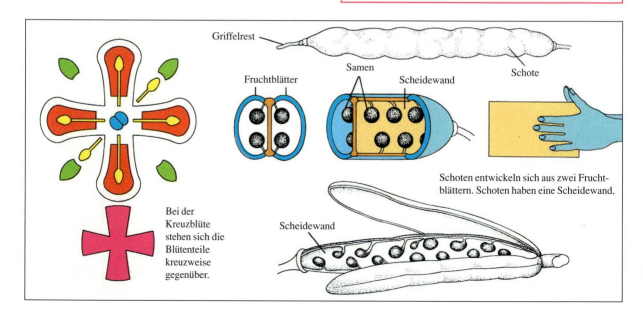

Radieschen

Wirsingkohl

Rosenkohl

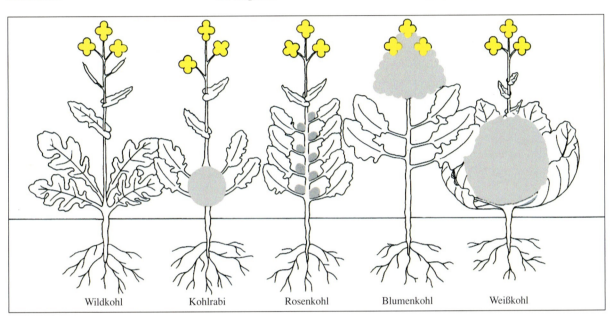

Der Kohl

Zur Familie der Kreuzblütler zählt eine ganze Reihe bekannter Nutzpflanzen. Zu ihnen gehören auch unsere *Kohlsorten*. Man sieht es ihnen aber kaum noch an, dass sie alle von demselben Wildkohl abstammen.

Über Jahrhunderte hinweg hat der Mensch immer diejenigen Pflanzen ausgewählt und weitergezüchtet, deren Eigenschaften ihm besonders zusagten. Beim *Wirsingkohl* legte er Wert auf Pflanzen mit besonders zarten und wohlschmeckenden Blättern. Beim *Rotkohl* war ihm die Farbe wichtig. Beim *Rosenkohl* schmeckten ihm die dicken Seitenknospen, beim *Blumenkohl* die dickfleischigen Blütenstände. Beim *Kohlrabi* isst der Mensch die schmackhafte Knolle.

1   Kennst du noch andere Gemüsepflanzen, die zur Familie der Kreuzblütler gehören?

Die Familie der Korbblütler

Die Sonnenblume. Die Blüte der Sonnenblume scheint riesig zu sein. Bei genauer Betrachtung zeigt sich jedoch, dass sie aus *unzähligen Einzelblüten* zusammengesetzt ist. Auf einem gemeinsamen scheibenförmigen *Blütenboden* stehen in regelmäßiger Anordnung viele kleine *Einzelblüten*. Zusammen bilden sie den *Blütenstand*, einen *Korb*. Die Sonnenblume ist ein Korbblütengewächs.

Blütenstand. Die Blüten im Innern des Korbes bestehen aus:
– 2 kleinen Kelchblättern,
– winzigen Kronblättern, die zu einer Röhre mit 5 kleinen Zipfeln verwachsen sind,
– 5 Staubblättern, deren Staubbeutel verklebt sind,
– 1 Stempel mit unterständigem Fruchtknoten.

Wegen des Baues der Kronblätter spricht man von *Röhrenblüten*. Jedes Kronblatt der Randblüten des Korbes hat eine lange, gelbe „Zunge". Daher nennt man sie *Zungenblüten*. Sie locken Insekten zur Bestäubung an, sind selbst aber bei der Sonnenblume unfruchtbar.
Aus den ölhaltigen Samen wird Speiseöl gewonnen.

> Die Sonnenblume ist ein Korbblütengewächs.
> Ihr Blütenstand besteht aus Zungenblüten und Röhrenblüten.

1 Warum sind die Röhrenblüten fruchtbar, die Zungenblüten aber unfruchtbar?

Sonnenblume

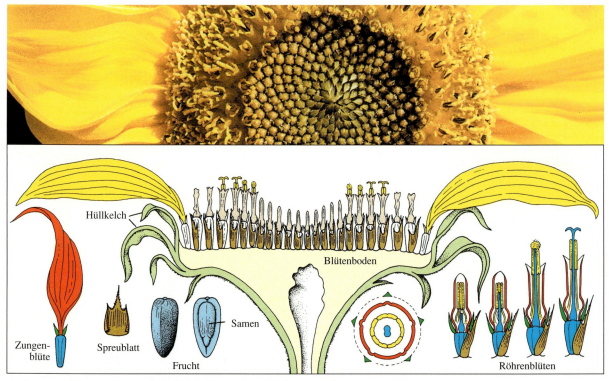

Aufbau des Blütenstandes einer Sonnenblume. Unten rechts: Entwicklung einer Röhrenblüte

Kennübung: Korbblütler

Gänseblümchen
Blütezeit: Februar bis November.
Blüten: Röhrenblüten gelb, Zungenblüten weiß.
Standort: Wegränder, Parkrasen.

Wiesenlöwenzahn
Blütezeit: April bis Oktober.
Blüten: nur gelbe Zungenblüten.
Standort: Wiesen, Weiden, Wegränder.

Wiesenschafgarbe
Blütezeit: Mai bis Oktober.
Blüten: Röhrenblüten und Zungenblüten, weiß oder rosa.
Standort: Wiesen, Halbtrockenrasen.

Rainfarn
Blütezeit: Juli bis September.
Blüten: nur gelbe Röhrenblüten.
Standort: Unkrautfluren, Wegränder.

Wiesenwucherblume
Blütezeit: Mai bis September.
Blüten: Röhrenblüten gelb, Zungenblüten weiß.
Standort: Wiesen, Wegränder.

Kornblume
Blütezeit: Juni bis Oktober.
Blüten: nur blaue und violette Röhrenblüten.
Standort: Getreidefelder, Äcker.

Gemeine Wegwarte
Blütezeit: Juli bis September.
Blüten: nur blaue Zungenblüten.
Standort: Wegränder, Weiden.

Gewöhnliche Kratzdistel
Blütezeit: Juli bis September.
Blüten: nur rote Röhrenblüten.
Standort: Ödland, Schuttplätze, Äcker.

Wiesenbocksbart
Blütezeit: Mai bis Juli.
Blüten: nur gelbe Zungenblüten.
Standort: Wiesen, Wegränder, Schuttplätze.

Die Familie der Schmetterlingsblütler

Bohnen-, Linsen- und Erbsenpflanzen gehören zur Familie der *Schmetterlingsblütler*. Man nennt sie so, weil ihre Blüten an einen Schmetterling erinnern.

Blüte. Die Schmetterlingsblüte hat 5 *Kelchblätter*. Diese sind miteinander verwachsen und bilden eine Röhre mit 5 Zipfeln. Das große, nach oben gerichtete Kronblatt ist die *Fahne*. Wie die Flügel eines Schmetterlings stehen links und rechts davon 2 kleinere Kronblätter ab, die *Flügel*. Die beiden unteren Kronblätter sind verwachsen. Sie bilden das *Schiffchen*. Wenn du mit der Spitze eines Bleistifts das Schiffchen vorsichtig nach unten drückst, kommen 10 *Staubblätter* und der *Stempel* zum Vorschein. 9 Staubblätter sind mit ihren Fäden zu einer Röhre verwachsen. Das zehnte Staubblatt steht frei in der Blüte.

Frucht. Der *Fruchtknoten* besteht aus *einem* einzigen langen *Fruchtblatt*. Es ist so gefaltet, dass seine Ränder zusammenstoßen und verwachsen. Entlang dieser Naht sitzen die Samen in zwei Reihen. Eine Scheidewand wie bei einer Schote fehlt. Man nennt diese Frucht eine *Hülse*. Die Schmetterlingsblütler werden deshalb auch als *Hülsenfrüchtler* bezeichnet.

Bestäubung. Fast alle Schmetterlingsblütler werden von Insekten, vor allem *Hummeln*, bestäubt. Durch das Gewicht der Hummel werden die Flügel und das Schiffchen gesenkt. Der Griffel tritt hervor und berührt mit der Narbe die Bauchseite des Insekts. Ist diese mit Pollen beladen, so bleibt er an der Narbe kleben und bestäubt die Blüte.

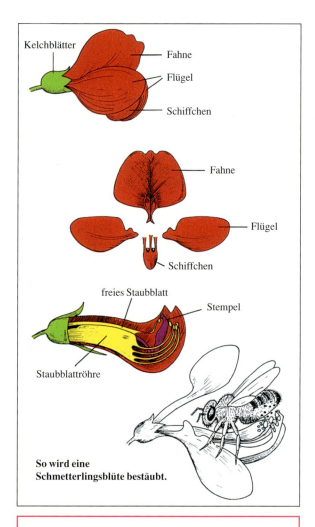

So wird eine Schmetterlingsblüte bestäubt.

Schmetterlingsblüten bestehen aus Fahne, 2 Flügeln und einem Schiffchen.

Weiße und Rote Bohnen

Linsen

Kichererbsen (oben) und Erbsen

Die Familie der Lippenblütler

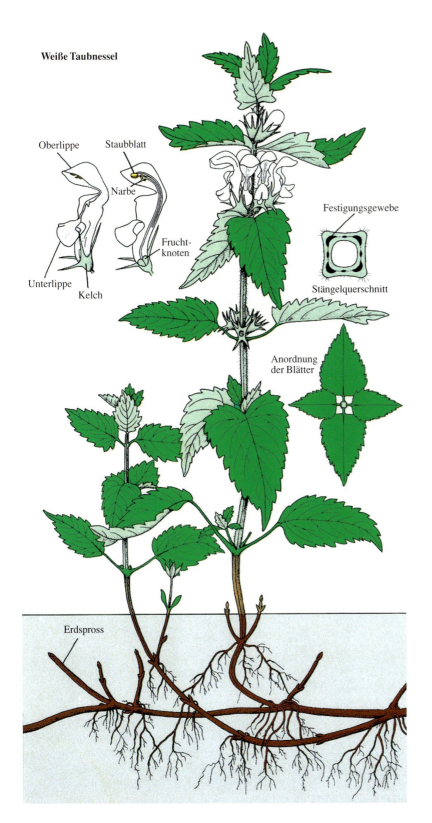

Blüte. Die Familie der *Lippenblütler* hat wie die der Kreuzblütler und Schmetterlingsblütler ihren Namen vom Bau der Blüten: Die Kronblätter bestehen aus einer *Oberlippe* und einer *Unterlippe*. Beide Lippen sind am unteren Ende zu einer Röhre miteinander verwachsen. Meistens haben die Lippenblütler 2 lange und 2 kurze *Staubblätter*. Einige wenige Lippenblütler haben nur 2 Staubblätter. Alle Lippenblütler werden von Insekten bestäubt.

Frucht. Nach der Befruchtung entwickelt sich der Fruchtknoten zu einer vierteiligen Frucht. Ist diese reif, zerfällt sie in 4 Teilfrüchte.

Bestimmung von Lippenblütlern. Etwa 100 verschiedene Arten von Lippenblütlern sind bei uns heimisch. Wie soll man sie alle auseinander halten? Wie geht man vor, wenn man den Namen einer unbekannten Art wissen will?

Zu diesem Zweck gibt es *Bestimmungsbücher*. Mithilfe ihrer *Bestimmungsschlüssel* lassen sich die Namen der einzelnen Arten feststellen. Wie ein solcher Schlüssel benutzt wird, kannst du leicht herausfinden: Suche eine Taubnessel und bestimme sie! Beginne dazu rechts oben bei der Zeichnung der Lippenblüte. Suche dann Schritt für Schritt den Weg zur richtigen Pflanze. Anhand des Fotos kannst du prüfen, ob dein Ergebnis stimmt. Auch die Schlüssel in Bestimmungsbüchern gehen so vor. Allerdings enthalten sie meist keine Fotos zur Überprüfung des Ergebnisses.

Die Familie der Rosengewächse

Familie, Gattung, Art. Mit dem richtigen Namen heißt unsere Heckenrose eigentlich *Hundsrose*. Sie ist eine von 18 Rosenarten, die es in Deutschland gibt. Die *Essigrose* ist eine der anderen Arten. Sie kommt in warmen Laubwäldern und auf trockenen Wiesen vor. Die *Weinrose* duftet nach Obst. Sie ist an steinigen, trockenen Hängen zu finden. Die *Feldrose* wächst vor allem in feuchten Wäldern.

– Die *Arten* Hundsrose, Essigrose, Weinrose und Feldrose sind sich in vielem ähnlich, weil sie nahe miteinander verwandt sind. Deshalb auch heißen sie alle mit dem Sammelnamen Rose. Alle Rosenarten gehören also zur Gattung Rose.

– Die *Gattung* Rose gehört mit vielen anderen Gattungen, zum Beispiel der Gattung Brombeere und der Gattung Kirsche, zur *Familie* der Rosengewächse.

Die Heckenrose

Sicher hast du selbst schon erlebt, wie undurchdringlich eine Rosenhecke sein kann. Vor allem die jungen Triebe und die dicken Adern der Blätter sind mit gebogenen Stacheln besetzt, die sich überall festhaken. Fälschlicherweise sagen viele Menschen „Dornen" zu diesen Stacheln. Im Frühjahr brechen aus den älteren Zweigen der Heckenrose, ja selbst aus den Wurzeln neue Triebe hervor. Diese *Schösslinge* neigen sich über die alte Hecke. Wo sie den Boden berühren, schlagen sie manchmal Wurzeln. Die zarteren Triebe, die aus den Schösslingen des Vorjahres nach oben wachsen, blühen im Sommer und tragen im Herbst Früchte, die *Hagebutten*.

> Arten, die nahe miteinander verwandt sind, ordnet man der gleichen Gattung zu. Gattungen mit Arten, die weitläufiger miteinander verwandt sind, stellt man zur gleichen Familie.

1 Besorge dir die Blüte einer Heckenrose oder eines Kirschbaums. Zerlege sie und klebe die Kelch- und Kronblätter in der richtigen Anordnung in dein Heft.

2 Schneide einen Apfel längs durch, einen anderen quer. Zeichne, was du siehst. Beschrifte die einzelnen Teile: Aus welchen Teilen der Blüte sind sie jeweils hervorgegangen?

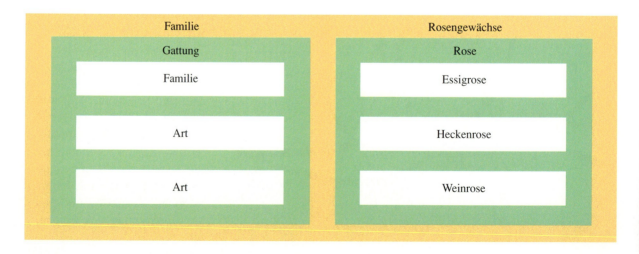

 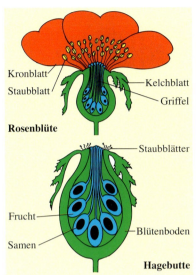 

Kennzeichen der Gattung Rose. Fast alle Rosen haben *Stacheln*. Die Rosenblätter sind *gefiedert*. Sie stehen mit zwei Nebenblättern am Spross.

Alle Rosenblüten haben denselben Blütenaufbau. Sie haben 5 *Kelchblätter,* 5 *Kronblätter,* dazu zahlreiche *Staubblätter* und *Stempel*. Die Fruchtknoten sitzen, jeder für sich, in einem tiefen Becher. Dieser wird vom Blütenboden gebildet. Im krugförmigen, fleischigen Blütenboden entwickeln sich die einzelnen Fruchtknoten zu Früchten. Da diese bei der Reife nicht aufplatzen, nennt man sie *Schließfrüchte*. Die Schließfrüchte der Rosen haben um die Samen herum eine harte Schale. Solche Früchte nennt man *Nüsschen*. Die Früchte der Rosen sind Schließfrüchte und Nüsschen zugleich. Jede Hagebutte der Heckenrose enthält eine große Zahl solcher Nüsschen.

Nutzpflanzen unter den Rosengewächsen. Neben den zahlreichen Rosenarten, aus denen der Mensch die Zierrosen gezüchtet hat, gehören noch viele andere Pflanzen zur Familie der Rosengewächse: Da ist das *Steinobst,* von dem du Kirsche, Pflaume und Pfirsich kennst. Auch das *Kernobst,* wie Apfel und Birne, gehört dazu. Brombeere, Himbeere und Erdbeere sind ebenfalls Rosengewächse. Sie alle bereichern unsere Ernährung. Sie wurden durch Züchtung süßer, saftiger und ertragreicher. Eine Tafel mit den bekanntesten Obstsorten der Familie Rosengewächse findest du auf der nächsten Seite.

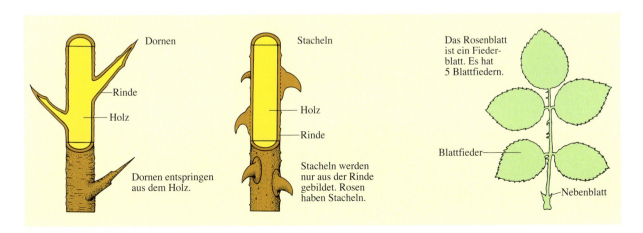

Obstsorten aus der Familie der Rosengewächse

Süßkirsche
Blüte: 5-zählig, weiß, 1 Stempel.
Frucht: Fruchtknoten bildet fleischige Frucht. Samen von harter Schale umgeben. Steinfrucht.
Blatt: eiförmig, gezähnt.

Pflaume
Blüte: 5-zählig, weiß, 1 Stempel.
Frucht: Fruchtknoten bildet fleischige Frucht. Samen von harter Schale umgeben. Steinfrucht.
Blatt: eiförmig, gezähnt.

Apfel
Blüte: 5-zählig, rötlich, 5-teiliger Fruchtknoten.
Frucht: Kernhaus mit Samen. Blütenboden bildet Fruchtfleisch, Kernobst.
Blatt: breit eiförmig, gezähnt.

Birne
Blüte: 5-zählig, weiß, 5-teiliger Fruchtknoten.
Frucht: Kernhaus mit Samen. Blütenboden bildet Fruchtfleisch, Kernobst.
Blatt: eiförmig, wenig gesägt.

Brombeere
Blüte: 5-zählig, weiß, viele Stempel.
Frucht: Fruchtknoten bilden dicht beieinander stehende Steinfrüchte. Sammelfrucht.
Blatt: dreigeteilt, gezähnt, mit Stacheln.

Erdbeere
Blüte: 5-zählig, weiß, viele Stempel.
Frucht: Fruchtknoten bilden Nüsschen. Blütenboden wird zum Fruchtfleisch. Sammelfrucht.
Blatt: dreigeteilt, stark gezähnt.

Obstbäume werden veredelt

Im Garten von Inge und Rolf steht ein Apfelbaum. Leider schmecken seine Früchte nicht sehr gut. Auch sind die Äpfel sehr klein. Die Familie berät, ob es nicht besser wäre, den Baum zu fällen. Dann könnte man einen neuen Baum pflanzen, der größere und schmackhaftere Früchte trägt.

Doch würde es sicher Jahre dauern, bis der kleine neue Baum herangewachsen wäre. Auf Früchte müsste man also lange warten. Aber es gibt eine andere Lösung: Der Baum muss nicht gefällt werden, er wird „veredelt". Obstbäume kann man auf verschiedene Weise veredeln.

Dieser Baum wurde veredelt. Auf seine alten Äste wurden Zweige eines anderen Baumes gepfropft.

Okulieren. Bei dieser Methode werden dem Baum Knospen der neuen Sorte eingepflanzt. „Augen" nennt man sie. Dazu wird von der „Edelsorte" eine Knospe mit einem kleinen, schildförmigen Stück Rinde und etwas Holz darum herum abgeschnitten. Dann schneidet man die Rinde des Baumes, den man veredeln will, T-förmig ein. Die Rinde wird etwas gelöst und das Auge darunter geschoben. Auch hier dichtet man die Wundstelle sorgfältig mit Baumwachs ab und umwickelt sie mit Bast.

Diese Methode wird nicht nur bei der Veredelung von Obstbäumen angewendet. Vor allem Rosen werden auf diese Weise veredelt.

Kopulieren. Diese Art der Veredelung wendet man an, wenn der Baum noch jung ist. Die Zweige, die man veredeln will, und die Edelreiser müssen die gleiche Stärke haben. Beide werden mit einem Messer schräg durchgeschnitten. Dann presst man die Schnittflächen der beiden Zweige fest aufeinander und überstreicht die Wundstelle mit Baumwachs. Damit die Zweige beisammen bleiben, werden sie mit Bast umwickelt.

Diese Veredelungsart wird auch häufig bei jungen Nadelbäumen verwendet, die wir als Zierpflanzen kennen. Meist haben sie empfindliche Wurzeln. Man veredelt sie deshalb auf Nadelbäume mit robusten Wurzeln.

Pfropfen. Die Äste des Baumes, den man veredeln will, werden stark zurückgeschnitten. An den Schnittflächen wird jeweils an einer Stelle die Rinde gespalten und abgelöst. In diesen Schlitz wird ein zugeschnittener Zweig der neuen Sorte gesteckt. Die Schnittfläche wird mit Baumwachs abgedichtet. Dann umwickelt man die Pfropfstelle fest mit Bast, damit keine Krankheitserreger in die Wunde eindringen können.

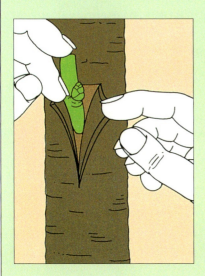
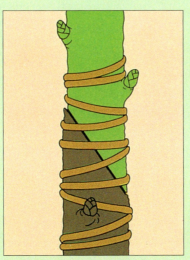

Von Salbeiblüte zu Salbeiblüte

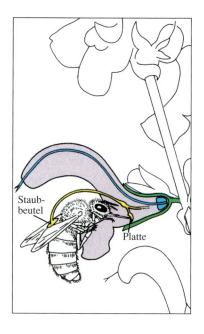  

Bestäubung. Im Frühsommer blüht auf trockenen Wiesen der Wiesensalbei. Seine violetten Blüten werden vor allem von Bienen besucht. Bevor die Biene auf der Unterlippe der Blüte landet, streift sie mit ihrem Rücken an der heraushängenden Narbe entlang. Der Blütenstaub bleibt auf dem Rücken der Biene hängen und die Blüte wird bestäubt. Wenn die Biene mit dem Kopf in die Blütenröhre vordringt, versperren ihr zwei Platten den Weg zum Nektar. Sobald sie diese Platten mit dem Kopf nach oben drückt, senken sich die Staubblätter und stäuben die Biene mit Blütenstaub ein. Beim nächsten Besuch einer Salbeiblüte wird diese dann damit bestäubt.

Blütenstetigkeit. Wenn eine Biene einmal entdeckt hat, dass sie in der Salbeiblüte Nektar findet, bleibt sie auch bei Salbeiblüten. Sie fliegt nicht zwischendurch zum Roten Klee oder zur Wiesenglockenblume, sondern bestäubt mit Pollen der gleichen Art. Diese Vorliebe der Bienen zu einer bestimmten Blütenart ist für die Pflanzen außerordentlich wichtig. Man nennt sie *Blütenstetigkeit* oder *Blütentreue*.

> Durch die Blütenstetigkeit wird erreicht, dass Blütenpollen derselben Art übertragen wird.

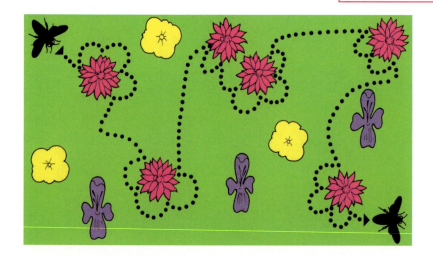

1 Der Wiesensalbei blüht von Mai bis August. Suche eine Salbeipflanze und drücke mit der Spitze eines Bleistifts gegen die Platte eines der beiden Staubblätter. Was geschieht? Begründe!

Die Honigbiene hat eine große Auswahl unter den Pflanzen. Sie fliegt aber meist für eine bestimmte Zeit die gleiche Blütenart an.

Blüten und ihre Bestäuber

Zipfelfalter an einer Lichtnelke

Labkrautschwärmer an Distel

Käfer und Fliegen am Bärenklau

Taglichtnelke und Tagfalter. Mit leuchtenden Farben locken viele am Tag geöffnete Blüten Insekten an. Sind ihre Kronröhren wie bei der Taglichtnelke tief und eng, dringt meist nur der *lange, schmale Saugrüssel* der Tagfalter bis zum Nektar am Grund vor. Nach ihren Bestäubern spricht man von *Bienenblumen, Hummelblumen* und *Falterblumen*.

Distel und Nachtfalter. In den späten Abendstunden kann man beobachten, wie ein Labkrautschwärmer im *Schwirrflug* über dem Blütenstand einer Distel „steht". Der Nachtfalter senkt seinen *langen Saugrüssel* in die Kronröhre einer der Blüten und nimmt Nektar zu sich. Bei Nacht sind Farben ohne Bedeutung. Der unscheinbare Blütenstand vieler Disteln macht sich vielmehr durch *Duft* bemerkbar. Nachtschmetterlinge bemerken ihn noch aus großer Entfernung.

Bärenklau, Käfer und Fliegen. Die Blüten des Bärenklaus, die immer zu mehreren in Blütenständen zusammenstehen, *riechen für uns unangenehm*. Auf viele Fliegen und Käfer wirkt dieser Geruch jedoch anziehend. Da der Nektar in den kleinen Blüten offen daliegt, ist er auch für Fliegen und Käfer mit ihren *kurzen Mundwerkzeugen* zugänglich. Die Insekten laufen bei der Suche nach Nektar über die Blüten und bestäuben sie.

Taubnessel, Klee, Löwenmaul und Hummeln. Die Blütenröhren von Taubnessel, Klee und Löwenmaul sind so *tief*, dass die Bienen mit ihrem kurzen Rüssel nicht zum Nektar gelangen. Der Saugrüssel der *Hummeln* ist *länger*. Diese Blüten werden daher meist von Hummeln bestäubt.

Rüssellängen	
Honigbiene	6 mm
Hummel	bis 20 mm
Zipfelfalter	bis 20 mm
Labkrautschwärmer	bis 30 mm
Windenschwärmer	bis 100 mm

Auf der Suche nach Blütenstaub und Nektar bestäuben Insekten viele Blüten.
Insekten mit kurzen Mundwerkzeugen suchen vor allem Blüten auf, in denen der Nektar an der Oberfläche zu finden ist. Schmetterlinge mit ihren langen Rüsseln besuchen Blüten mit tiefen Kronröhren.

1 Es gibt viele Beispiele, in denen Pflanzen auf Insekten und Insekten auf Pflanzen angewiesen sind. Kennst du welche?

2 Untersuche mit einer Lupe die Blüten verschiedener Blütenpflanzen. Unterscheide nach der Art des Blütenbaus zwischen Bienenblumen, Hummelblumen und Falterblumen.
Auf welchen Blüten findest du Käfer und Fliegen?

Von der Blüte zur Frucht am Beispiel der Kirsche

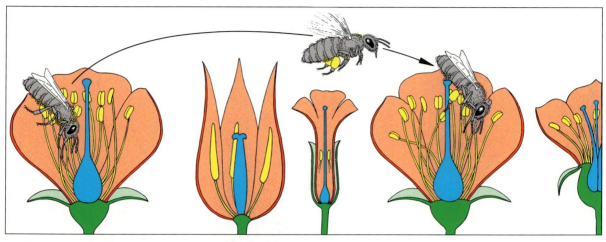

Die Biene überträgt den Pollen von Blüte zu Blüte und bestäubt sie damit.

Die Blüten einer Pflanze dienen ihrer *Fortpflanzung*. Aus der Blüte können sich *Früchte* entwickeln. Diese Früchte enthalten einen oder mehrere *Samen*. Gelangen die Samen in die Erde, wachsen sie dort zu einer neuen Pflanze heran.

Bestäubung. Besucht die Biene eine Blüte, dann bleibt Pollen in ihren Haaren hängen. Mit den Hinterbeinen kämmt sie zwar den größten Teil davon heraus und knetet Pollenklümpchen, die sie zum Bienenstock trägt. Trotzdem bleiben viele Pollenkörner in ihren Haaren hängen. Beim Besuch der nächsten Blüte bleiben einige davon an der Narbe der Blüte kleben. Die Blüte wird *bestäubt*.

Welch große Bedeutung diese Übertragung des Pollens von Blüte zu Blüte für die Pflanze hat, zeigt der

Die Bergstraße verläuft am Westrand des Odenwaldes von Darmstadt bis Heidelberg in einer der mildesten Gegenden Deutschlands.
In der Tabelle sind die Kirschenerträge angegeben, die an den Großmarkt in Heidelberg geliefert wurden.

	Wärme	Frost	Regen	Wind	Ernte
1. Frühjahr	bis 25 °C	bis −7 °C	210 mm	mittel	250 000 kg
2. Frühjahr	bis 24 °C	bis −2,5 °C	260 mm	stark	80 000 kg
3. Frühjahr	bis 29 °C	bis −2 °C	170 mm	schwach	400 000 kg

Vergleich von Kirschenerträgen in drei verschiedenen Jahren an der Bergstraße:
- **Im Frühling des ersten Jahres** war es zwar tagsüber so warm, dass die Bienen ausfliegen konnten. In einer sehr kalten Nacht erfroren aber viele Blüten. Es gab weniger Kirschen als üblich.
- **Im Frühling des zweiten Jahres** war es zwar nicht kalt, aber windig und regnerisch. Die Bienen flogen kaum aus. In diesem Jahr gab es auch nur wenige Kirschen.
- **Im Frühling des dritten Jahres** jedoch war es warm und windstill. Die Bienen konnten ungehindert ausfliegen. Viele Kirschblüten wurden bestäubt. Es gab eine reiche Ernte.

Mithilfe eines Versuchs lässt sich der Zusammenhang zwischen *Bestäubung* und *Fruchtbildung* zeigen. Umhüllt man einige Blüten eines Kirschbaums mit einem feinmaschigen Netz, das Licht und Luft durchlässt, die Bienen aber zurückhält, bilden diese Blüten keine Kirschen. Damit sich Früchte bilden können, muss eine Bestäubung stattfinden.

> Nur dann, wenn die Blüten bestäubt werden, entwickeln sich Früchte.

1 Nimm 5 Kirschblüten und stelle für jede Blüte die Anzahl der Kelchblätter, Kronblätter, Staubblätter und Stempel fest. Vergleiche mit den Ergebnissen deiner Mitschüler.

Kirschblüten stehen in Büscheln zusammen. Ende März wurde ein Zweig des Kirschbaumes mit Gaze umhüllt, um Bienen von den Blüten fernzuhalten.

Anfang Juni hingen überall reife Kirschen am Baum, nur an dem umhüllten Zweig nicht.

Zeichnet man die einzelnen Teile der Kirschblüte so auf, wie man sie in einer Blüte von oben sieht, entsteht ein Legebild.

Aus dem Legebild kann eine Schemazeichnung werden. Man nennt eine solche Zeichnung einen Blütengrundriss. Die einzelnen Blütenteile kennzeichnet man durch bestimmte Farben.

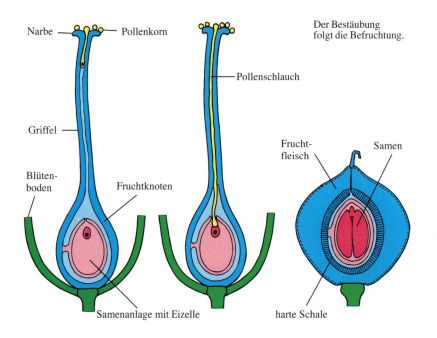

Befruchtung. Aus einem *Pollenkorn*, das auf der Narbe liegt, wächst ein dünner Schlauch heraus. Dieser *Pollenschlauch* dringt in die *Narbe* ein und wächst durch den Griffel bis in den *Fruchtknoten*.
Bei einer Kirsche liegt im Innern des Fruchtknotens eine *Samenanlage*. Die Samenanlage enthält eine *Eizelle*. Auf diese wächst der Pollenschlauch zu. Sobald er sie erreicht hat, dringt aus dem Pollenschlauch eine *Spermazelle* in die *Eizelle* der Samenanlage ein und *verschmilzt* mit ihr. Damit ist sie befruchtet.
Bildung der Frucht. Aus der befruchteten Eizelle und der Samenanlage entsteht der Samen. Die innere Schicht des Fruchtknotens bildet den harten Kirschkern, die äußere das süße Fruchtfleisch.

1 Welche Früchte schmecken dir am besten?

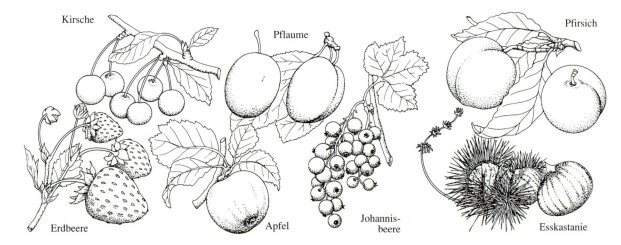

Praktikum: Die Kirsche

1 Beobachtungen am Kirschzweig
Benötigt werden:
Kirschzweig, Wassergefäß.

Durchführung:
Stelle einen blühenden Kirschzweig in einer Vase auf das Fensterbrett.
Beobachte über einige Wochen hinweg und schreibe auf:
– Wie lange dauert es vom Aufblühen bis zum Verblühen einer Blüte?
– Welche Blütenteile fallen ab, welche bleiben erhalten?
– Verändert sich der Fruchtknoten im Laufe der Zeit?

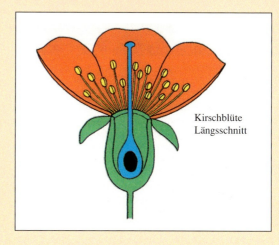

Kirschblüte Längsschnitt

2 Untersuchung der Kirschblüte
Benötigt werden:
Kirschblüten, Papier, Klebstoff, Lupe.

Durchführung:
– Betrachte mit der Lupe den Bau der Staubblätter und des Stempels. Streife mit dem Finger über den Staubbeutel. Was kannst du beobachten? Welche Eigenschaften hat der Pollen?
– Fertige ein Legebild von der Kirschblüte an.
– Zeichne ein Blütendiagramm.
– Stelle mit der Rasierklinge *(Vorsicht!)* einen Längsschnitt durch die Blüte her. Vergleiche mit der Schemazeichnung.

Die Verbreitung von Samen und Früchten

Wenn ich stark genug blase, fliegen die Fallschirmchen meiner Pusteblume fort. Gut drei Meter fliegen sie. Manchmal fliegt eines mit dem Wind sogar über das Dach.

Anna

Wegfliegen

Wie die Früchte des Löwenzahns werden viele Früchte und Samen vom Wind verbreitet. Früchte, die mit dem Wind fliegen, nennt man *Flugfrüchte*. Fast immer haben solche Flugfrüchte Anhänge oder Fortsätze, die das Schweben und Fliegen im Wind erleichtern.

Schirmflieger. Manche Früchte oder Samen tragen einen kleinen *Schopf* aus Haaren wie ein Fallschirm. Der Löwenzahn, die Weide und die Distel haben solche Früchte und Samen.

Segelflieger. Dünne *Flughäute* machen viele Samen und Früchte zu kleinen Segelflugzeugen. Sitzt dabei der Samen in der Mitte der Flügel, dann segelt er im Gleitflug durch die Luft. Die Samen der Birke und der Ulme sind so gebaut.

Schraubenflieger. Haben Samen oder Früchte nur einen *Flügel*, dann drehen sie sich wie ein *Propeller*, wenn sie zur Erde fallen. Ahorn, Esche, Kiefer und Fichte besitzen Samen, die auf diese Weise zur Erde schweben und sich so verbreiten.

Wegschleudern oder Verstreuen

Manche Pflanzen sorgen selbst dafür, dass ihre Samen verbreitet werden. Wenn ihre Früchte reif sind und sich öffnen, dann werden die Samen hinausgeschleudert oder verstreut.

Schleuderfrüchte. Reifen die Früchte des Springkrauts, entsteht in ihnen eine innere Spannung. Sie platzen auf, wenn man sie berührt. Dadurch werden die Samen bis zu 2 Meter weit weggeschleudert. Auch die Lupinen und der Besenginster haben Schleuderfrüchte. Wenn ihre Hülsenfrüchte ausgetrocknet sind, brechen sie am Ende auf. Die beiden Hälften der Hülsen verdrillen sich und schleudern die Samen nacheinander aus.

Streufrüchte. Wenn die Kapselfrucht des Mohns reif ist, öffnen sich die feinen Poren am oberen Kapselrand. Sobald sich der Kapselstiel im Wind bewegt, werden die Samen wie aus einer Streudose ausgestreut. Auch die Glockenblume, die Wasserschwertlilie und das Löwenmäulchen besitzen solche Streufrüchte.

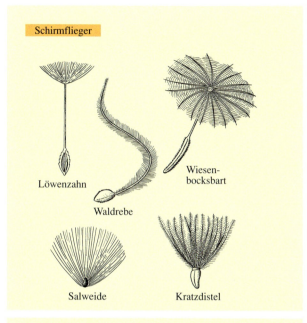
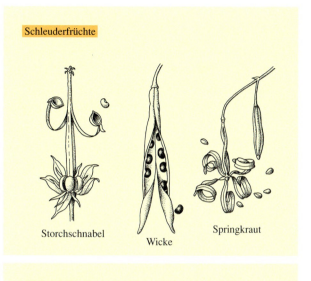
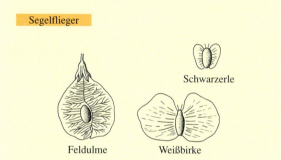
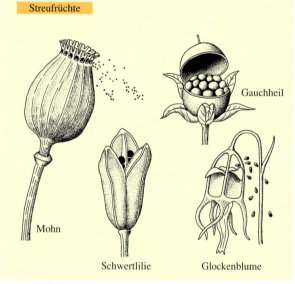
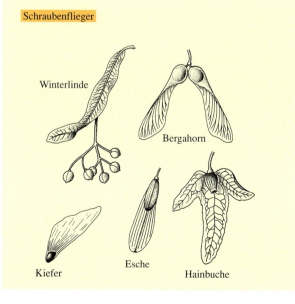
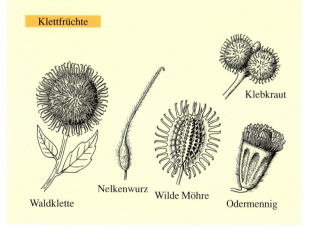

Eine Amsel trägt eine Vogelbeere weg.

Der Siebenschläfer verschleppt Himbeeren.

Verbreitung durch Tiere

Aber nicht nur durch den Wind werden Früchte und Samen verbreitet. Viele *Tiere* wirken dabei mit. Eichhörnchen, Siebenschläfer und Hamster verschleppen Haselnüsse, Sonnenblumenkerne oder Bucheckern und verstecken sie in der Erde. Werden diese nicht wiedergefunden, können sie auskeimen. Auch Eichelhäher und Spechte tragen die Samen weg. Viele Nüsse werden gefressen, einige fallen vom Baum, wenn der Specht sie öffnen will. Manche Samen haben ein Anhängsel, das ölhaltig oder süß ist. Ameisen fressen diese Anhängsel gerne und verschleppen dabei die Samenkörner. Der Lerchensporn, das Waldveilchen und die Taubnessel werden so verbreitet.

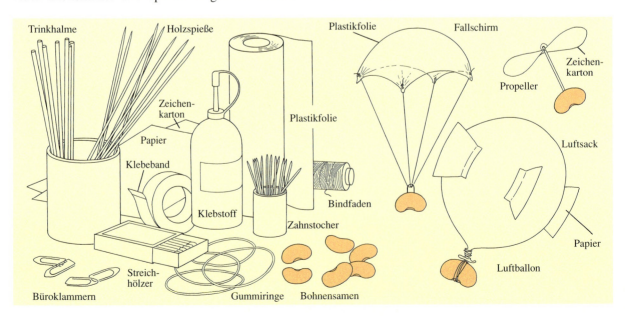

Eine Klette ist im Fell hängen geblieben.

Eine Ameise schleppt eine Frucht fort.

Klettfrüchte. Es gibt auch „blinde Passagiere". Mit kleinen Widerhaken bleiben manche Früchte im Fell oder im Gefieder der Tiere hängen. So werden sie verschleppt. Sicher kennst du die Früchte der Klette. Aber auch der Waldmeister, die Nelkenwurz und das Klebrige Labkraut haben Klettfrüchte. Irgendwo werden die Früchte zufällig abgestreift, fallen zu Boden und keimen aus.

Lockfrüchte. Einige Pflanzen locken mit süßen, farbenprächtigen Früchten. Das Fruchtfleisch wird von den Tieren gefressen. Die Samen in den Früchten, die mitgefressen werden, haben harte Schalen. Sie werden daher unverdaut wieder mit dem Kot ausgeschieden. Fallen sie auf geeigneten Boden, dann keimen sie. Kirsche, Himbeere oder auch Holunder haben solche Lockfrüchte.

1 Können Bohnen fliegen? Sicherlich nicht. Wie aber müsste eine Bohne aussehen, die durch den Wind verbreitet werden kann? Versuche eine Flugeinrichtung für eine Bohne zu basteln.
Als Material dafür kannst du verwenden: Papier, Federn, Plastiktüten, Gummibänder, Klebstoff, Bindfaden, Streichhölzer.
Als Vorbilder schau dir die Flugfrüchte der verschiedenen Pflanzen an. Welche Bohne fliegt am weitesten?

2 Sammle im Herbst verschiedene Flugfrüchte und stelle Flugversuche damit an:
Lasse die Früchte jeweils aus gleicher Höhe starten und bestimme die Zeit, bis sie zu Boden fallen.
Stelle dieselben Versuche an, nachdem du die Flugeinrichtungen an den Früchten entfernt hast.

3 Betrachte mit der Lupe die Haken verschiedener Klettfrüchte, zum Beispiel von der Klette, dem Klebkraut und der Wilden Möhre und fertige eine einfache Skizze an.

Was Pflanzen zum Leben brauchen

Wie Samen keimen

Auf der Samentüte, die du gerade in der Gärtnerei gekauft hast, sind herrlich blühende Pflanzen abgebildet. Öffnest du die Tüte, so kommen jedoch nur winzige Samenkörner zum Vorschein. Daraus sollen sich die prächtig blühenden Pflanzen entwickeln?

Samen. Alle Blütenpflanzen entwickeln sich aus *Samen*. Besonders gut lässt sich das an den Samen der Bohnenpflanze beobachten:

Trockene Bohnensamen kann man jahrelang aufbewahren, ohne dass sie keimen. Sie sind steinhart. Legt man sie jedoch in Wasser, dann quellen sie. Sie werden weich und dick.

Die schützende äußere Schale ist die *Samenschale*. Löst man sie ab, kommen zwei weiße Bohnenhälften zum Vorschein. Es sind die *Keimblätter*. Dazwischen liegt der kleine *Keimling*. Deutlich kann man an ihm schon die *Wurzel*, die ersten *Blättchen* und den *Stängel* erkennen.

Keimung. Sobald der Same Wasser aufnimmt, beginnt das neue Leben. Der Keimling wächst. Er ernährt sich dabei zunächst von den *Vorratsstoffen*, die in den Keimblättern gespeichert sind. Bald schiebt sich seine Wurzel durch die Samenschale. Sie dringt in den Boden ein. Ein Stängel wächst nach oben, dem Licht zu. Die ersten Laubblätter entfalten sich. Diese kleine Pflanze nennt man *Keimpflanze*.

Wenn die Vorräte in den Keimblättern verbraucht sind, werden diese schrumpelig und fallen ab. Der Stängel wächst weiter. Immer mehr Laubblätter finden sich an der Pflanze, Blüten entstehen. Auch die Wurzel setzt ihr Wachstum fort und bildet Haupt- und Nebenwurzeln.

> Blütenpflanzen entwickeln sich aus Samen.
> Der Same enthält den Keimling der Pflanze.

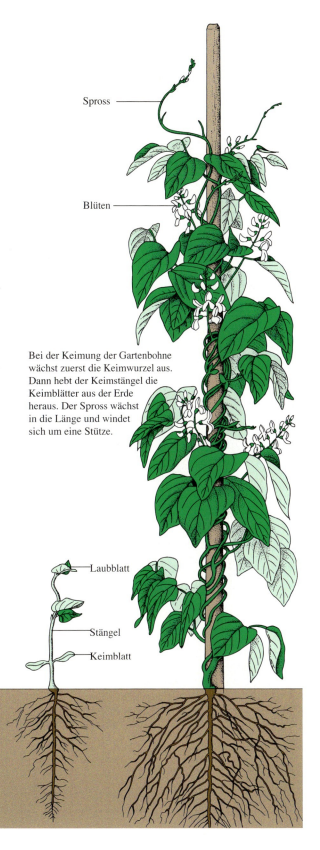

Bei der Keimung der Gartenbohne wächst zuerst die Keimwurzel aus. Dann hebt der Keimstängel die Keimblätter aus der Erde heraus. Der Spross wächst in die Länge und windet sich um eine Stütze.

Ohne Wasser geht es nicht

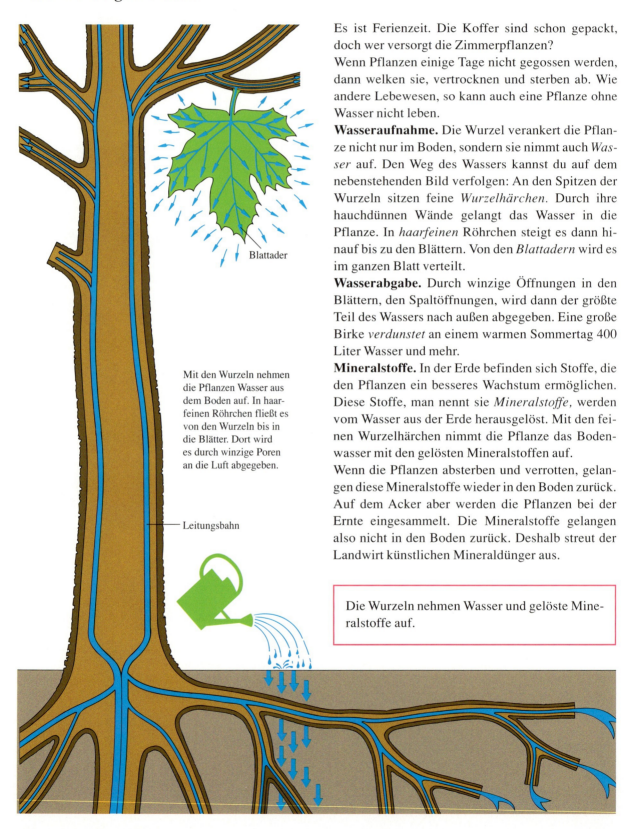

Blattader

Mit den Wurzeln nehmen die Pflanzen Wasser aus dem Boden auf. In haarfeinen Röhrchen fließt es von den Wurzeln bis in die Blätter. Dort wird es durch winzige Poren an die Luft abgegeben.

Leitungsbahn

Es ist Ferienzeit. Die Koffer sind schon gepackt, doch wer versorgt die Zimmerpflanzen?
Wenn Pflanzen einige Tage nicht gegossen werden, dann welken sie, vertrocknen und sterben ab. Wie andere Lebewesen, so kann auch eine Pflanze ohne Wasser nicht leben.

Wasseraufnahme. Die Wurzel verankert die Pflanze nicht nur im Boden, sondern sie nimmt auch *Wasser* auf. Den Weg des Wassers kannst du auf dem nebenstehenden Bild verfolgen: An den Spitzen der Wurzeln sitzen feine *Wurzelhärchen*. Durch ihre hauchdünnen Wände gelangt das Wasser in die Pflanze. In *haarfeinen* Röhrchen steigt es dann hinauf bis zu den Blättern. Von den *Blattadern* wird es im ganzen Blatt verteilt.

Wasserabgabe. Durch winzige Öffnungen in den Blättern, den Spaltöffnungen, wird dann der größte Teil des Wassers nach außen abgegeben. Eine große Birke *verdunstet* an einem warmen Sommertag 400 Liter Wasser und mehr.

Mineralstoffe. In der Erde befinden sich Stoffe, die den Pflanzen ein besseres Wachstum ermöglichen. Diese Stoffe, man nennt sie *Mineralstoffe,* werden vom Wasser aus der Erde herausgelöst. Mit den feinen Wurzelhärchen nimmt die Pflanze das Bodenwasser mit den gelösten Mineralstoffen auf.
Wenn die Pflanzen absterben und verrotten, gelangen diese Mineralstoffe wieder in den Boden zurück. Auf dem Acker aber werden die Pflanzen bei der Ernte eingesammelt. Die Mineralstoffe gelangen also nicht in den Boden zurück. Deshalb streut der Landwirt künstlichen Mineraldünger aus.

Die Wurzeln nehmen Wasser und gelöste Mineralstoffe auf.

Praktikum: Wassertransport der Pflanzen

1 Pflanzen schwitzen
Benötigt werden:
Fleißiges Lieschen oder andere Topfpflanze, Alufolie oder Bierdeckel, Glasglocke.

Durchführung:
Decke den Topf mit einem eingeschlitzten Bierdeckel oder Alufolie ab, sodass die Erde kein Wasser verdunsten kann. Stülpe nun die Glocke über die Pflanze und stelle sie an einen sonnigen Ort. Was beobachtest du an der Innenwand der Glocke? Erkläre.

2 Wasserleitung im Spross
Benötigt werden:
Frisch geschnittene Gänseblümchen, weiße Tulpen oder Margeriten, Glas, Tinte, Wasser.
Durchführung:
Stelle die frischen Blumen in eine sehr stark mit Tinte gefärbte Wasserlösung.
Beobachte wie die Farbe im Stängel emporsteigt. Notiere den Anstieg nach jeweils einer Stunde. Wann erreicht die Farbe die Blüten?
Geht das bei kleinen Pflanzen schneller als bei größeren?

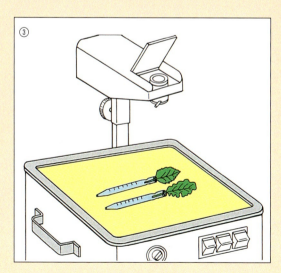

3 Wettlauf ums Wasser
Benötigt werden:
Frisches Blatt von Linde oder Malve, etwa gleich großes Eichenblatt, 2 Pipetten mit 0,5 ml Fassungsvermögen, Wasser, Knetgummi, Tageslichtprojektor.
Durchführung:
Fülle die Pipetten randvoll mit Wasser. Stecke jedes der Blätter ins obere Ende einer Pipette und dichte den Übergang zwischen Blattstiel und Pipette mit dem Knetgummi sorgfältig ab.
Es dürfen keine Luftblasen in der Pipette sein!
– Lege die „Blatt-Pipetten" nun auf den angeschalteten Tageslichtprojektor.
– Notiere in regelmäßigen Abständen, wie viel Wasser die Blätter aus den Pipetten saugen. Stellst du einen Unterschied fest?
– Betrachte die Blätter genau und beschreibe sie. Kannst du daraus eine Vermutung für die unterschiedlichen Ergebnisse ableiten?

Pflanzen brauchen Licht

Ein Versuch zeigt, dass Pflanzen auf *Licht* reagieren. Keimende Kressesamen werden unterschiedlich belichtet. Das erste Gefäß wird abgedunkelt aufgestellt. Die Pflänzchen im zweiten Gefäß werden von der Seite, die im dritten Gefäß von oben belichtet. Nach 5 Tagen zeigen sich folgende Ergebnisse:

Gefäß 1: ohne Licht
Die Kressekeimlinge sind weißlich gelb. Es wurde kein grüner Blattfarbstoff gebildet. Die Blattfläche ist klein geblieben. Der Stängel ist stark in die Länge gewachsen.

Gefäß 2: Licht von der Seite
Die Kressekeimlinge krümmen sich und wachsen auf die Lichtquelle zu, sodass die grünen Blattflächen senkrecht zum einfallenden Licht stehen.

Gefäß 3: Licht von oben
Die Kressekeimlinge wachsen senkrecht nach oben. Die grünen Blattflächen stehen waagerecht.

Auch bei Laubbäumen stehen die Blätter „auf Lücke". So wird das Sonnenlicht optimal genutzt.

Auch Pflanzen am Fensterbrett wenden ihre Blätter dem Licht so zu, dass diese „auf Lücke" stehen. Dadurch wird verhindert, dass sie sich gegenseitig Licht wegnehmen. Hält man grüne Pflanzen im Dunkeln, so verlieren sie ihre grüne Farbe und wachsen sehr stark in die Länge. Schließlich gehen die Pflanzen ohne Licht sogar ein.

Pflanzen bemerken, aus welcher Richtung das Licht kommt. Manche „messen" sogar die Tageslänge. So blühen einige Pflanzen nur dann, wenn es weniger als 12 Stunden am Tag hell ist. Man nennt sie deshalb *Kurztagpflanzen*. Viele tropischen Pflanzen sind Kurztagpflanzen. Andere Pflanzen blühen wiederum nur, wenn es länger als 12 Stunden am Tag hell ist. Zu diesen *Langtagpflanzen* gehören viele unserer einheimischen Pflanzen, die im Sommer blühen.

Licht ist für Pflanzen lebensnotwendig.

Pflanzen klettern zum Licht

Um in die Höhe, ans Licht wachsen zu können, haben manche Pflanzen *Kletterorgane* entwickelt. Kletterorgane sind umgebildete Wurzeln, Blätter oder Sprosse, mit denen sich die Pflanze an einer Stütze festhalten kann. Pflanzen mit Kletterorganen nennt man *Kletterpflanzen*. Sie bilden keinen dicken Stamm als „Traggerüst", wie die nur langsam wachsenden Bäume, sondern wachsen sehr schnell an einer Stütze in die Höhe. Baumstämme, Felswände und Sträucher werden von Kletterpflanzen genauso als Traggerüst benutzt wie Mauern, Hauswände oder Spanndrähte.

Wurzelkletterer. Efeu klettert an Bäumen, Felsen und Mauern empor. An seinen Sprossen wachsen Haftwurzeln, die sich fest mit dem Untergrund verbinden. Sie geben der Pflanze einen sicheren Halt. Pflanzen, die sich mithilfe von Haftwurzeln am Untergrund festhalten, nennt man *Wurzelkletterer* oder *Selbstklimmer*.

Schlingpflanzen. Viele Kletterpflanzen umschlingen mit ihrem Spross eine andere Pflanze oder eine Stütze. Der wachsende Spross windet sich dabei an der Stütze in die Höhe. Solche Pflanzen nennt man *Schlingpflanzen*. Bekannte einheimische Schlingpflanzen sind der Hopfen und das Waldgeißblatt.

Hopfenranke

Rankpflanzen. Ranken können wie beim Wilden Wein von Sprossteilen gebildet werden. Bei der Wicke entstehen sie aus Blättern. Pflanzen, die mit dieser Klettertechnik nach oben wachsen, nennt man *Rankpflanzen*.

> Manche Pflanzen besitzen Kletterorgane, um nach oben ins Licht zu klettern. Zu Kletterorganen können Wurzeln, Sprosse oder Blätter umgebildet sein.

1 Wo in deiner Umgebung gibt es Kletterpflanzen? Welche Arten kennst du?

Efeuspross mit Haftwurzeln

Ranken des Wilden Weins

Praktikum: Blumen aus Samen

1 Wir ziehen Blumen aus Samen

Benötigt werden: ein Päckchen Samen vom Fleißigen Lieschen, mehrere Blumentöpfe, Untersetzer, Sand und Blumenerde, Holzstäbchen

Bringe ein Gemisch aus Sand und Blumenerde in einen Blumentopf. Säe die Samen in Abständen von etwa 1 Zentimeter aus. Sie werden leicht mit Erde bedeckt und dann angefeuchtet. Gieße vorsichtig, damit die Samen nicht weggeschwemmt werden. Bei Temperaturen von 18 bis 22 °C beginnen die Samen nach 10 Tagen zu keimen. Weitere 14 Tage später hebst du die Keimlinge mit einem spitzen Holzstäbchen vorsichtig aus der Erde. Pflanze sie in Abständen von 3 Zentimetern in einen größeren Topf ein. Drücke mit einem Holzstab zuvor Löcher in die Erde. Senke die Keimlinge bis zu den Keimblättern in die Erde. Pass auf, dass sich die Wurzeln dabei nicht umbiegen. Drücke von der Seite her vorsichtig Erde an die Wurzeln. Bedecken die Blätter die ganze Fläche des Topfes, werden die Sämlinge erneut verpflanzt. Jeder kommt allein in einen Blumentopf.

Mache Aufzeichnungen über das Wachstum deiner Versuchspflanzen:
– Nach wie vielen Tagen durchbrechen die Keimlinge die Erde?
– Wann beginnen die Pflanzen zu blühen?

anfeuchten — nach 10 Tagen — nach weiteren 14 Tagen — umtopfen — Sämlinge einzeln verpflanzen

2 Was Samen zum Keimen brauchen

Benötigt werden: 1 Päckchen Samen vom Fleißigen Lieschen, 4 Blumentöpfe mit Erde, Frischhaltefolie.

Gib in 4 Blumentöpfe Erde und jeweils 10 Samen vom Fleißigen Lieschen. Verfahre mit den Töpfen folgendermaßen:

1. Topf: Befeuchte die Erde und stelle den Topf an einen warmen Platz.
2. Topf: Lasse die Erde trocken. Stelle den Topf an einen warmen Ort.
3. Topf: Befeuchte die Erde und stelle den Topf in den Kühlschrank.
4. Topf: Befeuchte die Erde und verschließe den Topf mit einer Einmachfolie luftdicht. Stelle ihn dann an einen warmen Platz.

Sieh nach 2 bis 3 Wochen nach, was aus den Samen geworden ist. Schreibe deine Versuchsergebnisse auf.

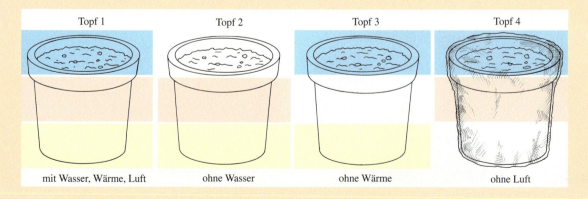

Topf 1 — mit Wasser, Wärme, Luft
Topf 2 — ohne Wasser
Topf 3 — ohne Wärme
Topf 4 — ohne Luft

Pflanzen stellen ihre Nahrung selbst her

Kohlenstoffdioxid ist für Pflanzen lebensnotwendig. Dieses Glas ist offen, die Luft hat ungehinderten Zutritt.

Dieses Glas ist geschlossen. Eine Flüssigkeit entzieht der Luft darin das Kohlenstoffdioxid. Die Pflanzen sterben.

Tiere und Menschen müssen essen, um leben zu können. Grüne Pflanzen essen nicht und leben dennoch. Doch auch sie benötigen Eiweiß, Fett, Zucker und Stärke. Woher nehmen sie diese Stoffe?

Luft. Die Luft, die wir atmen, besteht aus verschiedenen Gasen. Eines davon ist das *Kohlensäuregas*, das du vom sprudelnden Mineralwasser kennst. Es heißt aus *Kohlenstoffdioxid*. Wenn man dieses Gas aus dem Luftraum entfernt, dann stirbt die Pflanze bald ab. Kohlenstoffdioxid ist für die Pflanze ein lebensnotwendiger Nährstoff.

Licht. Pflanzen, die im Zimmer gehalten werden, stellt man an das helle Fenster oder beleuchtet sie mit einer Lampe. Das Licht ist die Energie, die eine Pflanze braucht, um ihre Nahrung selbst herstellen zu können. Licht ist für die Pflanze lebensnotwendig.

Fotosynthese. In den Zellen der Blätter liegen *Blattgrünkörner*. In diesen Blattgrünkörnern bildet die Pflanze aus dem *Kohlenstoffdioxid* der *Luft* und aus *Wasser Zucker* und *Sauerstoff*. Dazu ist *Licht* notwendig. Diesen Vorgang nennt man *Fotosynthese*. Durch die Spaltöffnungen in den Blättern wird der *Sauerstoff* an den Luftraum abgegeben. Es ist der Sauerstoff, den wir zum Atmen benötigen.

Wozu aber braucht die Pflanze die Mineralstoffe? Aus den Blattgrünkörnern wird der Zucker zu allen Zellen einer Pflanze transportiert. Dort werden dann aus dem Zucker und den Mineralstoffen alle die Stoffe hergestellt, die die Pflanze zum Wachsen, Blühen und zur Samenbildung benötigt.

> Pflanzen können alle die Stoffe, die sie zum Leben brauchen, aus Kohlenstoffdioxid und Wasser aufbauen.

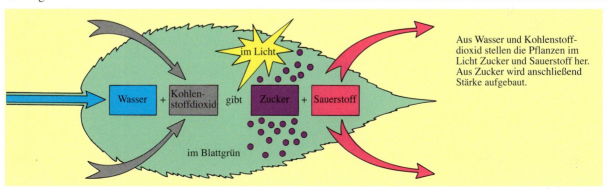

Aus Wasser und Kohlenstoffdioxid stellen die Pflanzen im Licht Zucker und Sauerstoff her. Aus Zucker wird anschließend Stärke aufgebaut.

Fische, Lurche und Kriechtiere

Ein Leben im Wasser – Fische

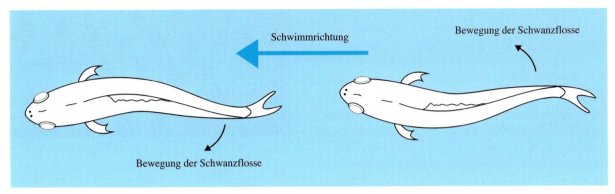

Schwimmbewegung bei Fischen

Körperbau. Viele Fische, vor allem solche, die schnell schwimmen können, haben einen besonders *strömungsgünstigen* Körperbau. Der gesamte Körper ist mit Knochenplättchen, den *Schuppen*, bedeckt, die dachziegelartig übereinander liegen. Darüber liegt eine zarte Haut, die über viele kleine Drüsen *Schleim* absondert und den Fisch glitschig macht. So gleitet der Fisch gut durchs Wasser.

Schwimmen. Die große *Schwanzflosse* drückt mit jeder Bewegung das Wasser nach links und rechts weg und treibt den Fisch voran. *Rücken-* und *Afterflosse* verhindern, dass der Fisch umkippt. Die *Brust-* und *Bauchflossen* dienen dem langsamen Antrieb und der Steuerung. Wenn der Fisch bremst, spreizt er diese Flossen ab. Sie wirken dann wie ein Fallschirm. Beim schnellen Schwimmen werden die Flossen dagegen zusammengeklappt und an den Körper angelegt.

Schweben. Viele Fische haben in ihrem Bauch eine große *Schwimmblase*, die mit *Gas* gefüllt ist. Von der Menge des Gases hängt es ab, ob der Fisch im Wasser sinkt, auf der Stelle schwebt oder nach oben treibt. Die Schwimmblase wird über den Darm mit Gasen gefüllt. Manchmal kann man auch beobachten, wie Fische an der Wasseroberfläche nach Luft schnappen, die dann in die Schwimmblase gedrückt wird.

1 Beschreibe mithilfe der Zeichnung oben die Schwimmbewegung der Fische. Welche Aufgaben kommen dabei den verschiedenen Flossen zu?

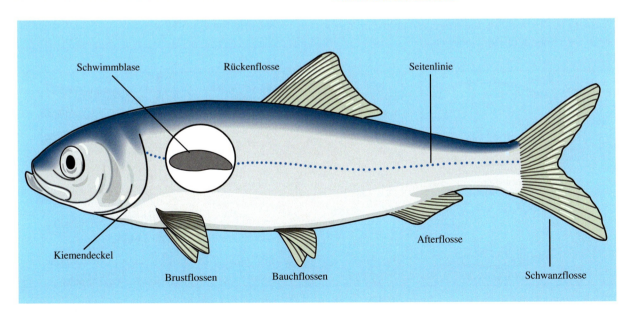

Seitenlinie. Der Körper eines Fisches ist mit *Schuppen* bedeckt, die wie Dachziegel angeordnet sind. Entlang einer leicht geschwungenen, punktierten Linie an beiden Seiten des Fisches sind diese Schuppen immer wieder von winzigen Öffnungen durchbrochen, die in einen feinen Kanal unter den Schuppen münden. Man bezeichnet diese Linie als *Seitenlinie*. Sie gehört zu einem *Sinnesorgan*, mit dem die Fische Druckänderungen im Wasser und damit Strömungen, Hindernisse, Beutetiere oder Feinde erkennen können. Durch die Öffnungen dringt ständig Wasser ein, das empfindliche *Sinneshärchen* in dem Kanal reizt. Selbst in trübem Wasser und im Dunkeln wissen die Fische durch dieses Sinnesorgan, wie ihre Umgebung beschaffen ist und können sich so zurechtfinden.

Atmung. Wir Menschen atmen mit Lungen. Unter Wasser können wir nur mit Spezialgeräten tauchen. Die Atmungsorgane der Fische sind die *Kiemen*. Ihre rote Farbe verrät, dass sie gut durchblutet sind. Mit ihnen können Fische den Sauerstoff aufnehmen, der im Wasser gelöst ist. Die Kiemen liegen in *Kiemenhöhlen* zu beiden Seiten des Kopfes. Unter dem schützenden *Kiemendeckel* kann man vier hintereinander liegende *Kiemenbögen* mit vielen hauchdünnen *Kiemenblättchen* erkennen. Mit dem Maul, das sich ständig öffnet und schließt, nimmt der Fisch frisches Wasser auf, das die Kiemenblättchen umspült. Durch ihre dünne Haut nehmen sie den Sauerstoff in das Blut auf und geben das Kohlenstoffdioxid an das Wasser ab. Das verbrauchte Atemwasser strömt hinter den Kiemendeckeln wieder aus.

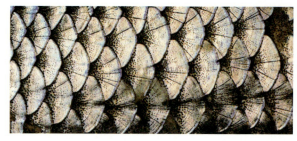

So sehen Fischschuppen von der Nähe betrachtet aus.

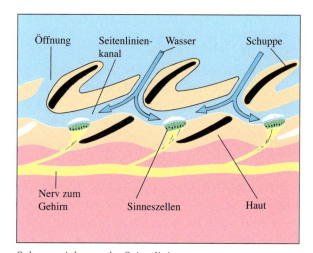

Schemazeichnung des Seitenlinienorgans

Fische sind gut an das Leben im Wasser angepasst. Sie besitzen einen strömungsgünstigen Körper und atmen über Kiemen den lebensnotwendigen Sauerstoff ein.

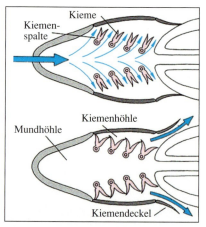

Weg des eingesaugten Wassers

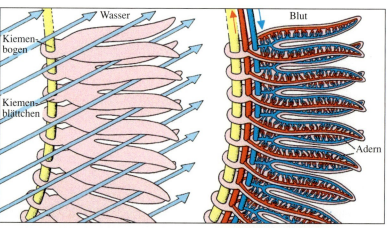

Kiemenatmung: links der Weg des Wassers, rechts der Weg des Blutes

Die Forelle

Lebensraum. Ein reißender Bach hoch in den Bergen. Die Ufer sind mit Erlen und Weiden bestanden. Die Böschungen am Ufer hängen über und bieten den Tieren viele Versteckmöglichkeiten.
Diese Gebirgsbäche mit sauberem, sauerstoffreichem Wasser sind die Heimat der *Bachforelle*. Hier können sich nur gute Schwimmer halten. Eine Bachforelle, die mit dem Kopf stromaufwärts in der starken Strömung steht, schwimmt in Wirklichkeit genau so schnell, wie das Wasser bachabwärts fließt. Hierzu sind kräftige Schläge mit der Schwanzflosse nötig.

Ernährung. Forellen sind gefräßige *Raubfische*. Insekten, andere Fische und sogar junge Forellen werden erbeutet. Selbst Insekten, die dicht über der Wasseroberfläche fliegen, werden mit einem kräftigen Sprung aus dem Wasser geschnappt.

Fortpflanzung. Der Gebirgsbach im Winter: Schnee säumt jetzt seine Ufer. Die Wassertemperatur liegt nur knapp über dem Gefrierpunkt. In dieser Zeit *wandern* die Forellen bachaufwärts in das *Quellgebiet* um sich fortzupflanzen. Das Weibchen schlägt mit der Schwanzflosse eine Grube in den Bachgrund. Jetzt stößt das Männchen mit dem Maul gegen das Körperende des Weibchens. Darauf *laicht* das Weibchen einige hundert erbsengroße Eier ab. Das Männchen stößt eine milchige Flüssigkeit aus, in der sich Spermazellen befinden. So werden die Eier befruchtet. Nach der Hochzeit wandern die Forellen wieder in ihre Sommergebiete.

Entwicklung. Die jungen Forellen bleiben, wenn sie aus den Eiern geschlüpft sind, zunächst in den Lücken des Kiesbodens. In den ersten Wochen ernähren sie sich von Nährstoffen aus dem *Dottersack*, einem blasenförmigen Anhängsel, das sich an der Bauchunterseite befindet. Wenn die Vorräte verbraucht sind, kommen die Jungfische an die Oberfläche des Bachgrundes und ernähren sich von Kleintieren.

> Die Forelle ist ein Raubfisch.

Etwa 14 Tage alte Forellenlarven. Von Larven spricht man, wenn sich die Jugendform im Bau deutlich von der Altersform eines Lebewesens unterscheidet.

In den ersten Wochen leben die jungen Forellen von den Nährstoffen aus dem Dottersack.

Der Hecht im Karpfenteich

Ein Hecht lauert auf Beute.

Der Hecht. Ruhig im Wasser stehend lauert der *Hecht* auf Beute. Zwischen den Wasserpflanzen ist er fast nicht zu erkennen. Seine bräunlich grüne Farbe mit dunklen Streifen und Flecken *tarnt* ihn vorzüglich. Lang und schlank ist sein Körper. Rücken- und Afterflosse sind weit nach hinten verschoben.

Räuber und Beute. Auf der Suche nach Nahrung nähert sich der junge Karpfen dem dichten Wasserpflanzengestrüpp. Längst hat ihn der Hecht gesehen. Jetzt ist der Karpfen nahe genug. Der Hecht ist ein schneller Schwimmer. Mit kräftig ausholenden Schlägen der Schwanzflosse stößt er blitzschnell nach vorne und packt den Karpfen mit seinem großen Maul. *Nadelspitze Zähne* halten die Beute fest. Mit dem Kopf voran wird der Karpfen verschluckt. Neben Fischen und Fröschen in einem See erbeutet ein starker Hecht auch Tiere, die auf dem Wasser schwimmen. Wasservögel, Mäuse, selbst Ratten fallen ihm zum Opfer.

Fortpflanzung. Hechte *laichen* in den Frühjahrsmonaten in flachen *Uferzonen*. Zwischen 100 000 und 1 Million Eier werden von einem Weibchen abgelaicht. Schon nach wenigen Tagen schlüpfen die Jungtiere. Ehe sie im Wasser schweben können, müssen sie an die Oberfläche um ihre *Schwimmblase* mit Luft zu füllen.

Junge Hechte ernähren sich zunächst von kleinen Tieren. Aber schon wenn sie drei bis vier Zentimeter lang sind, machen sie Jagd auf Fische. Hechte sind *Raubfische*. Auch vor den eigenen Geschwistern machen sie nicht Halt. Von den zahlreichen Nachkommen bleiben deshalb nur wenige übrig.

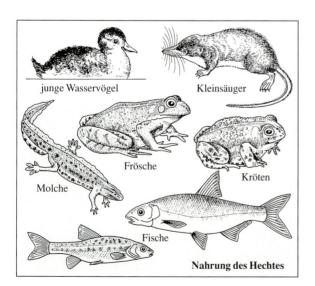

Nahrung des Hechtes

> Hechte leben in Flüssen und Seen.
> Sie sind Raubfische.

Der Flusskarpfen ist die Stammform der Zuchtkarpfen.

Der Karpfen. Unermüdlich durchpflügt der Karpfen den Boden des Sees. Sein vorstülpbares Maul hinterlässt tiefe Mulden in dem schlammigen Grund. Würmer, Schnecken, Krebse und Insektenlarven, aber auch Wasserpflanzen werden gefressen. Das Maul des Karpfens ist *zahnlos*. Karpfen sind *Friedfische* und *Allesfresser*.

Fortpflanzung. Karpfen *laichen* im Sommer. Sie bevorzugen dazu pflanzenbewachsene, *flache Gewässer*. Beim Laichspiel wird das Weibchen vom Männchen durch das Wasser getrieben. Schließlich setzt das Weibchen die Eier ab. Gleichzeitig stößt das Männchen eine Spermaflüssigkeit aus. Schon nach 5 Tagen schlüpfen die Jungen. Zunächst werden sie noch durch den Dottersack aus dem Ei versorgt. Zum Füllen der Schwimmblase müssen sie an die Wasseroberfläche. Der Flusskarpfen ist die Stammform aller Zuchtkarpfen. Er lebt in Flüssen, Seen und Teichen.

> Karpfen leben in Flüssen und Seen. Sie sind Friedfische.

1 Worin unterscheiden sich Raubfische und Friedfische?

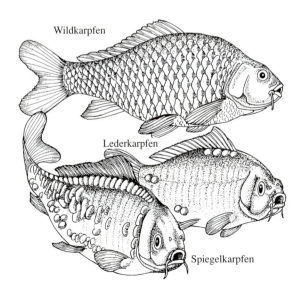

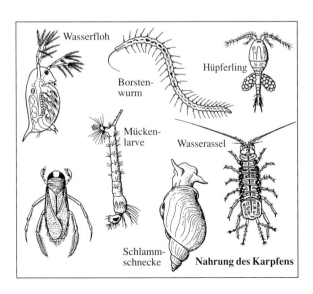

Der Hering – Wanderer im Meer ...

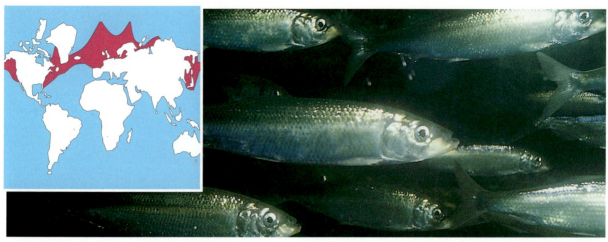

Der Hering und seine Verbreitungsgebiete

Lebensweise. Der Hering lebt in den kalten und gemäßigten Meeresteilen der nördlichen Erdhalbkugel. Nach seiner Verbreitung unterscheidet man zwei Arten, den *pazifischen Hering* und den *atlantischen Hering*, der auch die Nord- und Ostsee bevölkert. Die silbrig glänzenden Fische mit blaugrün gefärbtem Rücken können eine Länge von 30 bis 40 cm erreichen. Das Auftreten in Schwärmen, „im Heer" also, hat dem Hering seinen Namen gegeben. Nicht selten sind die Schwärme kilometerlang und mehrere hundert Meter breit. Im Schwarm leben bedeutet Sicherheit vor Feinden.

Heringe unternehmen ausgedehnte Wanderungen. Oft legen sie Tausende von Kilometern zurück, um Nahrung zu suchen und sich fortzupflanzen. Manche atlantischen Heringe schwimmen weit ins offene Meer bis zu den nördlichen Polargebieten. Dort finden sie ein reiches Nahrungsangebot. Heringe haben nur schwach ausgebildete Zähne und bevorzugen als Nahrung kleinste Lebewesen, wie Larven von Muscheln, Schnecken und Fischen, das *Zooplankton*. Sie schnappen gezielt nach den kleinen Beutetieren, denn sie haben ein gutes Sehvermögen.

Vermehrung. Alle Heringe kehren zum Laichen in flache Gewässer in der Nähe der Küste zurück. Jedes Weibchen produziert 20 000 bis 50 000 Eier, die bis zu 1,5 cm Durchmesser haben. Die befruchteten Eier sinken zu Boden, verklumpen dort zu Ballen und kleben an Steinen, Kies und Muschelschalen fest. Auf schlammigem Untergrund können sie nicht gedeihen. Nach 2 Wochen schlüpfen Larven. Wenn ihr Dottervorrat aufgezehrt ist, ernähren sie sich von mikroskopisch kleinem Plankton an der Meeresoberfläche. Mit einem Jahr und einer Länge von bis zu 6 cm wachsen ihnen Schuppen. Die 3- bis 4-jährigen Heringe verlassen die Küstengewässer und ziehen in Schwärmen auf Futtersuche ins offene Meer. In diesem Alter sind die Heringe auch geschlechtsreif, und zur Laichzeit wandern sie wieder in Küstennähe zurück. Da die Heringe bis zu 25 Jahre alt werden, können sie an Fress- und Laichwanderungen mehrfach teilnehmen.

Feinde. Die Eier des Herings werden in Massen von Schellfischen, Dorschen und Plattfischen gefressen und seine Larven von Quallen gefangen. Viele Raubfische verfolgen den Hering, so Kabeljau, Tunfische und Haie. Auch Säuger stellen ihnen nach: Delfine, Wale und Seehunde. Aus der Luft werden sie von Möwen, Lummen, Basstölpeln und anderen Vögeln bedroht. Der Hering ist ein begehrter Speisefisch, deshalb setzt ihm der Mensch mit Hilfe moderner Fangtechnik am meisten zu.

Die riesigen Schwärme leben unabhängig voneinander. In der Nordsee kommt der Hering in mehreren Rassen vor, die zu verschiedenen Zeiten an unterschiedlichen Plätzen laichen und Schwärme bilden. Deshalb kann er an den Küsten Norwegens und Dänemarks sowie rund um die Britischen Inseln das ganze Jahr über gefangen werden. Dabei nutzen die Fischer zwei Verhaltensweisen der Heringe. Sie neigen zur Schwarmbildung und steigen nachts in die obere Wasserschicht auf.

... einst massenhaft und billig – heute selten und teuer

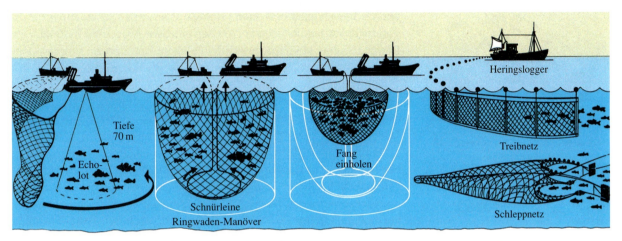

Große Schwärme werden mit Treibnetzen oder Kreisschließnetzen gefangen, kleine Schwärme mit Schleppnetzen.

Fangmethoden. Das Fangschiff unkreist einen Heringsschwarm, nachdem er mit *Echolot* aufgespürt worden ist. Dabei schleppt es ein 500 m langes und 50 bis 100 m tief ins Wasser reichendes *Kreisschliessnetz*, die *Ringwade*, hinter sich her. Der Anfang wird von einem anderen Boot festgehalten.
Der untere Rand des Netzes wird mit einer Schnürleine zusammengezogen. Es bildet sich ein großer Napf, in dem die Fische gefangen sind und an Bord gehievt werden. Auch *Schlepp-* und *Treibnetze* werden zum Fang eingesetzt. Das *Treibnetz* hängt wie ein Vorhang im Wasser. Kunststoffschwimmer halten es an der Oberfläche, Gewichte ziehen es straff. Die Fische verfangen sich mit ihren Köpfen oder Flossen im Netz, weil die Maschen gerade so groß sind, dass sie sich nicht mehr befreien können. In der Meeresfischerei setzt man heute *Fangflotten* ein.

Schiffe mit 20 bis 30 Mann Besatzung bleiben bis zu vier Wochen im Nordatlantik. Der Fang wird in Eis gelagert und als *Frischfisch* an Land gebracht. Moderne Fabrikschiffe mit rund 100 Mann Besatzung sind bis zu einem halben Jahr unterwegs. Hier werden die Fische gleich an Bord zu *Konserven* oder *tiefgekühlten Fischfilets* verarbeitet. Außer den Fangschiffen gehören dann noch *Transportschiffe* zur Fangflotte. Die modernen Fangmethoden ermöglichen es, mehr Fische wegzufangen, als in der gleichen Zeit nachwachsen können. Man spricht von *Überfischung*.

Der Fang wird an Bord gebracht.

Durch den Menschen ausgebeutet. Zu allen Zeiten schienen die Fischvorräte des Atlantiks und der Nordsee unerschöpflich zu sein. Durch die fortschreitende Modernisierung der Fischerei verdoppelte sich die Menge der gefangenen Heringe in der Nordsee allein von 1962 bis 1965 auf 1,2 Millionen t. Kaum noch einen Schwarm ließen sich die Fischer entgehen. Aber dann konnten die Fangmengen nicht mehr gesteigert werden, ja, sie gingen trotz höheren technischen Aufwandes sogar zurück. Der Hering – allzeit ein preiswertes Nahrungsmittel als „Matjes", „Bückling" oder „Rollmops" – wurde rarer und teurer. Was war geschehen? Offenbar ist der Hering in der Nordsee überfischt worden, das bedeutet, man hat mehr Tiere weggefangen, als aus befruchteten Eiern heranwachsen konnten. Da die Zahl der ausgewachsenen Heringe abnahm, versuchten Fischer ihre sinkenden Erträge durch den Fang von mehr Jungtieren auszugleichen, die noch nicht oder erst einmal gelaicht hatten – und ein Teufelskreis begann. Nur drastische Fangbeschränkungen der EG-Länder und an die Nordsee angrenzenden Länder in den Jahren 1977 bis 1980 haben das Schlimmste verhindert. Doch die Bestände der Nordsee sind weiterhin bedroht. Jährlich wird in erbittert geführten Verhandlungen neu festgesetzt, welche Heringsmengen jährlich gefangen werden dürfen; man nennt dies auch Festsetzung der *Fangquoten*.
Nicht nur durch Überfischung ist der Hering gefährdet. Auch Meeresverschmutzungen aller Art, vor allem in der Nord- und Ostsee, bedrohen ihn und seine Brut.

1 Sprecht in der Klasse darüber, was die Karikatur aussagen will.

2 Werte das Diagramm aus.

3 Beurteile den folgenden Vorfall von den verschiedenen Standpunkten der Beteiligten und von deinem eigenen Standpunkt her.

Fischer kippen Fang auf die Straße
Begleitet von Protesten wütender Fischer hat der EG-Ministerrat am Mittwoch in Brüssel die Verhandlungen über die neuen Fangquoten für die Hochseefischerei begonnen. Vor Beginn des Ministertreffens hatten französische Fischer rund 15 Tonnen Heringe und Sardinen vor den Eingang des Tagungsgebäudes geschüttet und ein Verkehrschaos erzeugt. Sie protestierten damit gegen die geplante Senkung der Fangquoten. Die EG-Kommission hatte vorgeschlagen die zulässigen Fangmengen – je nach Meeresgebiet – um bis zu 30 Prozent zu senken. Sie begründete dies mit dem starken Rückgang der Fischbestände.
dpa (Stuttgarter Zeitung, 20.12.1990)

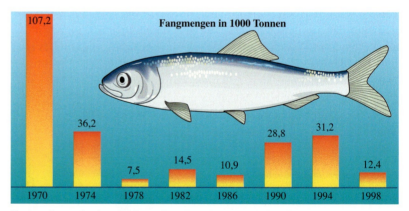

Heringsfänge der bundesdeutschen Fangflotte in der Nordsee

Der Hering lebt in den Meeren der nördlichen Erdhalbkugel; auch in der Nord- und Ostsee. Er ernährt sich von Plankton. Heringe bilden zeitweise große Schwärme und legen als Wanderfische beachtliche Strecken zurück. Für die menschliche Ernährung spielt der Hering seit alters her eine große Rolle. Durch Überfischung wurde der Heringsbestand stark zurückgedrängt.

Praktikum: Schwimmen und Tauchen

Versuch 1
Benötigt werden: 50 Gramm Plastilin, 50 Gramm Kerzenwachs, Fadengummi, Lineal, Schere, Gefäß mit Wasser.
Durchführung: Forme aus dem Plastilin eine Kugel. Knete ein Stückchen des Fadengummis so ein, dass die Kugel daran hängen bleibt. Schneide das freie Ende des Fadengummis auf eine Länge von 20 Zentimetern ab. Halte jetzt die Plastilinkugel so am Fadengummi, dass sie frei hängt, und miss die Länge des gespannten Gummis. Tauche die Kugel vollständig ins Wasser, wobei sie den Boden des Wassergefäßes nicht berühren darf. Wie verändert sich die Fadenlänge? Miss die Länge mit dem Lineal.
Führe denselben Versuch mit der Kugel aus Kerzenwachs durch. Was beobachtest du?

Versuch 2
Benötigt werden: Zusätzlich zu Versuch 1 ein Filzstift.
Durchführung: Markiere zunächst mit dem Stift den Wasserstand im Wassergefäß. Entferne den Fadengummi aus der Plastilinkugel und gib die Plastilinkugel ins Wassergefäß. Was geschieht mit ihr? Markiere wieder den Wasserstand. Nimm die Kugel aus dem Wasser und forme sie zu einem dünnwandigen Schiff um. Setze das Schiff vorsichtig auf die Wasseroberfläche. Was geschieht mit dem Schiff? Markiere den Wasserstand.
Ergänze:
Nimm das Schiff aus dem Wasser und ersetze es durch die Wachskugel. Wie ist jetzt der Wasserstand? Wovon hängt es ab, ob ein Körper im Wasser untergeht oder schwimmt?

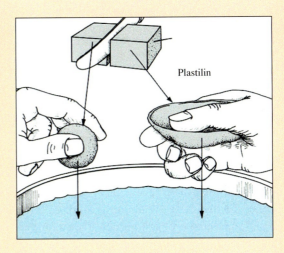

Versuch 3
Benötigt werden: aufziehbares Schwimmtier („Fisch" oder „Delfin" mit beweglicher Schwanzflosse).
Durchführung: Ziehe den Motor des Schwimmtieres auf und halte es dann so, dass die Schwanzflosse sich abwechselnd im Wasser und in der Luft hin und her bewegt. Was kannst du beobachten?
Wie ist der Unterschied in der Bewegungsgeschwindigkeit zu erklären? Vergleiche deine Beobachtungen mit deinen eigenen Erfahrungen beim Schwimmen im Wasser.

Der Grasfrosch ist ein Lurch

Die Entwicklung vom Ei zum Frosch

Anfang März. Die *Grasfrösche* kommen aus ihren Winterquartieren. Sie waren im Schlamm eines Weihers oder in Erdlöchern im Wald versteckt. Mit langen Sprüngen streben sie einem *Tümpel* zu. Bald herrscht am Wasser ein vielstimmiges Knurren. Das ist der Hochzeitsgesang der Grasfroschmännchen.
Ein Männchen klettert auf den Rücken eines Weibchens und lässt sich von ihm huckepack tragen. Hat das Weibchen seine *Eier ins Wasser abgelegt*, gießt das Männchen die Spermazellen darüber. Wenig später verlassen die Grasfrösche den Tümpel wieder. Den Sommer über leben sie *in feuchten Wäldern und Wiesen*.
Die schwarzen Eier sind von einer durchsichtigen Eiweißhülle umgeben. Sie haben *keine feste Schale*. Man bezeichnet sie als *Laich*.

Ende März. Etwa 3 Wochen nach der Eiablage schlüpfen die Jungtiere. Während der ersten Tage hängen sie fast unbeweglich an den Eiweißhüllen. Sie haben keine Ähnlichkeit mit einem Frosch. Es sind *Larven*. Bei den Fröschen und Kröten nennt man die Larven auch *Kaulquappen*. Anfangs sehen die Kaulquappen eher wie kleine Fische aus. Sie haben einen *Schwanz mit Flossensaum*. Er dient zum Schwimmen. Arme und Beine fehlen noch. Auf jeder Kopfseite hängen hinter den Augen bäumchenartige Gebilde, die *Kiemen*. Mit ihnen atmen die Kaulquappen ähnlich wie Fische. Außerdem können sie aber auch *Sauerstoff durch die Haut aufnehmen*.

Grasfrösche bei der Eiablage

Ein Laichballen enthält bis zu 3000 Eier.

Junge Kaulquappen mit äußeren Kiemen

Achtung!
Alle Frösche sind geschützt. Deshalb Froschlaich nicht sammeln!
Lasst euch von eurem Lehrer die gesetzlichen Bestimmungen der Landesregierung besorgen.

Herbst

Winter — Weiher

Kaulquappe mit Hinterbeinen und inneren Kiemen

Ältere Kaulquappe mit Hinter- und Vorderbeinen

Der fertig entwickelte Jungfrosch geht an Land.

Um die Mundöffnung herum stehen winzige *Hornzähnchen*. Damit raspeln die Kaulquappen Algen und Teile von abgestorbenen Wasserpflanzen ab. Rasch wachsen sie heran. Ihre Gestalt verändert sich. Über die außen anhängenden Kiemen ist eine *Hautfalte* gewachsen. Die *äußeren Kiemen* sind dadurch zu *inneren Kiemen* geworden. Die *Hinterbeine* bilden sich. Wenig später entwickeln sich auch die *Vorderbeine*.

Anfang Mai. Die Kaulquappen sehen jetzt schon beinahe wie richtige Frösche aus. Die *Lungen* bilden sich. Eine Zeit lang atmen die Kaulquappen mit Kiemen und Lungen zugleich. In den letzten Tagen des Wasserlebens bilden sich die Kiemen und auch der Schwanz zurück.

Ende Mai. Die *Jungfrösche* verlassen den Tümpel und suchen feuchte Wiesen und Wälder auf. Sie sind *keine Pflanzenfresser mehr*, sondern jagen *Insekten und Nacktschnecken*.

Oktober. Es wird allmählich kälter. Die Jungfrösche beziehen jetzt ein *frostsicheres Winterquartier*.

$2\frac{1}{2}$ **Jahre später.** Die Grasfrösche sind erwachsen. Doch nur wenige haben die ersten Lebensjahre überstanden. Im März kehren sie zur Fortpflanzung zu dem Tümpel zurück, in dem sie als Kaulquappen lebten.

1 Im Laufe seiner Entwicklung verwandelt sich das Wassertier Kaulquappe in das Landtier Grasfrosch. Übertrage die Tabelle unten in dein Heft und fülle sie aus. Lies dazu auch die nächste Seite.

	Kaulquappe	Frosch
Lebensraum		
Körperform		
Atmung		
Fortbewegung		
Nahrung		

Grasfrosch in seinem Lebensraum

Die langen Hinterbeine schnellen den Frosch vorwärts.

Der Grasfrosch

Körperbau und Bewegung. An seinem breiten Kopf fallen die *vorstehenden Augen* besonders auf. Sie ermöglichen einen weiten Rundumblick. Hinter den Augen sieht man die *Ohröffnungen*. Mit seinen *langen, kräftigen Hinterbeinen* bewegt sich der Grasfrosch hüpfend und springend fort. Die *kurzen Vorderbeine* dienen dabei nur als Stütze. Sie haben 4 Zehen. Die 5 Zehen der Hinterbeine sind durch *Schwimmhäute* miteinander verbunden.

Ernährung. Sein gutes Sprungvermögen nützt dem Grasfrosch beim *Beutefang*. Mit den Augen verfolgt er den Flug eines *Insekts*. Ist es nahe genug heran gekommen, *springt* er nach ihm. Die *lange Zunge* schnellt heraus. Das Insekt bleibt an ihr *kleben*. Die Zunge wird eingeklappt und die Beute unzerkleinert verschlungen.

Haut und Atmung. Die *Haut* des Grasfroschs fühlt sich *feucht* und *schleimig* an. Sie ist sehr *dünn* und *von feinen Blutgefäßen durchzogen*. Durch die Haut nimmt der Grasfrosch Sauerstoff auf. Diese *Hautatmung* funktioniert aber nur, solange die Haut feucht ist. Darum muss der Frosch feuchte Stellen aufsuchen, wenn er das Wasser verlässt. Der Grasfrosch ist ein *Feuchtlufttier*.

Die *Lungenatmung* ist für den Grasfrosch bei weitem nicht so wichtig wie für uns. In seinem Winterversteck im Schlamm oder in Erdhöhlen atmet er sogar nur über die Haut.

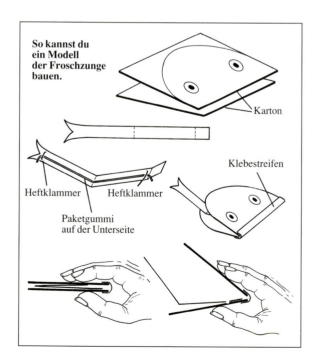

Der Grasfrosch gehört zu den Lurchen. Er ist wechselwarm und hat eine feuchte, schleimige Haut. Sie dient auch zum Atmen.
Der Grasfrosch legt seine Eier ins Wasser ab. Aus den Eiern schlüpfen Larven. Nach etwa 2 Monaten wandeln sich die wasserlebenden Larven in Land bewohnende Frösche um.

Der Feuersalamander ist ein Lurch

Der Feuersalamander trägt ein auffälliges Warnkleid.

Salamanderweibchen mit den eben geborenen Larven

Lebensraum. Der *Feuersalamander* bewohnt *schattige, feuchte Wälder* im Berg- und Hügelland. Tagsüber trifft man ihn eigentlich nur bei Regen an. Sonst verlässt er erst in der Dämmerung sein Versteck unter Steinen, zwischen Wurzeln oder in moderndem Laub.

Körpertemperatur. Dort, wo der Feuersalamander lebt, ist es meist recht *kühl*. Die *Körpertemperatur* des wechselwarmen Tieres ist daher *niedrig*. So kann der Feuersalamander sich nur langsam bewegen. Zum Jagen seiner Lieblingsbeute, nämlich Nacktschnecken und Regenwürmern, reicht es dennoch.

Körperbau. Der Feuersalamander hat einen plumpen Leib, einen breiten Kopf und einen fast körperlangen Schwanz. Er gehört zu den *Schwanzlurchen*. Der schwanzlose *Grasfrosch* zählt dagegen zu den *Froschlurchen*. Der Feuersalamander hat kaum Feinde, denn er besitzt *Giftdrüsen* hinter dem Auge zu beiden Seiten längs des Rückens. Packt ein kleines Raubtier wie der Iltis einen Feuersalamander, so verspürt es ein Brennen im Maul. In Zukunft wird es das gelbschwarze Tier meiden. Die auffällige Färbung ist ein *Warnkleid*. Kleine Tiere können an dem Gift des Salamanders sterben. Für Menschen ist es nicht gefährlich.

Fortpflanzung. Im Frühsommer *paaren sich* die Feuersalamander *an Land*. Anders als beim Grasfrosch werden die *Eier im Mutterleib befruchtet* und entwickeln sich hier weiter. In jedem Ei wächst eine Salamanderlarve heran. Erst im nächsten Frühjahr setzt das Weibchen die Eier in einem flachen, sauberen Waldbach ab. Die *Larven* sind schon so weit entwickelt, dass die *Eihüllen während der Geburt zerreißen*. Meist sind es 20 bis 50 Jungtiere. Die 2,5 Zentimeter langen Larven haben 4 Beine, einen *Ruderschwanz* und *außen anhängende Kiemen*. In rund vier Monaten entwickeln sie sich zum fertigen Salamander. Sie klettern an Land und atmen nun durch die Haut und die Lungen.

> Der Feuersalamander ist ein Schwanzlurch. Seine Eier entwickeln sich im Mutterleib zu Larven.

Der Feuersalamander lebt in der Nähe von Bächen.

Einheimische Lurche

Schwanzlurche haben einen lang gestreckten Körper mit langem Schwanz. An Land bewegen sie sich kriechend fort. Vorder- und Hinterbeine sind gleich lang. Die Larven fressen tierische Nahrung. Die äußeren Kiemen bleiben bis zum Ende des Larvenlebens erhalten.

Alpensalamander
Länge bis 16 Zentimeter. Kommt oft weit entfernt vom Wasser vor. Versteckt sich tagsüber und bei Trockenheit unter Steinen und Moos. Paart sich im Juli an Land. Die Larven entwickeln sich im Mutterleib zu fertigen Salamandern. Lebensraum: Gebirge.

Teichmolch
Länge bis 11 Zentimeter. Lebt nur während der Laichzeit im Wasser, sonst in Gewässernähe. Versteckt sich tagsüber unter Steinhaufen, Laub und Wurzelwerk. Laichzeit: April bis Mai. Das Weibchen legt seine 200 bis 300 Eier einzeln an Wasserpflanzen ab. Lebensraum: Wälder, Gärten, Parks.

Bergmolch
Länge bis 11 Zentimeter. Nur zur Laichzeit im Wasser. Hält sich sonst tagsüber versteckt. Laichzeit: März bis Mai. Das Weibchen legt seine Eier einzeln an Wasserpflanzen ab. Lebensraum: Laubwälder, kommt bis in 2500 Meter Höhe vor. Laichgewässer sind Tümpel, Teiche, wassergefüllte Wagenspuren.

Kammmolch
Länge bis 18 Zentimeter. Hält sich an Land tagsüber versteckt, geht oft auch außerhalb der Laichzeit ins Wasser. Laichzeit: Ende Februar bis Mitte Mai. Das Weibchen legt seine 100 bis 250 Eier einzeln an Wasserpflanzen ab. Lebensraum: pflanzenreiche Tümpel im Flachland.

Froschlurche haben einen gedrungenen, breiten Körper ohne Schwanz. Ihre Hinterbeine sind als lange, kräftige Sprungbeine ausgebildet, die Vorderbeine dienen nur als Stütze. Männchen besitzen Schallblasen. Die Larven sind Pflanzenfresser. Sie atmen nur anfangs mit äußeren Kiemen.

Grasfrosch
Länge bis 10 Zentimeter. Zur Laichzeit im Wasser. Überwintert im Schlamm der Gewässer oder an Land. Laichzeit: Anfang Februar bis März. Die Laichballen enthalten bis zu 3500 Eier und schwimmen an der Wasseroberfläche. Lebensraum: Wälder, Lichtungen, Waldränder, Heide, seltene Moore, Flach- und Bergland bis 2500 Meter Höhe.

Laubfrosch
Länge bis 5 Zentimeter. Lebt auf Büschen und Bäumen. Vorwiegend Nachttier. Laichzeit: April bis Mai. Paarung im Wasser. Die 150 bis 300 Eier werden in kleinen Klumpen abgelegt. Lebensraum: Waldränder und buschreiches Gelände im Flach- und Hügelland. Der Laubfrosch ist bei uns selten geworden.

Erdkröte
Länge bis 13 Zentimeter. Nur zur Laichzeit im Wasser. Dämmerungs- und Nachttier. Laichzeit: März bis April. Macht oft weite Laichwanderungen. Das Weibchen legt seine bis zu 6000 Eier in langen Laichschnüren an Wasserpflanzen ab. Lebensraum: Laubwald, Weinberge, Parks und Hecken.

Gelbbauchunke
Länge bis 5 Zentimeter. Lebt überwiegend im seichten Wasser. Laichzeit: Mai bis Juni. Das Weibchen legt seine etwa 100 Eier einzeln an Wasserpflanzen ab. Lebensraum: flache Tümpel, wassergefüllte Wagenspuren, vor allem im Bergland. Die Gelbbauchunke ist bei uns selten geworden.

Rettet die Lurche!

Ein solcher Teich ist Laichgewässer für viele Lurche.

Hier wurde ein Teich achtlos zerstört.

Unsere Lurche sind bedroht. Frösche, Kröten, Unken und Molche sind *selten* geworden. Selbst den früher so häufigen Grasfrosch findet man heute kaum noch. Woran liegt das?

Lurche brauchen *Tümpel*, *Teiche*, *feuchte Wiesen* und *Wälder*, *Seen* und *klare Bäche*. Solche Lebensräume gibt es bei uns immer weniger. Oft werden kleine Laichgewässer achtlos zugeschüttet. Die gesamte Lurchbevölkerung der Umgebung geht dann zugrunde. Wo man feuchte Wiesen entwässert, kommen die feuchtigkeitsliebenden Lurche nicht mehr vor. Den Schaden haben auch die Störche, Reiher, Ringelnattern und alle anderen Tiere, die von Lurchen und ihren Larven leben.

Was kannst du tun? Ob ein Tümpel zugeschüttet wird oder nicht, kannst du selbst kaum beeinflussen. Du könntest aber *versuchen die dort lebenden Lurche zu retten*. Das schaffst du nicht allein. Sprich in der Klasse darüber. Vielleicht gibt es auch eine *Naturschutzjugendgruppe* an deinem Wohnort. Es genügt nicht, die Tiere herauszufangen und sie in einem Eimer zu einem anderen Gewässer zu bringen. Eine solche *Umsetzungsaktion* muss genau geplant werden:
- Bei *wandernden Arten*, wie Grasfrosch und Erdkröte, eignen sich *nur Laich und Kaulquappen* zur Umsetzung. Ausgewachsene Tiere lernen den Weg zum neuen Laichgewässer nicht mehr.
- Die *Naturschutzbehörde* muss den Fang und die Umsiedlung der Lurche *genehmigen*. Sie gibt auch weitere wichtige Hinweise.

> Lurche brauchen Gewässer, feuchte Wiesen und Wälder. Sie können nur überleben, wenn ihre Lebensräume erhalten bleiben.

1 In einer Wohnsiedlung setzt Herr Maier Froschlaich in einem Gartenteich vor seinem Haus aus. Er glaubt, er habe damit etwas zur Rettung der Lurche getan. Im nächsten Jahr hat er wahrscheinlich keine Frösche im Garten. Woran hätte Herr Maier denken müssen?

Was tun für Lurche auf Wanderschaft?

Erdkröten auf der Wanderung zum Laichgewässer

Kröten leben gefährlich

Erdkröten wandern zwischen ihrem Laichgewässer und den bis zu 3 Kilometer entfernten Sommerquartieren. Sie suchen ihr Laichwasser auch dann auf, wenn inzwischen eine breite Straße quer zu ihrem Wanderweg gebaut wurde. Auf der Straße lauert für viele der Tod. Je dichter der Verkehr, desto mehr Erdkröten werden überfahren.

Bau eines Fangzaunes

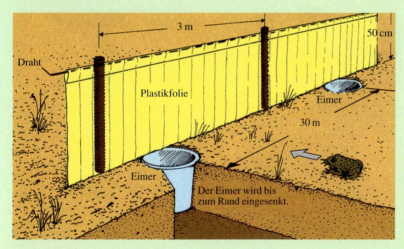

Hilfe für wandernde Lurche

Auf keinen Fall darfst du *Rettungsversuche auf der Straße vornehmen!* Du gefährdest dich selbst und die Autofahrer. Helfen kann man den Lurchen nur, wenn man sie am Betreten verkehrsreicher Straßen hindert. Gut bewährt haben sich dafür *Fangzäune aus Plastikfolie*. In einer Biologiearbeitsgemeinschaft könnt ihr solche Fangzäune aufstellen. Überlegt und plant auch hier sorgfältig:
– Zu welcher Jahreszeit ist die Aktion nur nötig?
 Wann die Lurche im Frühjahr zu wandern beginnen, hängt vom *Wetter* ab. Massenwanderungen treten nur bei Regenwetter nach der Dämmerung auf. Es muss dabei abends mindestens 5 °C warm sein.
– Auf welchen Straßenabschnitten finden Kröten- und Froschwanderungen statt?
 Dort, wo die Straße *zwischen Laichgewässer und Wald* verläuft, ist mit Wanderungen zu rechnen.

Die Plastikfolie wird an Pfosten befestigt. Unten beschwert ihr sie mit Steinen und Erde. Die Lurche müssen aber trotzdem zur Fortpflanzung ans Wasser kommen können. Deshalb wird unmittelbar vor dem Sperrzaun alle 30 Meter ein Eimer eingegraben. Seine Öffnung darf nicht höher liegen als der Erdboden. Auf der Suche nach einem Durchschlupf fallen die Lurche in den Eimer. Am anderen Morgen könnt ihr sie darin leicht auf die andere Straßenseite tragen. Ihr müsst auch daran denken, dass die Tiere nach dem Laichen vom Teich zurückwandern. Deshalb ist noch ein *zweiter Fangzaun auf der gegenüberliegenden Straßenseite* erforderlich. Nur so können die Lurche auch gefahrlos wieder in ihre Sommerquartiere im Wald gelangen.

Damit die Aktion Erfolg hat, müssen die Eimer unbedingt regelmäßig und möglichst früh am Morgen geleert werden.

Umwelt aktuell: Unsere Lurche sind bedroht

Lurche sind auf feuchte Lebensräume wie Tümpel, Teiche und Moore angewiesen. Wo die Feuchtgebiete zerstört werden, können sie nicht mehr leben. Viele Lurcharten sind deshalb bei uns gefährdet oder gar vom Aussterben bedroht. Sie brauchen unseren Schutz.

Diese Lurcharten stehen in der Roten Liste.

Einteilungen der Roten Liste
- gefährdet
- stark gefährdet
- vom Aussterben bedroht
- ausgestorben oder verschollen

Helfen kannst du auch durch Verzicht. Besorge dir keinen Froschlaich! Fange und halte keine Kaulquappen und Molche! Es ist zudem bei uns verboten.

Kaufe keine Laubfrösche! Sie kommen oft aus Süd- und Osteuropa in den Tierhandel. Doch auch dort sind sie gefährdet.
Laichtümpel für Lurche bei der Schule oder im Garten anzulegen ist eine feine Sache. Setze aber keine Lurche ein! Warte, bis sie von selbst kommen. Wenn die Ufer flach sind und es in der Umgebung dichten Pflanzenwuchs gibt, sind die Bedingungen günstig.

Praktikum: Wir helfen den Lurchen

Wer schützen und helfen will, muss die Schützlinge kennen. Die beste Zeit zum Kennenlernen der Lurche ist das Frühjahr. Während der Laichzeit sind sie weniger scheu.

Erkundige dich, welche Naturschutzvereine sich an deinem Heimatort um den Schutz der Lurche bemühen. Sie sagen dir, wo du mithelfen kannst.

1 Klammerverhalten bei Erdkröten
Vergleicht die Innenseite der Finger von Männchen und Weibchen miteinander.
- Welchen Unterschied stellt ihr fest?
- Welchen Vorteil haben dadurch die klammernden Männchen?

Halte ein Weibchen und ein Männchen vorsichtig etwa 30 Sekunden lang hinter den Achseln fest.
- Wie reagieren die Tiere?
- Suche nach einer Erklärung.

2 Anlegen eines Laichgewässers für Lurche
Eine wirksame Hilfe für Lurche ist das Neuanlegen eines Laichgewässers. Besonders rasch wird es besiedelt, wenn der Standort in der Nähe vorhandener Gewässer liegt. Soll es nicht im Garten entstehen, muss man sich zuerst um die nötige Erlaubnis kümmern (Schulgelände: Direktor; Wald: Forstamt). Außerdem braucht man Teichfolie in ausreichender Größe. Deshalb sollte man vorher einen Plan zeichnen, wie groß und tief der Teich werden soll. Wichtig ist, dass die Ufer flach abfallen und kleine Buchten aufweisen. Ist die Teichgrube nach Plan ausgehoben, legt man die Folie ein. Auf die Folie kommt eine 10 cm dicke Schicht Sand und Kies. Nie Gartenerde verwenden! Setze weder Pflanzen noch Tiere ein, sondern lass das Gewässer sich selbst entwickeln.

3 Was machen die Kinder hier falsch?

Kriechtiere

Die Zauneidechse ist ein Kriechtier

Lebensraum. Die *Zauneidechse* liebt Wärme. Ihre bevorzugten Lebensräume sind *sonnenbeschienene Hänge, Gärten* und *Waldränder*. Oft siehst du die Zauneidechse erst, wenn sie flink von dem Stein huscht, auf dem sie gerade noch ihr Sonnenbad genommen hat.

Körpertemperatur. Eine besonnte Eidechse hat einen warmen Körper. Sie ist besonders flink. Bei kühler Witterung sinkt ihre Körpertemperatur. Ihre Bewegungen werden langsam und schwerfällig. Dann zieht sich die Zauneidechse in einen Schlupfwinkel zurück. Den Winter verbringt sie kalt und starr in einem frostsicheren Erdloch oder Felsspalt.

Die *Körpertemperatur* der Eidechse *sinkt und steigt mit der Temperatur der Umgebung*, die Zauneidechse ist *wechselwarm*.

Bewegung. Bei der Zauneidechse sitzen die Beine *seitlich am Körper*. Der Bauch schleift beim Laufen über den Boden. Wenn die Zauneidechse langsam *kriecht*, kannst du ihre Bewegungsweise beobachten: Gleichzeitig setzt sie das *rechte Vorderbein und das linke Hinterbein* nach vorn. Ihr Rumpf biegt sich dabei *nach links* durch. Jetzt folgen *linkes Vorderbein und rechtes Hinterbein*. Der Rumpf krümmt sich *nach rechts*. Beim Vorwärtskriechen schlängelt ihr ganzer Körper hin und her. *Die Zauneidechse kriecht schlängelnd.*

So kriecht die Zauneidechse

Das Schuppenkleid. Auf dem Foto links siehst du, dass der ganze Körper der Eidechse mit *Schuppen* bedeckt ist. Sie bestehen aus *Horn*. Das Hornkleid schützt die Eidechse vor dem Austrocknen. Beim Größerwerden des Tieres wächst das Hornkleid nicht mit. Es wird schließlich rissig und platzt. Die Zauneidechse reibt sich an Steinen und Ästen um die alte Haut in Fetzen abzustreifen. Diesen Vorgang nennt man *Häutung*. Schon vorher hat sich unter dem alten Hornkleid das neue gebildet.

Fortpflanzung. Das Zauneidechsenmännchen ist im Frühjahr an der Seite grün gefärbt. Jetzt unterscheidet es sich von dem graubraun gefärbten Weibchen. Während der Paarungszeit im Mai kämpfen die Männchen miteinander. Erst versuchen sie sich gegenseitig einzuschüchtern, indem sie sich auf den Hinterbeinen hoch aufrichten. Wenn das nichts hilft, beißen die Tiere einander in den Hinterkopf. Dabei verletzen sie sich aber nicht ernsthaft. Schließlich flieht der Verlierer.

Nach der Paarung legt das Weibchen im Juni etwa 5 bis 14 bohnengroße *Eier*. Es vergräbt die Eier in der Erde und überlässt sie dann sich selbst. Die Eier haben eine derbe Haut. Sie werden *von der Sonnenwärme ausgebrütet*. Nach etwa 8 Wochen schlüpfen die jungen Zauneidechsen. Sie sind nur so lang wie ein Streichholz, gleichen aber sonst ganz ihren Eltern. Sie gehen sogleich *selbstständig* auf Nahrungssuche.

Zauneidechsenweibchen bei der Häutung

Junge Zauneidechsen schlüpfen aus dem Ei.

Die Zauneidechse gehört zu den Kriechtieren. Wie alle Kriechtiere ist sie wechselwarm und trägt ein Schuppenkleid aus Horn. Sie legt Eier, die von der Sonne ausgebrütet werden. Die Jungen gleichen den erwachsenen Tieren.

1 Zeichne die Umrisse des Eidechsenmodells auf Zeichenkarton. Schneide die Teile aus und hefte sie zusammen. Führe auf dem Tisch vor, wie die Eidechse kriecht. Setze dazu die Beine mithilfe der Stecknadeln in der richtigen Reihenfolge vor.

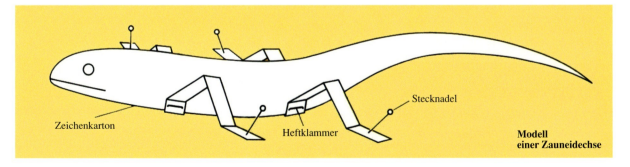
Modell einer Zauneidechse

Jägerin und Gejagte

Ernährung. Die Zauneidechse jagt *Insekten*, *Spinnen* und *Schnecken*. Sie hört gut, obwohl sie keine Ohrmuscheln besitzt. Ihre Beute findet sie aber vor allem mit den Augen. Hat die Eidechse ein Beutetier erspäht, streckt sie ihre gegabelte Zunge heraus. Sie *züngelt*. Dabei bringt sie Geruchsstoffe des Beutetieres aus der Luft an ein *Riechorgan im Mund*. Auch die Nase dient zum Riechen. Mit ihrem *Fanggebiss* aus spitzen, gleichartig gebauten Zähnen packt die Zauneidechse die Beute und schluckt sie unzerkaut hinunter.

Feinde. Oft bleibt die Zauneidechse ihren Feinden durch ihre *Tarnfarbe* verborgen. Krähen und Greifvögel haben es auf sie ebenso abgesehen wie Hühner, Wiesel und Katzen. Hat ein Angreifer die Zauneidechse am Schwanz gepackt, *wirft sie den Schwanz ab*. Das abgeworfene Stück zuckt und windet sich heftig. Der Angreifer wird dadurch abgelenkt, die Eidechse kann entkommen. Das fehlende Schwanzstück *wächst wieder nach*. Der Ersatzschwanz ist aber kürzer.

Die Zauneidechse steht unter *Naturschutz*. Trotzdem droht ihr auch von Menschen Gefahr: Wird trockenes Gras an Böschungen und Feldrändern abgebrannt, sterben die Eidechsen in den Flammen.

Eine Zauneidechse hat eine Insektenlarve erbeutet.

Zauneidechse mit nachgewachsenem Ersatzschwanz

Die Blindschleiche

Trotz des schlangenähnlichen Aussehens ist die Blindschleiche eine Eidechse. Zwar hat sie keine Beine, aber in ihrem Körper liegen noch kleine Knochen an den Stellen, wo bei anderen Eidechsen Schulter- und Beckengürtel sitzen.

Die Blindschleiche ist nicht blind. Ihre in der Sonne „blendend" glänzende Haut gab ihr den Namen. Die harmlose Blindschleiche ist viel steifer als die beweglicheren Schlangen. Sie jagt daher langsame Beute wie Nacktschnecken und Würmer.

Blindschleichen leben sehr versteckt. Am Tag sind sie selten zu sehen.

Die Ringelnatter ist ein Kriechtier

Eine Ringelnatter sucht das Wasser auf.

Eine einheimische Schlange

Lebensraum. Wenn du beim Baden in einem Weiher plötzlich neben dir den Kopf einer *Schlange* entdeckst, brauchst du keine Angst zu haben. Es ist eine *Ringelnatter*. Sie ist *ungiftig* und *niemals angriffslustig*. An den beiden hellgelben, halbmondförmigen Flecken hinter dem Kopf erkennst du sie leicht.

Die Ringelnatter ist eine *wasserliebende Schlange*. Man trifft sie an Bächen, Seen und alten Flussarmen an. Aber auch in Wäldern und auf feuchten Wiesen ist sie zu Hause.

Schuppenkleid. Der Körper der Ringelnatter ist wie der der Zauneidechse mit *Schuppen aus Horn* bedeckt.

Bald nachdem das *wechselwarme Tier* im Frühjahr sein Winterquartier verlassen hat, *häutet* es sich. Dazu kriecht es durch dichtes Gestrüpp. Oft löst sich das alte Hornkleid in einem Stück ab und bleibt als *Natternhemd* im Gras oder an Sträuchern hängen.

Fortbewegung ohne Beine. Die Ringelnatter hat wie alle Schlangen *keine Beine*. Trotzdem kann sie sich am Boden erstaunlich schnell vorwärts bewegen. Im Wasser schwimmt sie behände mit schlängelnden Bewegungen. Sogar auf Bäume vermag die Ringelnatter zu klettern!

In einer *Wellenbewegung* gleitet die Ringelnatter vorwärts. Das ist nur möglich, weil die einzelnen *Wirbel* der Wirbelsäule durch *Kugelgelenke* gegeneinander beweglich sind. Ziehen sich die Muskeln in einem Körperabschnitt *der linken Seite* zusammen, krümmt sich hier der Körper *nach links*. Dort, wo sie sich *rechts* zusammenziehen, krümmt er sich *nach rechts*. Abwechselnd werden die Muskeln rechts und links zusammengezogen und wieder entspannt. Jede der Körperwindungen *drückt sie von Steinen oder anderen Bodenunebenheiten weg*. So kommt die Vorwärtsbewegung zustande. Auf einer völlig glatten Oberfläche, beispielsweise einer Glasplatte, vermag die Ringelnatter nicht zu kriechen.

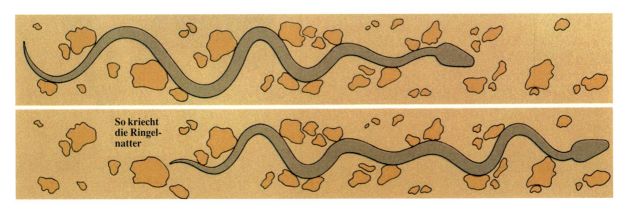

So kriecht die Ringelnatter

Der harmlose Froschjäger
Ernährung. Die Ringelnatter ernährt sich von *Fröschen* und *Kröten*. Manchmal wird behauptet, dass sie die Beute durch ihren Blick lähmt. Das stimmt aber nicht. Ihr Blick wirkt nur deshalb so starr, weil sie *keine beweglichen Augenlider* hat. Ihre Augenlider sind miteinander zu durchsichtigen Häuten verwachsen. Die Ringelnatter sieht nicht besonders gut. Sie bemerkt ein Beutetier erst, wenn es sich bewegt. Ihr *Geruchssinn* ist viel besser ausgebildet. Durch einen Spalt im Oberkiefer kann sie die Zunge auch bei geschlossenem Maul herausstrecken. Das *Züngeln* dient wie bei den Eidechsen dem Riechen und auch dem Tasten.

Hat die Ringelnatter einen Frosch entdeckt, verfolgt sie ihn. Sobald er nicht mehr fliehen kann, stößt sie zu. Aus ihrem *Fanggebiss* gibt es kein Entrinnen. Lebend und unzerkaut wird die Beute hinuntergewürgt, auch wenn sie dreimal so dick wie der Schlangenkopf ist. Maul und Schlund dehnen sich dabei stark. Das ist durch den besonderen Bau des Schlangenschädels möglich. Die beiden *Unterkieferknochen* sind nicht miteinander verwachsen, sondern *durch ein dehnbares Band verbunden*. Der scharfe Magensaft löst Fleisch und Knochen des Frosches bald auf.

Feinde. Die Ringelnatter hat zahlreiche Feinde. Dazu gehören Mäusebussard, Igel, Storch und Graureiher. Manchmal kann sie ihnen entkommen, indem sie sich *tot stellt* und in einem unbewachten Augenblick flieht.

Wie *alle einheimischen Schlangen* steht die Ringelnatter unter *Naturschutz*.

Ringelnatter

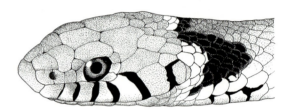
Die Pupille der Ringelnatter ist rund.

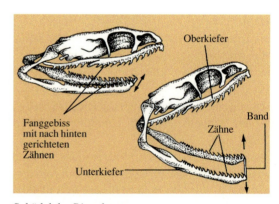
Schädel der Ringelnatter

Die Ringelnatter legt 20 bis 30 Eier.

1 Vergleiche die Ringelnatter mit der Kreuzotter. Lege dazu eine Tabelle in deinem Heft an, in die du die Unterschiede und Gemeinsamkeiten der beiden Tiere einträgst. So könntest du die Tabelle beginnen:

	Ringelnatter	Kreuzotter
Kennzeichen		
Lebensraum		

2 Eine einheimische Schlange zu töten ist töricht und außerdem strafbar. Begründe, warum man sich vor Schlangen nicht zu fürchten braucht. Lies dazu auch die nächste Seite.

Kreuzotter

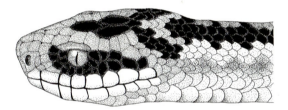
Die Pupille der Kreuzotter ist schlitzförmig.

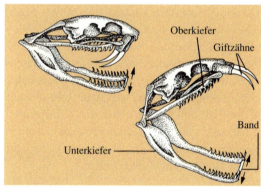
Schädel der Kreuzotter

Die Kreuzotter bringt 8 bis 15 Junge zur Welt.

Die Kreuzotter ist ein Kriechtier

Kennzeichen. Die *Kreuzotter* hat auf dem Rücken ein *dunkles Zickzackband* und auf dem Kopf ein *X- oder Y-förmiges Zeichen*. Ihr Körper ist rötlich, grau oder schwarz gefärbt. Selten wird die Kreuzotter länger als 60 Zentimeter.

Lebensraum. Wie alle Kriechtiere ist die Kreuzotter *wechselwarm* und liebt die Wärme. Ihre bevorzugten Lebensräume sind *Heidelandschaften, sonnige Hänge* und *Moore*.

Ernährung. Die Kreuzotter ist eine *Giftschlange*. Ihr Oberkiefer trägt zwei spitze, hohle *Giftzähne*. Bei geschlossenem Maul liegen sie wie ein Taschenmesser eingeklappt in einer Hautfalte des Gaumens. Wenn die Schlange das Maul öffnet, richten sie sich auf.

Die Kreuzotter frisst hauptsächlich *Mäuse*. Sie *jagt ihre Beute nicht wie die Ringelnatter, sondern lauert ihr auf*. Kommt eine Maus in die Nähe, verfolgt die Kreuzotter das Tier mit den Augen. Sie bleibt ruhig, bis die Maus nahe genug heran ist. Blitzschnell stößt sie mit offenem Maul zu. Die Giftzähne schlagen sich in das Opfer. Sofort lässt die Schlange wieder los. Die Maus läuft noch einige Meter davon, bis das Schlangengift sie tötet. *Züngelnd* folgt die Kreuzotter der Geruchsspur der Maus. Dann wird die Beute mit dem Kopf voran verschlungen.

Schutz vor Schlangenbissen. Die Kreuzotter *greift den Menschen niemals an*. Sie spürt die Erschütterung des Bodens durch unsere Schritte und flieht, bevor wir uns genähert haben. Nur ein überraschtes Tier beißt zu.

Der Biss ist selten tödlich. Trotzdem muss man *sofort einen Arzt aufsuchen*. Wer bei Wanderungen durch Moor und Heide stets hohe, feste Schuhe trägt, hat von der Kreuzotter nichts zu befürchten.

Fortpflanzung. Im Mai paaren sich die Kreuzottern. Das Weibchen bringt im August *8 bis 15 lebende Junge zur Welt*. Sie schlüpfen vor oder während der Eiablage aus den Eiern.

Ringelnatter und Kreuzotter sind einheimische Schlangen. Die Kreuzotter ist eine Giftschlange, die Ringelnatter ist ungiftig. Schlangen gehören zu den Kriechtieren.

Kriechtiere sind an das Landleben angepasst

Kriechtiere lieben es warm und steinig.

Krokodile leben in heißen Klimazonen.

Verbreitung. Fast alle Kriechtiere sind *Landbewohner*. Schon ihre Verbreitung auf der Erde weist darauf hin, wie sehr sie an das Landleben angepasst sind. Ihre Hauptlebensräume sind die *trockenen, warmen Zonen der Erde*. Die meisten Kriechtiere leben in den *Tropen*. Manche Gruppen, wie die *Krokodile*, findet man nur dort. Je weiter man sich von den warmen Erdzonen entfernt, umso geringer wird ihre Anzahl. Von den 90 europäischen Kriechtierarten leben die meisten in den Ländern am Mittelmeer. In Deutschland kommen insgesamt nur 12 Kriechtierarten vor.

Kriechtiere sind wechselwarm. Die Verbreitung der Kriechtiere hat ihren Grund darin, dass sie *wechselwarm* sind. Die Tiere haben keine gleich bleibende Körpertemperatur, sondern sie richtet sich nach der Temperatur der Umgebung. Nur wenn ihre Körpertemperatur hoch genug ist, sind sie reaktionsschnell und flink, eine wichtige Voraussetzung etwa für den Beutefang. An Land haben sie die Möglichkeit sich zum Aufwärmen in die Sonne zu legen. Eine Reihe von Anpassungen gestattet ihnen das *Landleben* und damit das Ausnutzen der Sonnenwärme: Das *Schuppenkleid aus Horn* ist fast *undurchlässig für Wasser*. Kriechtiere können sich so der Sonne aussetzen ohne dass sie Gefahr laufen auszutrocknen. Auch ihre *Eier legen Kriechtiere an Land ab*, an besonders geschützten Stellen, unter Steinhaufen oder in Erdhöhlen. Eine pergamentartige oder kalkige *Schale* schützt die Eier vor dem Austrocknen. Selbst die Wasserbewohner unter den Kriechtieren, wie Krokodile und Meeresschildkröten, kommen zur Eiablage an Land. Die Eier werden von der Sonne und der Bodenwärme ausgebrütet.

Schlüpfende Meeresschildkröten am Strand

> Kriechtiere sind an trockene, warme Lebensräume angepasst. Ihr Schuppenkleid aus Horn schützt den Körper vor Wasserverlust. Die Eier der Kriechtiere werden immer an Land abgelegt.

1   Betrachte das Foto links oben. Weshalb stellen solche Landschaften einen günstigen Lebensraum für Kriechtiere dar?

2   In bestimmten europäischen Gebieten können Schlangen nicht leben. Begründe.

Umwelt aktuell: Bedrohte Kriechtiere

Von den 12 einheimischen Kriechtierarten sind 9 in ihrem Bestand bedroht. Und dies, obgleich alle Kriechtiere bei uns unter Naturschutz stehen! Der Naturschutz allein reicht jedoch nicht aus, damit sie überleben können. Kriechtiere fremder Länder sind ebenfalls gefährdet.

Rote Listen
Rote Listen geben Auskunft über gefährdete Pflanzen- und Tierarten. Arten, die in ihrer Existenz bedroht sind, werden nach dem Grad ihrer Gefährdung erfasst. Die roten Listen bieten Politikern und Behörden Entscheidungshilfen für die Aufstellung von Artenschutzprogrammen.

Ersatzlebensraum Steinbruch
Werden stillgelegte Steinbrüche der Natur überlassen, entstehen neue Lebensräume für bedrohte Tier- und Pflanzenarten. Die warmen Steine und die insektenreichen Schotterhalden und Grasfluren der verwilderten Randbereiche sind ideal für Eidechsen, für Kreuzottern und Schlingnattern.

Naturschutzgebiete
Diese Gebiete dürfen vom Menschen kaum oder gar nicht angetastet werden. Hier können sich gefährdete Tier- und Pflanzenarten noch halten, zu ihrem Schutz darf man die Wege im Naturschutzgebiet nicht verlassen. Wichtigstes Ziel ist die Erhaltung von natürlichen Lebensräumen.

Eidechsenlebensraum im Garten
In Naturgärten gibt es für Eidechsen genug Insekten. Doch sie brauchen auch Verstecke und Plätze zum Sonnen und zur Eiablage. Schon besonnte Steinhaufen oder kleine Trockenmauern wie auf dem Foto helfen ihnen, besonders wenn sie in der Nähe auch lockere Erde finden.

Gewässer für Sumpfschildkröten
Die Sumpfschildkröte ist bei uns sehr selten und gilt als vom Aussterben bedroht. Sie bewohnt größere stehende oder langsam fließende, warme Gewässer. Hier jagt sie Lurche und Fische. Am Ufer benötigt sie Sonnenplätze. Sie ist gegen Störungen durch Menschen sehr empfindlich.

Aus für die Äskulapnatter?
Diese Schlange steht unmittelbar vor dem Aussterben. Sie ist sehr wärmebedürftig und lebt daher bevorzugt an Südhängen und sonnigen, aufgelockerten Waldrändern. Sie kann gut klettern. Trotz ihrer Länge von bis zu 1,50 Meter ist sie ein harmloser Mäusejäger.

Saurier – ausgestorbene Kriechtiere

Eine seltsame Fährte. An einem schönen Herbsttag im Jahr 1802 pflügte der Farmer Pliny Moody die Felder seiner Farm nördlich von New York. Als sein Pflug zufällig einen Felsbrocken umstieß, entdeckte er auf dem Stein den Abdruck einer Fußspur: drei Zehen mit Krallen. Solche Spuren hinterlassen Vögel, wenn sie über Schlamm oder Sand laufen. Diese aber schien in den Stein eingeritzt zu sein! Im Dorf wurde über den unglaublichen Fund viel geredet. Man vermutete schließlich, dass die Spur aus der Zeit der Sintflut stammt. Tatsächlich war sie sehr alt. Es war die Fährte eines *Dinosauriers*.

Dinosaurier. Im Vordergrund jagt ein Allosaurier einen anderen kleinen Dinosaurier. Ganz links weidet ein Camptosaurier an einem Baumfarn. Die Brachiosaurier im Hintergrund erreichen mit ihren langen Hälsen sogar die obersten Blätter der Baumfarne. Rechts von ihnen ernähren sich zwei Stegosaurier von den Pflanzen am Boden.

Die Dinosaurier. Zusammen mit anderen Sauriern lebten die Dinosaurier vor vielen Millionen Jahren im *Erdmittelalter*. Damals gab es noch kaum Säugetiere und keine Vögel. Die Erde wurde von Kriechtieren beherrscht. Deshalb nennt man diese Zeit auch das *Zeitalter der Kriechtiere*.

Die Dinosaurier waren die *größten Landtiere aller Zeiten*. Diese Riesen gingen auf allen vier Beinen, manche kleinere Dinosaurier nur auf den Hinterbeinen. Trotz ihrer Furcht erregenden Gestalt waren die meisten harmlose *Pflanzenfresser*.

Von Pflanzen ernährte sich auch das wohl schwerste Landtier, der *Brachiosaurier*. Er wog so viel wie 20 Elefanten zusammen. Mit 12 Metern Höhe würde er heute leicht bis zum 3. Stock eines Wohnhauses reichen. Gut 5 Meter lang wurde der *Stegosaurier*. Er trug auf dem Rücken zwei Reihen langer Knochenplatten. Sein mächtiger Schwanz war mit scharfen Stacheln besetzt und diente zur Verteidigung. Zu den *Fleisch fressenden Dinosauriern* gehörte der *Allosaurier*. Er war über 9 Meter lang und lief auf den Hinterbeinen mit riesigen Schritten. Mit den Krallen der Vorderfüße packte er die Beute.

Versteinerter Fischsaurier

Fischsaurier und Paddelechsen. Saurier bevölkerten nicht nur das Land, sondern auch die Meere. Die *Fischsaurier* ähnelten äußerlich den heute lebenden Delphinen. Sie brachten ihre Jungen im Meer zur Welt. Das Foto zeigt das Skelett eines Fischsauriers. Als das Tier starb, lagerte sich über ihm eine mächtige Schicht Schlamm ab. 150 Millionen Jahre später wurde das inzwischen *versteinerte Skelett* ausgegraben. Sogar die Körperumrisse sind noch gut zu erkennen.

Die *Paddelechsen* konnten über 12 Meter lang werden. Mit den ruderförmigen Beinen schwammen sie so wie heute die Meeresschildkröten.

Flugsaurier. Die *Flugsaurier* konnten durch die Luft gleiten. Ihre *Flügel* bestanden aus einer *Flughaut*. Sie war zwischen dem Körper und dem stark verlängerten 4. Finger ausgespannt. 3 Finger blieben frei und wurden zum Festklammern benutzt. Unter den Flugsauriern gab es kleine Tiere von der Größe eines Sperlings, aber auch Riesen mit einer Flügelspannweite von 15 Metern. Flugsaurier lebten vor allem an der Meeresküste. Sie suchten die Wasseroberfläche nach Kleintieren und Fischen ab.

Der Untergang der Saurier. Nachdem die Saurier viele Millionen Jahre die Erde beherrscht hatten, verschwanden sie plötzlich. Warum? Es gibt einige Theorien über das Sterben der Dinosaurier. Möglicherweise spielte eine Rolle, dass sich das *Klima veränderte*. Kälte und austrocknende Sümpfe wurden vielen Sauriern zum Verhängnis. Die Pflanzenwelt änderte sich. Viele Pflanzen fressende Saurier fanden ihre gewohnte Nahrung nicht mehr in ausreichender Menge. Als sie starben, gab es für die Raubsaurier nicht mehr genügend Beute.

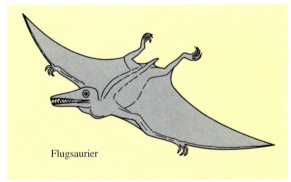

Vögel – Akrobaten der Luft

Die Schwalben sind zurück. Mit lauten „Witwit"-Rufen schießen zwei *Rauchschwalben* durch die Toreinfahrt. Es ist Ende April. Seit 14 Tagen fliegen wieder Schwalben über dem Dorf. Jetzt wagt sich die eine Rauchschwalbe sogar durch die geöffnete Tür in den Schuppen. Wenig später fliegen beide im Hof umher. Die Toreinfahrt scheint es ihnen besonders angetan zu haben. Das Männchen, das einen passenden Nistraum gefunden hat, kreist über dem Gebäude und singt dabei.

Nestbau und Jungenaufzucht. Rauchschwalben bauen ihr *Nest* meist in Ställen zwischen Wand und Dach, mit Vorliebe jedoch auf Balken und Vorsprüngen. Schnell wird in der Toreinfahrt ein Brett als Balkenersatz angebracht. Wirklich, die Schwalben beginnen mit dem Nestbau! In den nächsten Tagen sieht man sie häufig am Ufer des Gartenteichs sitzen. Mit dem Schnabel nehmen sie feuchten Lehm auf und transportieren ihn zum Nistplatz. Aus Lehm, Speichel, Stroh und Federn entsteht ein stabil gebautes Nest.

Kaum ist es fertig, hat das Weibchen das erste *Ei* gelegt. Es misst knapp 2 Zentimeter und ist weiß mit kleinen, braunen Flecken. Nach einer Woche liegen fünf Eier im Nest. Jetzt fängt das Weibchen zu brüten an. Nur zur Nahrungssuche verlässt es das Nest. Es jagt Insekten im Flug. Zwei Wochen später *schlüpfen* die jungen Schwalben. Sie sind nackt und rosig, ihre Augen noch fest verschlossen. Alle paar Minuten landen die Eltern am Nest und stopfen Futter in die weit geöffneten Schnäbel der Jungen. Nach drei Wochen intensiver *Brutpflege* sind die Jungen *flügge* und verlassen das Nest.

Eine Rauchschwalbe sammelt Lehm.

1 Welche Bedingungen müssen erfüllt sein, damit in einem Dorf Rauchschwalben leben können?

2 Gibt es in deiner Umgebung Bauernhöfe? Wenn ja, erkundige dich bei den Landwirten, ob sie Schwalben im Stall haben. Wie war es früher?

3 Spaziergänger ärgern sich manchmal über unbefestigte Feldwege mit Pfützen. Kannst du ihnen erklären, warum solche Wege für Schwalben sehr wichtig sind?

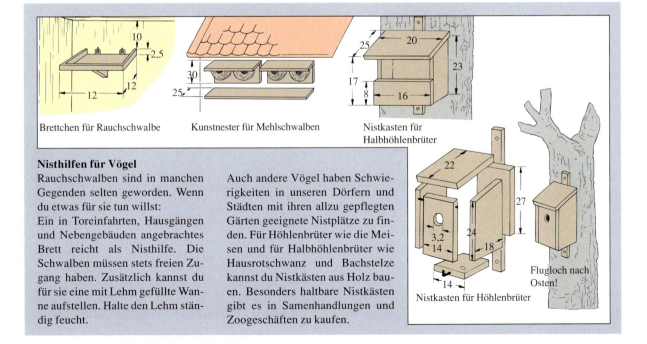

Nisthilfen für Vögel

Rauchschwalben sind in manchen Gegenden selten geworden. Wenn du etwas für sie tun willst: Ein in Toreinfahrten, Hausgängen und Nebengebäuden angebrachtes Brett reicht als Nisthilfe. Die Schwalben müssen stets freien Zugang haben. Zusätzlich kannst du für sie eine mit Lehm gefüllte Wanne aufstellen. Halte den Lehm ständig feucht.

Auch andere Vögel haben Schwierigkeiten in unseren Dörfern und Städten mit ihren allzu gepflegten Gärten geeignete Nistplätze zu finden. Für Höhlenbrüter wie die Meisen und für Halbhöhlenbrüter wie Hausrotschwanz und Bachstelze kannst du Nistkästen aus Holz bauen. Besonders haltbare Nistkästen gibt es in Samenhandlungen und Zoogeschäften zu kaufen.

Die Taube

Tauben finden überall in der Stadt Nahrung.

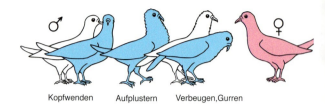

Ein Tauber balzt seine Taube an.

Tauben in der Stadt

In vielen Städten leben Scharen von *verwilderten Haustauben*. Oft werden sie gefüttert und sind zutraulich.

Balz. „Ruckediguh" sagen die Tauben im Märchen. Sicher sind dir in der Taubenschar solche Tiere aufgefallen, die gurrend um eine andere Taube herumliefen. Es sind *Tauber*, also Taubenmännchen, bei der *Balz*. Sie machen ihrem Weibchen „den Hof". Bei der Balz finden sich Vogelmännchen und Vogelweibchen *zur Paarung* zusammen.

Brut. Taube und Tauber bauen zusammen ein *Nest* aus einigen kleinen Zweigen, Halmen und Federn. Meist liegt es hoch oben in Türmen und Kirchen, in Mauerlöchern und Gebäudenischen.
Tauben *brüten* mehrmals im Jahr. Bei jeder Brut legt das Weibchen 2 *Eier* ins Nest. Männchen und Weibchen sitzen abwechselnd auf den Eiern. Sie brüten die Eier durch ihre *Körperwärme* aus. Nach 18 Tagen schlüpfen die Jungen. Es sind *Nesthocker*. Sie werden von den Alten *gefüttert und gewärmt*. Junge Tauben erhalten anfangs Kropfmilch. Das ist ein quarkähnlicher Brei, der sich im Kropf der Altvögel bildet. Nach etwa 4 Wochen sind die Jungen selbstständig.

Ernährung. Hast du den Tauben schon einmal bei der Nahrungssuche zugeschaut? Rasch trippeln sie über den Boden und picken mal hierhin und dorthin. Tauben sind *Körnerfresser*. Sie ernähren sich von Getreidekörnern und den Samen der Wildkräuter. In der Stadt nehmen sie aber auch Brot und Kuchen.
Wie alle Vögel haben die Tauben *keine Zähne* im Schnabel. Trotzdem bewältigen sie die harte Körnernahrung. Das ist durch den besonderen Bau von Speiseröhre und Magen möglich. Die Speiseröhre erweitert sich sackartig zu einem *Kropf*. Im Kropf wird die Nahrung gespeichert und eingeweicht. Noch wichtiger ist der *Muskelmagen*. Er enthält innen harte *Reibplatten*. Wenn sich die kräftigen Muskeln der Magenwand zusammenziehen, wird die Nahrung zwischen den Reibplatten zerrieben. Manchmal kannst du sehen, wie die Tauben Steinchen aufpicken. Als *Magensteinchen* helfen sie beim Zerkleinern der Nahrung.

> Vögel legen Eier und bebrüten sie. Die Jungen werden von den Alten betreut.

Junge Tauben sind hilflose Nesthocker.

Abwärtsschlag   Aufwärtsschlag

Schnellflieger Taube
Tauben fliegen schnell und ausdauernd. Ihr ganzer Körper ist *für das Fliegen eingerichtet*. Am wichtigsten sind die *Federn*.

Federn und Flügel. Vögel sind die einzigen Wirbeltiere mit Federkleid. Ohne Federn könnte weder die Taube noch irgendein anderer Vogel fliegen. Am Taubenkörper gibt es vier verschiedene Arten von Federn. Die flauschigen *Dunen* halten den Körper warm. Über ihnen liegen die *Deckfedern*. Sie überdecken einander wie Dachziegel und nehmen dem Körper die Ecken und Kanten. So erhält er eine *strömungsgünstige Form*, die der Luft *wenig Widerstand* bietet. Außerdem schützen die Deckfedern vor Kälte und Nässe. Die Federn des Schwanzes nennt man *Steuerfedern*. Sie helfen beim Steuern und Landen. Die langen, kräftigen *Schwungfedern* bilden zusammen mit den Deckfedern die Tragflächen der *Flügel*. Das Flügelskelett gleicht dem Skelett unserer Arme.

Fliegen. Beim *Abwärtsschlag* ist der Flügel gestreckt. Dieser Flügelschlag hält den Vogel in der Luft und bringt ihn vorwärts. Beim *Aufwärtsschlag* wird der Flügel im Handgelenk abgeknickt und der Handteil an den Armteil herangezogen. Der Armteil wirkt als Tragfläche und sorgt für den *Auftrieb*.

Anpassungen an das Fliegen. Je schwerer ein Vogel ist, umso mehr Kraft braucht er zum Fliegen. Der Körper der Taube ist „federleicht" gebaut. Viele Knochen sind hohl und mit Luft gefüllt. Die Bauweise der Flugzeuge ist diesem Prinzip nachempfunden. Häufige *Kotabgaben* sorgen ebenfalls für ein nahezu gleich bleibendes Gewicht. Vögel gebären keine lebenden Jungen. Sie legen nur Eier. Das heißt, die Entwicklung der Jungen findet außerhalb des Körpers statt.

Atmung. Brieftauben können stundenlang fliegen ohne dass sie außer Atem kommen. Zusätzlich unterstützen *Luftsäcke* in Brust und Bauch die Atmung.

Vögel sind in ihrem Körperbau ganz für das Fliegen eingerichtet. Sie haben ein Federkleid und sind sehr leicht gebaut.

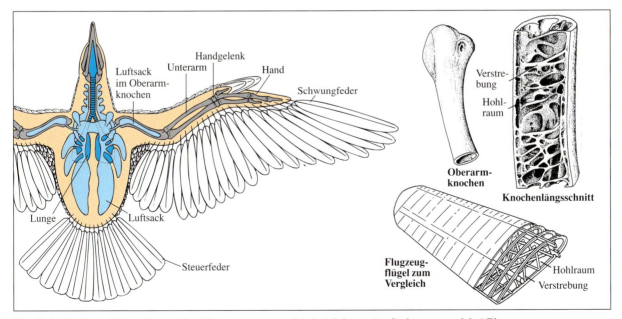

Vögel sind in ihrem Körperbau an das Fliegen angepasst. Die Leichtbauweise findet man auch bei Flugzeugen.

Praktikum: Untersuchung von Vogelfedern

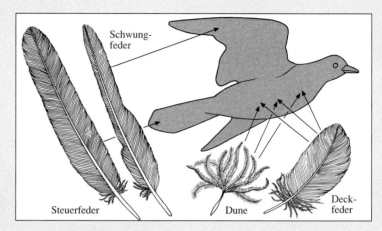

1 Sammle Vogelfedern. Versuche herauszufinden, an welcher Stelle des Vogelkörpers die Federn saßen. Das Bild links hilft dir dabei.

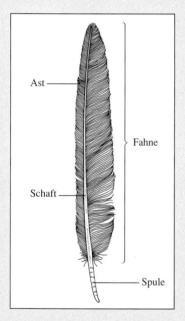

2 Lege eine Feder auf Papier. Fahre mit dem Bleistift genau an ihrem Rand entlang. Zeichne auf diese Weise den Umriss der Feder. Trage weitere Einzelheiten in die Zeichnung ein und beschrifte sie wie auf dem Bild links.

3 Halte eine Feder gegen helles Licht. Streiche dann die Federfahne zwischen zwei Fingern „gegen den Strich", also von der Spitze zur Spule. Was beobachtest du? Betrachte die Fahne auch mit der Lupe! Erkläre mit deinen Beobachtungen und dem Bild rechts, warum sich die Fahne wieder „reparieren" lässt, wenn man sie von der Spule zur Spitze zwischen zwei Fingern streicht.

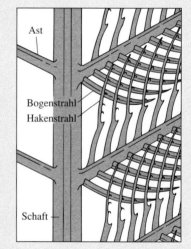

4 Führe die folgenden Versuche mit Federn durch. Kannst du für jedes Versuchsergebnis eine Erklärung finden?
– Knicke einen Federschaft hin und her, bis er abbricht. Zähle, wie oft du knicken musst. Mache denselben Versuch mit einem Stück Draht zum Vergleich.
– Tauche eine Deckfeder in Wasser und nimm sie wieder heraus. Was beobachtest du?
– Halte eine große Feder vor eine Kerzenflamme. Versuche mit einem Trinkhalm die Flamme durch die Federfahne hindurch auszublasen. Wieviel Versuche brauchst du?
Mache zum Vergleich denselben Versuch mit einem straff gespannten Taschentuch statt der Feder.

Praktikum: Untersuchung eines Vogelflügels

Ein Vogel, der die Flügel anlegt, fällt wie ein Stein zu Boden. Mit ausgebreiteten Flügeln gleitet er dagegen langsam abwärts. Wie kommt das? Welche Eigenschaft der Flügel macht den Gleitflug möglich? Die folgenden Versuche geben dir darauf eine Antwort.

1 Untersuche einen Vogelflügel. Achte auf seine Wölbung. Wie würde ein Schnittbild durch den Flügel von der Seite her aussehen? Falls du keinen Vogelflügel zur Verfügung hast, helfen dir das Foto und die Zeichnung unten weiter.

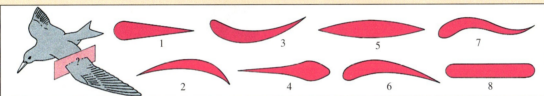

2 Hänge einen Vogelflügel an einen Kraftmesser. Nimm einen Föhn und blase den Flügel genau von vorn an. Die Luft strömt dann wie beim fliegenden Vogel am Flügel entlang. Achte auf den Kraftmesser. Was beobachtest du? Beschreibe. Verwende dabei das Wort „Auftrieb".

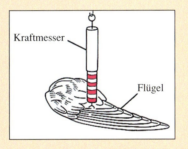 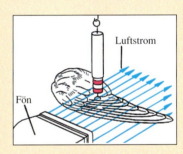

3 Halte ein Blatt steifes Papier so, wie du es im Bild unten siehst. Blase von vorn dagegen. Was stellst du fest? Was hat das Blatt, wenn man es so hält, mit einem Vogelflügel gemeinsam?

4 Erkläre jetzt, wie der Gleitflug zustande kommt. Verwende dabei folgende Wörter: strömen, Luft, Wölbung, Flügel, Auftrieb.

5 Falte einen Papierflieger nach der Anleitung unten oder nach deinen eigenen Vorstellungen. Haben die Tragflächen Ähnlichkeit mit einem Vogelflügel?

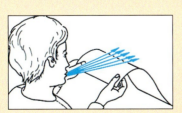 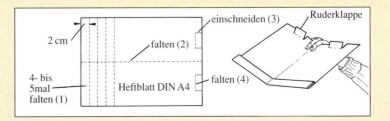

Vögel am Haus und im Garten

Oben auf unserem Dach haben Spatzen ihr Nest. Letztes Jahr hat mein Vater ihre Nesthöhle ausgeräumt, als er einen Dachziegel auswechseln musste. Das Nest war aus langen, trockenen Halmen gebaut und sah fast wie eine Kugel aus. Innen lagen viele Federn.
                                    Katrin

Haussperlingspaar

Der Haussperling. *Haussperlinge*, auch *Spatzen* genannt, sind wahrscheinlich *die häufigsten Vögel auf der Erde*. Sie leben heute fast überall, wo Menschen siedeln. Als *Kulturfolger* haben sie sich dem Menschen sehr eng angeschlossen.
Spatzen sind vorwiegend *Körnerfresser*. Mit ihrem kräftigen *Kegelschnabel* quetschen sie die Getreidekörner und die Samen der Wildkräuter auf. Sie fressen aber auch Abfälle, Obst und Insekten. Kleine Hohlräume an Gebäuden nutzen sie als *Nisthöhlen*. Ihre *Nester* sind aus trockenen Halmen wenig kunstvoll gebaut. Zwischen März und Juni brütet ein Sperlingspaar zwei- oder dreimal. Jedes Gelege besteht aus 4 bis 6 Eiern. Männchen und Weibchen wechseln sich beim Brüten ab. Nach 14 Tagen schlüpfen die Jungen. Es sind nackte und blinde *Nesthocker*. Sie brauchen 17 Tage, bis sie das Nest verlassen.
Nach der Brutzeit finden sich junge und alte Sperlinge *zu großen Scharen* zusammen. Dann ziehen sie gemeinsam auf Futtersuche in die Felder, sitzen laut tschilpend im Gebüsch und nehmen *Staubbäder* am Straßenrand. Haussperlinge halten sich das ganze Jahr über bei uns auf. Sie sind *Standvögel*. Vom Herbst an schlafen sie wieder im Brutnest.

Auch das Sperlingsmännchen füttert die Jungen.

1   Lies Katrins Bericht genau und prüfe mit dem Text darunter, ob sie richtig beobachtet hat.

2   Lege Transparentpapier über das Bild auf der nächsten Seite. Zeichne dann ein, wo die verschiedenen Vögel nisten könnten. Nimm für jede Vogelart eine andere Farbe.

3   Welche Vögel hast du selbst schon bei eurem Haus beobachtet? Waren es andere als die auf dem Bild?

4   Vergleiche, wie Buchfink, Kohlmeise und Mehlschwalbe nisten.

5   Überlege dir, warum sich wohl die verschiedenen Vogelarten so eng an den Menschen anschließen.

Die Kohlmeise. Sie lebt in Gärten, Parkanlagen und Wäldern. An der schwarzweißen Kopfzeichnung lässt sie sich von anderen Meisen unterscheiden. Kohlmeisen sind *Höhlenbrüter*. Sie brüten in Astlöchern, verlassenen Spechthöhlen, Nistkästen oder Briefkästen. Ihre Nahrung besteht vor allem aus *Insekten*, im Winter auch aus *Samen*. Auf Nahrungssuche klopfen sie die Baumrinde mit dem Schnabel ab. Kohlmeisen sind *Standvögel*.

Der Buchfink. Er ist eigentlich ein Vogel der Wälder und Parkanlagen. Aber auch in Gärten kommt er häufig vor. Er ist etwa so groß wie ein Spatz. An der weißen Flügelbinde kannst du ihn leicht erkennen. Das Weibchen baut sein *kunstvolles Nest* in einer *Astgabel*. Buchfinken ernähren sich vor allem von *Samen*, während der Brutzeit aber von *Insekten*. Sie suchen ihre Nahrung *am Boden*. Während des Winters bleiben die meisten Buchfinken bei uns.

Die Mehlschwalbe. Sie lebte ursprünglich in Felsschluchten. Heute bewohnt sie die Städte und Dörfer. Ihr *Nest* baut sie *außen an Gebäuden*, meist dicht unter dem Dachrand. Es besteht aus feuchter Erde und wird mit Speichel verfestigt. Mehlschwalben sind *Insektenfresser*. Sie fangen die Insekten mit weit aufgerissenem Schnabel im Flug. Schwalben sind *Zugvögel*. Sie leben nur von Ende April bis September bei uns. Den Winter verbringen sie in Afrika.

Der Hausrotschwanz. Auch er kam ursprünglich nur in Felsgebieten vor. Auf Mauern und Dächern findet er sich aber genauso zurecht. An seinem Verhalten ist er schon von weitem zu erkennen. Er wippt und zittert ständig mit dem Schwanz.
Sein *Nest* baut er in *Mauernischen* und *Höhlungen*. Er ist ein *Halbhöhlenbrüter*. Seine Nahrung besteht aus *Insekten*. Um sie zu fangen fliegt der Vogel von seinem Sitzplatz aus kurz in die Höhe und landet gleich wieder. Der Hausrotschwanz ist ein *Zugvogel*. Er verlässt uns im Oktober und kehrt im März zurück. Im Winter hält er sich in den Ländern am Mittelmeer auf.

Der Star. Stare leben bei uns überall, wo sie *Bruthöhlen* finden. Sie sind fast so groß wie Amseln. Am schillernden Gefieder lassen sie sich leicht erkennen. *Spechtlöcher*, *Mauerhöhlungen* und *Nistkästen* dienen ihnen als Bruthöhlen.
Stare fressen *Insekten*, *Regenwürmer*, aber auch *Obst*. Im Herbst bilden sie große Schwärme. In Weinbergen können sie mit ihrer Vorliebe für süße Beeren erhebliche Schäden anrichten. Viele Stare bleiben im Winter bei uns.

Der Kuckuck ist ein Brutschmarotzer

Das Kuckucksweibchen verschluckt ein Ei des Teichrohrsängers.

Das Kuckucksei unterscheidet sich kaum von den anderen Eiern im Nest.

Der geschlüpfte Jungkuckuck wirft die Wirtseier aus dem Nest.

Kuckuck – Kuckuck …
Wenn du den Kuckuck rufen hörst, ist der Sommer nicht mehr fern.
Das Merkwürdigste an diesem Vogel ist aber, dass er *weder ein Nest baut noch Eier ausbrütet!* Das überlässt er anderen Vögeln. Das Kuckucksweibchen legt erst dann sein Ei in ein Nest, wenn schon Eier darin liegen, aber noch nicht bebrütet sind.
Fast immer schlüpft der junge Kuckuck als Erster. Wenig später beginnt er die Eier oder Jungen seines Wirts *aus dem Nest zu werfen.* Sie kommen dabei um. Nur wenn er allein ist, können die kleinen Pflegeeltern für den großen Jungkuckuck genügend Futter herbeischaffen.
Der junge, noch nackte und blinde Kuckuck wirft *alles aus dem Nest, was darin liegt.* Das tut er sogar mit kleinen Steinchen, die man ihm ins Nest legt!
Kluger Schmarotzer – dummer Wirt? Vielleicht meinst du, der Kuckuck sei ein kluger Vogel und der Teichrohrsänger ziemlich dumm. Schließlich müssten die Pflegeeltern doch merken, dass da etwas nicht stimmt! Warum greifen sie nicht ein, wenn der junge Kuckuck ihre Eier oder Jungen aus dem Nest wirft? Bedenke aber, dass Tiere das alles nicht begreifen wie wir. Die Wirtsvögel füttern *jeden Jungvogel, der in ihrem Nest den Schnabel aufsperrt.* Sie erkennen ihre eigenen Eier oder Jungen auch nicht wieder, wenn sich diese erst einmal *außerhalb des Nestes* befinden.

> Der Kuckuck lässt seine Eier von anderen Vögeln ausbrüten. Er ist ein Brutschmarotzer.

1 Überlegt, ob das Verhalten des Kuckucks grausam ist, wenn er seine Nestgeschwister aus dem Nest wirft.

2 Erkläre, warum der junge Kuckuck auch Steinchen aus dem Nest wirft.

Sperrender Jungkuckuck bettelt um Futter

Teichrohrsänger beim Füttern des fast flüggen Kuckucks

Die Ente – Vogel im Wasser

Unsere häufigste *Wildentenart* ist die *Stockente*. Die Stockente ist ein *Schwimmvogel*. Sie lebt an Gewässern aller Art. Selbst an Wasserbecken mitten in der Großstadt kannst du sie antreffen.

Flug. Stockenten fliegen mit raschen Flügelschlägen schnell und wendig. Zum Gleiten und Segeln eignen sich ihre spitzen Schwingen dagegen wenig. Stockenten können sich ohne Anlauf aus dem Wasser in die Luft erheben und aus dem Flug wieder auf dem Wasser landen.

Schwimmen. Der Körper der Stockente liegt ganz flach im Wasser. Er ist so *leicht gebaut*, dass die Ente nicht untergehen kann.

Durch *Rudern* mit den Füßen bewegt sich die Ente im Wasser vorwärts. Sie hat *Schwimmhäute* zwischen den Zehen. Wenn sie die Beine *nach hinten* führt, sind die Zehen gespreizt und die *Schwimmhäute ausgespannt*. So wirkt der Fuß wie ein Ruder. Zieht sie die Beine wieder *nach vorn*, sind die *Schwimmhäute zusammengefaltet*. Nun bieten sie dem Wasser kaum Widerstand.

Ernährung. *An Land* fressen die Enten Kräuter, Grasspitzen und Samen. Meist suchen sie aber *schwimmend* ihre Nahrung am Grund flacher Gewässer. Dabei tauchen sie Kopf und Vorderkörper tief ein und pflügen mit offenem Schnabel durch den Schlamm am Grund, sie *gründeln*. Nach dem Auftauchen läuft das Wasser zwischen den *Hornrippen* des Schnabels seitlich ab. Die Nahrung bleibt im Schnabel zurück: Würmer, Schnecken, Pflanzenreste.

Fortpflanzung. Schon im Herbst finden sich zur *Balz* viele Enten auf dem Wasser ein. Die farbenprächtigen Entenmännchen, die *Erpel*, werben mit auffälligen Bewegungen und lauten Rufen um die Weibchen. Im Frühjahr bebrütet das Entenweibchen bis zu 10 *Eier*. Nach 27 Tagen schlüpfen alle Jungen innerhalb weniger Stunden. Als *Nestflüchter* folgen sie gleich darauf dem Lockton der Mutter.

> Enten sind Schwimmvögel. Sie haben Ruderfüße und einen Seihschnabel mit Hornrippen.

Flugkünstler – die Greifvögel

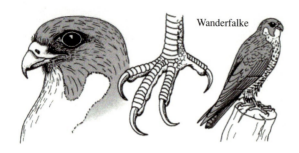
Wanderfalke

Die Greifvögel sind wahre Meister im Fliegen. Sie schlagen ihre Beute *im Flug oder aus dem Flug heraus* am Boden. Auch die *scharfsichtigen Augen*, der *Hakenschnabel* und die *Greiffüße* dienen dem Beutefang.

Flugjäger Wanderfalke. Ein Schwarm Tauben fliegt über den Fluss. Urplötzlich, mit rasender Geschwindigkeit, stößt ein *Wanderfalke* auf den Schwarm hinab. Er *verfolgt* eine Taube, die ein wenig hinter den anderen zurückgeblieben ist. Ihr nützt alles Kurven- und Hakenfliegen nichts mehr. Der Falke ist wendiger und schneller. *Im Vorbeiflug* schlägt er die langen Dolchkrallen seiner Hinterzehen in den Rücken der Taube. Federn stieben. Die Taube stürzt ab. Der Wanderfalke *stößt* der Beute nach.

Bodenstößer Turmfalke. Mit schnellen Flügelschlägen jagt der *Turmfalke* durch die Luft. Plötzlich scheint er in der Luft zu stehen! Wenn du genauer hinschaust, siehst du, dass der Falke auf der Stelle fliegt. Man sagt: Er *rüttelt*. Im *Rüttelflug* späht er nach Beute. Hat er eine Maus oder auch einen Käfer entdeckt, *stürzt* er sich steil hinab und greift die Beute.

Suchgleitflieger Mäusebussard. Ohne Flügelschlag, mit ausgebreiteten Schwingen *gleitet* der *Mäusebussard* über Wiesen und Felder. Seine *breiten Schwingen* sind dazu besonders geeignet. An ihnen entsteht selbst beim Gleitflug noch *soviel Auftrieb*, dass der Vogel nur langsam an Höhe verliert. Oft siehst du Bussarde sogar ohne Flügelschlag höher gleiten. Auf kreisförmiger Bahn schrauben sie sich empor. Dann ist jedoch *Aufwind* nötig. Aufwinde entstehen, wo sich Luft am Boden erwärmt und als starker Strom nach oben steigt. Auch an Berghängen gibt es Aufwinde. Das Gleiten im Aufwind nennt man *Segeln*. Durch *Segelflüge* gewinnt der Mäusebussard Höhe um weite Strecken zu gleiten. Im *Gleitflug* hält er nach Mäusen und anderen Kleintieren Ausschau. Im *Stoßflug* greift er dann die Beute. Auch von Bäumen oder Pfählen aus stürzt sich der Mäusebussard auf Beutetiere hinab.

Mäusebussard: 1 Segelflug, 2 Gleitflug, 3 Stoßflug
Turmfalke: 1 Rüttelflug, 2 Stoßflug

Eulen und ihre Gewölle

Schleiereule

Waldohreule

Eulen. Sie haben einen *Hakenschnabel* und spitze *Krallen*. Mit den großen Augen sehen die *Nachtjäger* bei Dunkelheit gut. Sie hören auch hervorragend. Da Eulen keine Magensäure haben, würgen sie unverdauliche Nahrungsreste wie Haare, Knochen, Federn oder Insektenpanzer als *Gewölle* wieder aus. Selbst feinste Knöchelchen sind darin noch erhalten. Reste von Feldmäusen oder Waldmäusen sind am häufigsten. Außer Knochen von solchen echten Mäusen findet man auch Reste von Wühlmäusen, Spitzmäusen oder Maulwürfen. Der Schädel und die Zähne geben Auskunft, worum es sich handelt.

Echte Mäuse und Wühlmäuse haben wie das Eichhörnchen ein Nagetiergebiss. Spitzmaus und Maulwurf sind Insektenfresser. Sie haben viele spitze Zähne.

Schleiereule. Sie nistet in Kirchtürmen und Scheunen. Zum Jagen braucht sie offenes Gelände. Die Schleiereule ist bei uns bedroht.

Waldohreule. Sie bewohnt lichte Wälder, Waldränder und Parks. Ihre Jungen zieht sie in verlassenen Krähen- und Elsternestern auf.

> Gewölle mit Knochen stammen von Eulen.
>
> Gewölle ohne Knochen stammen von Greifvögeln, Elstern oder Krähen.

1 Gewölle enthalten manchmal auch Vogelschädel. Woran erkennt man dies?

Links das Gewölle einer Eule, rechts zerlegt

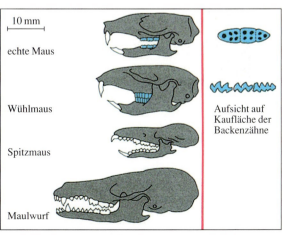
Schädel der Beutetiere, die in Eulengewöllen vorkommen

Umwelt aktuell: Bedrohte Vögel

Früher führte die direkte Verfolgung durch Abschuss und Fallenstellen zum Rückgang mancher Vogelarten. Heute sind es andere Ursachen: Störungen am Brutplatz durch Freizeitsportler, Umweltvergiftung, veränderte Anbaumethoden in der Landwirtschaft sowie der Straßenverkehr.

Ohne Feuchtgebiete kein Storch
Der Weißstorch ernährt sich vor allem von Fröschen, Schnecken und Würmern. Wo feuchte Wiesen zur besseren landwirtschaftlichen Nutzung trockengelegt wurden, findet er diese Nahrung nicht mehr. Er ist bei uns vom Aussterben bedroht.

Der Neuntöter braucht Hecken
Der Neuntöter lebt nur in Wiesen- und Feldlandschaften mit Hecken und Dornbüschen. Die Hecken benötigt er als Ansitz für die Jagd nach Insekten und Mäusen. Hier brütet er auch. Werden sie beseitigt, hat er keine Lebensmöglichkeit mehr.

Höhlen für den Steinkauz
Der Steinkauz bewohnt baumbestandenes offenes Gelände. Zum Brüten braucht er Höhlen. Diese fand er früher in genügender Zahl in alten Obstbäumen und hohlen Kopfweiden. Mit künstlichen Brutröhren versuchen ihm Naturschützer zu helfen.

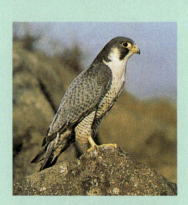

Wanderfalke – vorerst gerettet
Der Wanderfalke brütet bei uns meist an schwer zugänglichen Felswänden. Falkner verwenden den rasanten Jäger zur Beizjagd. Eier und Jungvögel sind daher kostbar. 1975 gab es bei uns weniger als 40 Brutpaare. Ihre Zahl ist wieder gestiegen, seit die Brutplätze bewacht werden.

Wiedereinbürgerung des Uhus
Der Uhu brütete einst in ganz Deutschland. Er wurde stark bejagt und dadurch in Mitteleuropa nahezu ausgerottet. Durch Nachzucht in Gefangenschaft und anschließende Freilassung sowie strengen Schutz gelang es, ihn wieder einzubürgern. Inzwischen besiedelt er ein Fünftel des noch geeigneten Lebensraums.

Eine Chance für das Auerhuhn?
Das Auerhuhn ist der größte Vogel unserer Wälder. Es benötigt ausgedehnten Nadelmischwald, in dem es nicht gestört wird. Solche abgelegenen, ruhigen Wälder gibt es bei uns kaum noch. Das Auerhuhn ist vom Aussterben bedroht. Heute versucht man es zu züchten und wieder auszuwildern.

Praktikum: Wir beobachten Vögel

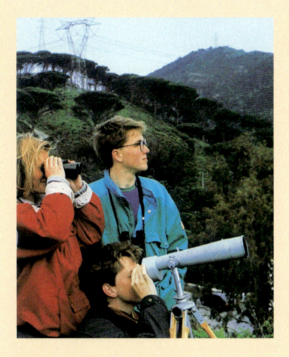

Vogelbeobachtung ist ein Hobby für Neugierige. Immer wieder entdeckt man etwas anderes, eine unbekannte Vogelart, einen Gesang, den man noch nicht gehört hat, ein ungewöhnliches Verhalten. Als Ausrüstung brauchst du
- ein Bestimmungsbuch,
- ein Notizbuch,
- nach Möglichkeit ein Fernglas.

Außerdem nötig sind Geduld und die Fähigkeit sich in der Natur lautlos zu bewegen.

1 Beobachtung im Garten

Um Vögel kennenzulernen ist der Garten sehr geeignet. Die Vögel sind hier meist wenig scheu. Du kannst sie auch ohne Fernglas beobachten und bestimmen. Viele Vogelarten suchen im Sommer gern die Vogeltränke oder den Gartenteich auf. Hier bieten sich gute Beobachtungsmöglichkeiten, wenn du dich in einiger Entfernung versteckst. Achte darauf, die Vögel nicht zu stören. Je ruhiger du bist, desto größer dein Erfolg.
- Notiere alle Vogelarten, die du im Garten feststellst.
- Welche Arten trinken oder baden im Gartenteich?
- Falls du einen Vogel nicht kennst, beschreibe ihn im Notizbuch. Ist er rundlich oder schlank? Welche Färbung und Schnabelform hat er? Vergleiche seine Größe mit bekannten Vögeln. Schlage später im Bestimmungsbuch nach.

2 Vogelexkursion

Für Vogelbeobachter mit etwas Erfahrung sind Exkursionen in andere Gebiete reizvoll. Ziele könnten ein Wald oder Park, eine Obstwiese oder die Feldflur sein. Gehe am besten frühmorgens. Die Vögel sind dann aktiver. Führe über deine Exkursion Protokoll. Datum, Uhrzeit, Ort und gesehene Vogelarten solltest du in jedem Fall festhalten.

Praktikum: Beobachtung von Vögeln auf dem Schulgelände

Auch auf dem Schulgelände kann man Vögel beobachten. Finden sie genügend Nistmöglichkeiten? Wie steht es mit dem Nahrungsangebot?
Für Freibrüter können noch Bäume und Sträucher gepflanzt werden. Für Höhlenbrüter bringt man Nistkästen an. Zum Schutz vor Störungen sollte man die Nistkästen etwa 4 Meter hoch hängen.

1 Beobachtungsprotokoll

Stelle fest, welche Vögel auf dem Schulgelände vorkommen. Schreibe ein Protokoll über deine Beobachtungen ähnlich wie im Beispiel rechts. Beschreibe so genau wie möglich Aussehen, Verhalten und Vorkommen des beobachteten Vogels.

2 Wie oft füttern Vögel ihre Jungen?

Vielleicht haben Meisen oder Sperlinge eure Nistkästen als Brutplatz angenommen. Im Mai sind die Jungen geschlüpft und die Altvögel beginnen mit der Fütterung.
Stelle fest, welche Nistkästen bezogen wurden. Beobachte dann die Fütterung. Achte darauf, dass du die Vögel nicht störst.
– Wie oft kommen die Altvögel zum Nest?
– Welche Nahrung bringen sie den Jungen? (Fernglas!)
– Füttert immer nur das Weibchen, das Männchen oder füttern beide abwechselnd?
– Wie verhalten sich die Jungen, wenn sie den Nistkasten schon verlassen haben und einen der Altvögel sehen?
Halte alle deine Beobachtungen im Protokoll fest.

3 Nestuntersuchung

Im Herbst sind die Nistkästen verlassen. Die Nester der Freibrüter lassen sich in den unbelaubten Bäumen und Sträuchern leicht entdecken. Sammle einige Nester ein, auch aus Nistkästen. Da Vogelnester oft voller Ungeziefer stecken, bitte deinen Lehrer sie vor der Untersuchung zu desinfizieren.
– Aus welchem Material bestehen sie jeweils?
– Welche Form haben sie und wie sind sie zusammengefügt?
– Von welchen Vogelarten stammen sie? Benutze ein Bestimmungsbuch.
Manchmal sind taube Eier im Nest. Sie erleichtern die Bestimmung.

Fotos rechts: oben Amselnest; unten Spatzennest; daneben ein Meisennest im künstlichen Nistkasten

Kennübung: Vögel auf dem Schulgelände

Turmfalke
Er jagt in der Stadt, über Wiesen, Brachland und Rasen nach Mäusen, brütet in alten Krähennestern und Nischen an hohen Gebäuden. Er baut selber kein Nest.

Eichelhäher
Der im Wald lebende Rabenvogel taucht hin und wieder auch gerne in der Nähe menschlicher Behausungen auf. Unverkennbar ist sein lauter rätschender Ruf. Er ist ein Allesfresser.

Elster
Auf Friedhöfen, in Parks und Gärten baut der Rabenvogel sein kugelförmiges Nest in Bäumen und Hecken. Er ist ein Allesfresser, der auch Abfälle frisst und Singvogelnester plündert.

Mauersegler
Der Vogel verbringt den größten Teil seines Lebens fliegend in der Luft. Er ernährt sich von Insekten, ist gesellig und brütet in kleinen Kolonien an hohen Gebäuden.

Türkentaube
Zu wahren Städtern sind die Tauben geworden, nicht zuletzt, weil sie von vielen Menschen gerne gefüttert werden. Aber ihr Kot verätzt Bauwerke und sie übertragen Krankheiten.

Dohle
Dem ursprünglichen Felswandbewohner bieten Kirchtürme ideale Ersatzbrutplätze. In großen Schwärmen überwintert sie in Städten. Auf Müllhalden findet sie reichlich Nahrung.

Blaumeise
Sie ist die häufigste Meisenart neben der Kohlmeise in Stadtparks und Gärten. Sie ernährt sich von Spinnen, Insekten, Samen und Nüssen und baut ihr Nest aus Moos in Baumhöhlen.

Schwanzmeise
Der zierliche Vogel nistet gerne in dichten Hecken in Stadtparks. Seine kunstvollen, mit Flechten verkleideten Kugelnester werden oft von Katzen, Elstern und Mardern geplündert.

Grünfink
Er lebt in Parkanlagen, Alleen und Gärten der Stadt, baut sein Nest in Büschen, Hecken, Nadelbäumen und manchmal sogar in Balkonkästen. Er frisst Knospen, Samen und Früchte.

Die Amsel – Vogel mit vielen Verhaltensweisen

In dieser Haltung verjagt das Amselmännchen andere Männchen aus dem Revier.

Zwei Männchen drohen sich in einer Kampfpause an.

Bei Auseinandersetzungen am Boden laufen die Männchen zuerst mit gesenktem Kopf drohend umeinander. Dann laufen sie vor. Schließlich bleiben sie stehen, richten den Schnabel nach oben und fächern den Schwanz.

Diese Haltung nimmt die unterlegene Amsel ein, bevor sie flieht.

„Tix" rufend sitzt das siegreiche Männchen auf dem Ast.

Das Männchen singt ein Weibchen an.

Kämpfende Amselmännchen

Beobachtungen an Amseln. Herr Laumer ist ein Vogelkenner. Regelmäßig beobachtet er die Amseln in der Umgebung seines Hauses. Er unterscheidet nicht nur die schwarzen Männchen mit dem leuchtend gelben Schnabel von den braunen Weibchen. Er kann sogar einzelne Vögel an ihrem Aussehen erkennen und hat ihnen Namen gegeben. Seine Beobachtungen hält Herr Laumer in einem Vogel-Tagebuch fest.

```
27.2.  mild, Regen
Erster Amselgesang in diesem
Jahr.
Auf dem Haus singt das Männchen
"Glänzer", auf dem Lichtmast,
über der Straße singt "Weiß-
fleck".

3.3.
"Weißfleck" sucht Nahrung am
Komposthaufen, wird von "Glän-
zer" verjagt.

20.3.  gegen Abend, kühl, windig
Ein fremdes Amselmännchen landet
vor der Garage.
"Glänzer" hat es sofort entdeckt,
stürzt sich auf den Fremden.
Sie fliegen aneinander hoch.
Dieser Luftkampf wiederholt sich
mehrmals.
Sie kommen dabei immer weiter
zur Straße hin.
Da flieht der Fremde.
"Glänzer" ruft laut und schnell
tix-tix.
```

```
23.3.  vormittags, sonnig
"Weißfleck" und "Glänzer" laufen
hintereinander her.
In unserem Garten wird "Weiß-
fleck" von "Glänzer" verfolgt.
Als sie die Sraße erreichen,
bleibt "Weißfleck" plötzlich
stehen, dreht um und läuft auf
"Glänzer" zu.
Auch "Glänzer" dreht um, und die
Verfolgung geht umgekehrt bis in
unseren Garten.
Etwa beim Kirschbaum wendet dann
wieder "Glänzer" und verfolgt
"Weißfleck".
Schließlich trennen sie sich
friedlich.
```

Das Amselrevier

Mitten auf der Straße sieht man im zeitigen Frühjahr manchmal Amseln miteinander kämpfen. Selbst ein heranbrausendes Auto bringt die Streithähne kaum auseinander. Was ist nur mit den sonst so friedlichen Vögeln los?

Amseln haben *Reviere*. Im Frühjahr legen die Männchen die *Reviergrenzen* fest. Dabei kämpfen sie miteinander. Später werden die Kämpfe selten. Die Tiere drohen nur noch und verfolgen einander bis zur Reviergrenze. *Das Gebiet, aus dem ein Amselmännchen alle anderen verjagt, ist sein Revier.* Wenn das Amselmännchen *singt*, erfahren die Amseln in der Umgebung: Das Revier ist besetzt!

Der Gesang hat aber noch eine weitere Aufgabe. Er lockt Amselweibchen herbei. Hat sich ein Weibchen mit dem Männchen verpaart, *verteidigen beide* zusammen das *gemeinsame Revier*.

Anfang April beginnt das Weibchen mit dem *Nestbau*. Jetzt zeigt sich, welche Bedeutung das Revier hat. Nur wenn es groß genug ist, bietet es dem Amselpaar Nistplätze, Nistmaterial und reichlich Nahrung für sich und die Jungen.

Wem gilt der Gesang des Amselmännchens?

> Amseln haben Reviere. Die Männchen kennzeichnen ihr Revier mit Gesang.

Amselreviere in einem Wohngebiet mit Gärten. Die Reviergrenzen sind durch farbige Linien angegeben. Bei den Farbpunkten liegen die Nistplätze.

1   Welches Amselmännchen besetzt das Revier in Herrn Laumers Garten? Woran kannst du das feststellen?

2   Welche Beobachtungen an Amseln hast du selbst schon gemacht?

3   Lege ein Beobachtungsblatt über Amseln an. Trage darin Singplätze und Singzeiten der Amselmännchen ein.

Nestbau und Brutpflege

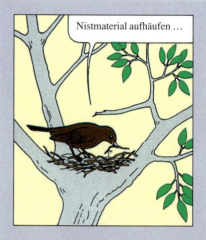
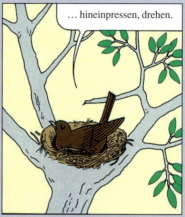

Nestbau
Zuerst stellt das Amselweibchen in Astgabeln, Mauernischen oder zwischen Holzstößen den Unterbau für das Nest her. Es häuft kleine Zweige und Halme auf und passt sie ein. Dann verbindet es alles mit feuchter Erde, Lehm, nassem Gras und Moos.

Später baut die Amsel vor allem lange Halme, aber auch Blätter, Federn und Zweige ein. Immer wieder setzt sie sich in das aufgehäufte Nistmaterial. Dabei drückt sie mit Brust und Beinen eine Vertiefung hinein. Weil sich die Amsel dabei dreht, formt sie eine gleichmäßig gerundete Nestmulde.

Auch den Oberbau des Nests verfestigt sie mit feuchtem Lehm. Zum Schluss legt sie die Nestmulde mit sehr kurzen Hälmchen aus. Zwischen 2 und 10 Tagen dauert es, bis das Amselnest fertig ist. Die meisten Amselnester findet man in 2 Metern Höhe, selten auch direkt auf dem Boden.

Die Brutpflege des Amselpaars

Das Amselweibchen legt 3 bis 5 blaugrüne, rostrot gesprenkelte *Eier* in sein Nest und *bebrütet* sie. Nach 13 Tagen schlüpfen die Jungen. Sie sind noch nackt und blind. Es sind *Nesthocker*. Sie werden von beiden Eltern *gefüttert* und *gewärmt*. Etwa 8 bis 10 Tage nach dem Schlüpfen öffnen sich ihre Augen und die Federn entfalten sich.

Die jungen Amseln brauchen jetzt viel Nahrung. Den ganzen Tag sind die Alten damit beschäftigt, Regenwürmer, Insekten und Spinnen herbeizuschaffen. Sobald ein Altvogel ans Nest kommt, recken die Jungen den Hals empor und *sperren* den Schnabel auf. Daraufhin stopft der Altvogel ihnen das Futter tief in den orangegelben Schlund. Die weißen, in eine Hülle verpackten Kotballen der Jungen trägt die alte Amsel im Schnabel vom Nest fort.

Rund 2 Wochen nach dem Schlüpfen verlassen die jungen Amseln das Nest. Sie sind voll befiedert, doch fliegen können sie noch nicht richtig. Einzeln halten sie sich am Boden versteckt. Tauchen die Eltern auf, hüpfen sie ihnen bettelnd hinterher. Erst nach weiteren 6 bis 10 Tagen sind sie *flügge,* dann können sie fliegen und für sich selber sorgen.

Das Amselweibchen füttert die sperrenden Jungen.

Amseljunge sind Nesthocker.

Praktikum: Wir untersuchen ein Amselnest

Amseln bauen jedes Jahr ein neues Nest. Wenn du im Herbst alte Nester sammelst, fügst du den Vögeln also keinen Schaden zu. Falls du kein Amselnest findest, kannst du versuchen mit dem Foto rechts zu arbeiten.

1   Untersuche das Amselnest ohne dass du es zerlegst. Kannst du noch herausfinden, auf welcher Unterlage es gebaut war?

2   Stelle fest, woraus das Nest besteht. Vergleiche mit dem Bild unten. Lege eine Liste an.

3   Lassen sich Unterschiede im Baumaterial feststellen, wenn du den unteren Teil des Nests mit dem Nestrand vergleichst?

4   Welche Aufgabe hat wohl die Erde, die in das Nest eingebaut ist?

5   Miss und wiege das Amselnest. Vergleiche mit den Zahlen, die du hier für ein anderes Amselnest findest.

Gewicht und Maße eines Amselnests

Gewicht (trocken)	231 g
Lehmanteil	140 g
Durchmesser (innen)	10 cm
Tiefe	6 cm

6   Wie oft musste die Amsel fliegen um das Nest zu bauen? Auf einmal kann sie nur ungefähr 0,5 Gramm Nistmaterial in ihrem Schnabel herbeischaffen.

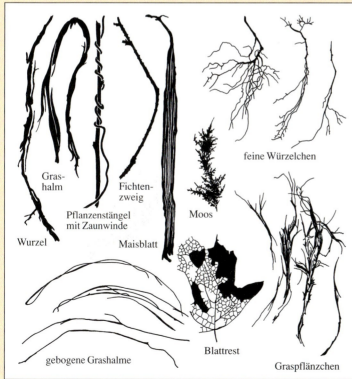

193

Die Amseljungen

Was Amseln können …

Sperren. Schon wenige Stunden nach dem Schlüpfen sperren junge Amseln den Schnabel auf, sobald eine alte Amsel am Nest erscheint. Das brauchen sie nicht zu lernen. Es ist ihnen *angeboren*.

Immer sperren sie genau im richtigen Augenblick. Dabei sind ihre Augen in den ersten Lebenstagen noch geschlossen. Sie sehen gar nicht, dass ihnen der Altvogel Futter bringt! Die Erschütterung des Nests, wenn die alte Amsel landet, gibt ihnen das Zeichen, das *Signal*, zum Sperren. Dieses Signal verstehen sie von Anfang an. Seine Kenntnis ist ihnen ebenfalls angeboren.

Singen, Balzen, Kämpfen, Nisten, Füttern. Angeborenes Verhalten gibt es nicht nur bei Jungvögeln. Auch die erwachsenen Amseln brauchen manches nicht zu lernen. Singen, Balzen, Kämpfen, Nisten und Füttern sind ihnen angeboren.

… und was sie lernen müssen.

Noch im Nest *lernen* die jungen Amseln eine Menge hinzu. Bald sperren sie schon, wenn sie den Luftzug des anfliegenden Altvogels spüren. Später sehen die fast flüggen Jungen den Alten ab, wo und wie man Nahrung findet. Hin und wieder nehmen sie selbst einen Gegenstand in den Schnabel und prüfen, ob er essbar ist.

Auch im Leben der erwachsenen Amseln spielt Lernen eine wichtige Rolle. Selbst beim Singen, Balzen, Kämpfen und Nisten lernen sie noch dazu. Amselmännchen, die niemals den Gesang anderer Amseln hören konnten, singen viel eintöniger und weniger rein. Den Amselweibchen gelingen die ersten Nester längst nicht so gut wie die späteren. Wie der Partner aussieht, wo die Reviergrenzen verlaufen, wie die Reviernachbarn singen, wo man feuchten Lehm zum Nestbau findet – all das müssen Amseln ebenfalls lernen.

> Tiere können vieles ohne es gelernt zu haben. Sich so zu verhalten ist ihnen angeboren.

> Amseljunge sind Nesthocker.

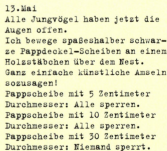

Versuche mit Amseljungen
Herr Laumer hat eine verlassene Amselbrut aufgezogen. Die Jungen wären verhungert, hätte er sie nicht gefüttert. Das war nicht so einfach. Anfangs sperrten sie nämlich nicht. Durch Versuche fand er heraus, wodurch das Sperren ausgelöst wird.

1 Welche Signale lösen das Sperren bei den noch blinden Amseljungen aus? Welche bei den schon sehenden?

```
10.Mai
Amseln 6 Tage alt, Augen noch
geschlossen.
Ich stoße aus Versehen leicht
gegen das Nest.
Sofort sperren alle den Schna-
bel auf.

11.Mai
Amseln 7 Tage alt, Augen noch
geschlossen.
Ich berühre mit der Pinzette
den Schnabelrand: Sperren!
Ich berühre die Tiere am Kopf
und am übrigen Körper: kein
Sperren!
```

```
13.Mai
Alle Jungvögel haben jetzt die
Augen offen.
Ich bewege spaßeshalber schwar-
ze Pappdeckel-Scheiben an einem
Holzstäbchen über dem Nest.
Ganz einfache künstliche Amseln
sozusagen!
Pappscheibe mit 5 Zentimeter
Durchmesser: Alle sperren.
Pappscheibe mit 10 Zentimeter
Durchmesser: Alle sperren.
Pappscheibe mit 30 Zentimeter
Durchmesser: Niemand sperrt.
```

Außergewöhnliche Vögel – Anpassungen an besondere Lebensräume

Der Kolibri. Klein, schillernd bunt, rasend schnell und wendig. Wer jemals Kolibris im Flugkäfig eines Zoos oder gar in den Wäldern ihrer amerikanischen Heimat fliegen sah, wird diese „fliegenden Edelsteine" nicht mehr vergessen. Mit knapp 2 Gramm Gewicht und 6 Zentimetern Körperlänge ist der *Hummelkolibri* der kleinste Vogel der Erde.

Kolibris fliegen im *Schwirrflug*, völlig anders als alle anderen Vögel. Dabei schlagen ihre Flügel schneller als unser Auge sehen kann. Unvermittelt können sie ihren schnellen Flug bremsen, wenden und vor einer Blüte in der Luft „stehen" bleiben. Mit dem langen, röhrenförmigen Schnabel saugen sie Nektar aus tiefen Blütenkronen und erbeuten kleine Insekten und Spinnen. Diese energiereiche Nahrung ist Voraussetzung für die kräftezehrende Flugtechnik.

Kolibris können im Flug vor einer Blüte „stehen" bleiben

Der Kaiserpinguin. Durch ihre aufrechte Körperhaltung und den Watschelgang wirken Pinguine auf uns immer tollpatschig. Mit den zu Rudern umgebildeten Flügeln können sie nicht fliegen, aber fünfmal schneller schwimmen als ein Mensch. Dabei jagen sie Fische und Tintenfische. Eine dicke *Fettschicht* und ein *wasserdichtes Federkleid* schützen sie bestens gegen Kälte.

Der *Kaiserpinguin* ist mit 90 Zentimetern Körperhöhe der größte Pinguin. Er lebt an der antarktischen Küste. Im dunklen Polarwinter, wenn schwere Schneestürme über das Eis toben, brütet er. Dann stehen die Männchen in großen Brutkolonien dicht beisammen, jedes mit einem einzigen Ei zwischen Füßen und Bauchfalte. Wenn nach 2 Monaten Brutzeit das Junge schlüpft, kommen die Weibchen mit gefülltem Kropf um die Jungen zu füttern.

Eine Kaiserpinguinfamilie in der Kälte der Antarktis

Der Strauß. Neben einem *Strauß* mit seinen bis zu 3 Metern Größe kommen wir uns eher klein vor. Er ist der größte Vogel der Erde. Seine Federn sind Schmuck, zum Fliegen taugen sie nicht. Mit 150 Kilogramm Gewicht ist der Strauß dafür auch zu schwer. Umso besser kann er laufen, eine Stunde lang hält er „Tempo 50" durch. Der *Laufvogel* bewohnt die Steppen Afrikas. Er lebt von Samen, Gräsern und kleinen Tieren. Zur Brut legen mehrere Straußenhennen bis zu 10 Eier in ein gemeinsames Nest, wo sie vor allem vom Straußenhahn bebrütet werden. Wenn aus den Eiern die hühnergroßen Nestflüchterküken geschlüpft sind, werden sie von den Alttieren sorgsam bewacht und geführt.

Vater Strauß hat ein waches Auge auf die Jungtiere.

Vögel im Winter

Überwintern ist schwierig

Viele Vogelarten verschwinden im Herbst von einem Tag auf den anderen. Erst im Frühjahr kommen sie wieder. Es sind *Zugvögel*. Einige Vögel bleiben dagegen im Winter hier. Man nennt sie *Standvögel*. Wie werden sie fertig mit Schnee und Kälte? Wovon ernähren sie sich?

Grünfink. Noch vergleichsweise leicht hat es der *Grünfink*. Zwar leidet er unter strenger Kälte und sitzt dann dick aufgeplustert im Geäst. Doch hungern muss er nicht. Als *Körnerfresser* lebt er von *Samen*, *Beeren* und *Früchten*. Selbst wenn Schnee liegt, findet er meist noch genug Nahrung.

Kohlmeise. Im Sommer gibt es für die *Kohlmeise* reichlich zu fressen: *Insekten*, *Raupen*, *Spinnen*, auch *Beeren* und *Blütenknospen*. Im Winter herrscht an solcher Nahrung Mangel. Unermüdlich sucht die Kohlmeise die Baumrinde ab. Doch viel zu selten gelingt es ihr, mit dem spitzen Schnabel ein Insekt aus seinem Schlupfwinkel zu holen. So frisst die Kohlmeise jetzt vor allem *Samen*.

Amsel. Wie die Kohlmeise stellt auch die *Amsel* ihren Speiseplan um. Im Sommer lebt sie von *Regenwürmern*, kleinen *Schnecken* und von *Insekten*, die sie im Gras und Laub aufstöbert. Wenn aber der Boden gefroren, das Laub schneebedeckt ist, ernährt sie sich von *Beeren*, *Früchten* und *Samen*.

Welche Vögel besuchen hier das Futterhäuschen?

Vogelfüttern – aber richtig

Warum stellen wir eigentlich im Winter Futterhäuschen auf? Sind unsere Singvögel tatsächlich darauf angewiesen?

Meisen, Amseln, Finken und andere Singvögel ernähren sich im Winter vor allem von Früchten und Samen. In den Städten finden sie davon aber nicht allzu viel. Bei anhaltender Kälte und hohem Schnee geraten sie in Not. Hier können wir helfen. Am besten sorgen wir für einen reich gedeckten Tisch in unseren Gärten. Wir lassen die Blumen Samen ansetzen und pflanzen Bäume und Sträucher, deren Früchte die Vögel mögen, wie Vogelbeere, Heckenrose, Zwergmispel und Pfaffenhütchen.

Wer keinen Garten hat, bietet den Vögeln in einem Futterhäuschen Nahrung an. Dabei musst du aber einiges beachten. Sonst schadest du den Tieren womöglich:

– Füttere nur, wenn Schnee liegt oder der Boden längere Zeit gefroren ist. Füttere dann regelmäßig und schon morgens.
– Halte das Vogelhaus unbedingt sauber. Ist es verschmutzt, können sich die Vögel mit Krankheitskeimen anstecken und sterben.
– Verwende nur wirklich geeignetes Futter; am sichersten sind fertig gekaufte Mischungen für Körnerfresser und für „Weichfresser" wie die Amsel.

Standvögel bleiben im Winter bei uns. Zu den Standvögeln gehören viele Körnerfresser wie die Finken, aber auch manche Insekten- und Kleintierfresser wie die Amsel. Von ihnen stellen sich die meisten im Winter auf pflanzliche Kost um.

---

1 Wovon sich ein Vogel ernährt, erkennt man meist schon an seinem Schnabel. Körnerfresser haben kurze, dicke Schnäbel. Insekten- und Weichfresser haben längere, spitze Schnäbel. Vögel, die ihre Nahrung aus der Baumrinde heraushacken, wie die Spechte, haben gerade, kräftige Schnäbel. Wie würdest du Rotkehlchen, Kleiber und Dompfaff einordnen?

2 Fast alle Vögel auf dem Bild links sind Standvögel. Nur der Bergfink ist ein Zugvogel aus Nordeuropa. Weshalb überwintert er wohl bei uns?

< *Auf dem Bild links siehst du Vögel, die im Winter bei uns anzutreffen sind.*

1 Buntspecht	6 Blaumeise	11 Haussperling
2 Grauspecht	7 Amsel	12 Dompfaff
3 Grünspecht	8 Buchfink	13 Rotkehlchen
4 Kleiber	9 Bergfink	
5 Kohlmeise	10 Grünfink	

Zugvögel und Vogelzug

Zugvögel brauchen sich im Winter nicht auf andere Nahrung umzustellen. Sie fliegen in wärmere Länder, wo es die gewohnte Kost gibt. Zu den Zugvögeln gehören bei uns viele *Insektenfresser* wie *Kuckuck*, *Mauersegler*, *Schwalben* und *Rotschwänze*. Auch die *Graugans* und andere *Wasservögel* sowie *Kranich* und *Storch* sind Zugvögel. Von allen Vogelarten, die bei uns brüten, verlässt uns im Herbst mehr als die Hälfte!

Wo bleiben sie? Früher wusste man nicht genau, was mit diesen Vögeln im Winter geschieht. Von den Schwalben glaubte man, sie würden den Winter im Schlamm der Teiche verbringen. Störche sollten gar eine Art Winterschlaf halten. Vielleicht kommen dir heute solche Geschichten komisch vor. Doch wie hätte damals jemand ahnen können, dass selbst so kleine Singvögel wie die Schwalben nach Afrika fliegen?

Der Zug der Störche. Vor rund 150 Jahren wurde bei Wismar an der Ostseeküste ein Storch erlegt. In seinem Hals steckte ein Pfeil aus Afrika. Damit war klar: *Unsere Störche halten sich im Winter in Afrika auf.* Inzwischen kennt man nicht nur die genauen Überwinterungsgebiete. Man weiß sogar, dass die Störche *auf zwei verschiedenen Wegen* dorthin ziehen. Störche fliegen nämlich nicht gern über größere Wasserflächen. Sie überqueren das Mittelmeer nur an den engsten Stellen.

Die *Weststörche*, zu ihnen gehören die westdeutschen, niederländischen und französischen Störche,

Graugänse fliegen auf dem Zug „in Keilform" kräfteschonend hintereinander.

nehmen den *südwestlichen Zugweg*. Sie fliegen über Spanien und die Meerenge von Gibraltar nach *Westafrika*.

Die *Oststörche*, zu ihnen gehören die Störche aus dem östlichen Deutschland und aus Osteuropa, nehmen dagegen den *südöstlichen Zugweg*. Er führt über Ungarn, über die Meerenge am Bosporus, die Türkei und die Sinaihalbinsel nach *Ost- und Südafrika*.

Rastende Störche auf der Sinaihalbinsel

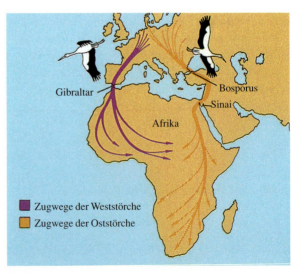

Der Zugweg der Störche

Junge Störche werden beringt.

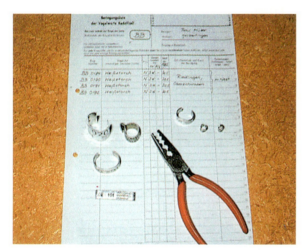
Die Werkzeuge des Beringers: Metallringe unterschiedlicher Größe für verschiedene Vogelarten, eine Zange zum Zudrücken der Ringe und die Beringungsliste

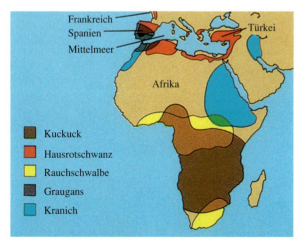
Die Karte zeigt die Überwinterungsgebiete einiger Vogelarten, die bei uns brüten.

Beringung. Über den Zugweg der Weststörche und der Oststörche weiß man erst durch die *Beringung* so genau Bescheid. Die Beringung ist Aufgabe der *Vogelwarten*. Ihre Mitarbeiter kennzeichnen die Jungvögel im Nest oder auch gefangene Altvögel mit einem *Metallring*. Er wird den Tieren um das Bein gelegt. Auf dem Ring steht eine Nummer und die Bitte ihn an die Vogelwarte zurückzuschicken. So erfährt man, was aus den Vögeln geworden ist: ob sie gefangen oder tot aufgefunden wurden und wo das geschah. Je mehr Wiederfunde, desto besser lässt sich der Zugweg der einzelnen Vogelarten verfolgen.

Wie finden sie den Weg? Störche ziehen *bei Tag* und *zu vielen*. Die *Richtung*, in die sie fliegen müssen, kennen schon die Jungstörche. Sie richten sich dabei nach dem Stand der *Sonne*. Das ist ihnen *angeboren*. Sie *lernen* aber auch von den Alten. Die erfahrenen Vögel richten sich zusätzlich nach der Landschaft, nach Küsten, Flussläufen und Gebirgen. Manche Kleinvögel, zum Beispiel der *Kuckuck*, wandern dagegen *einzeln* und *nachts*. Sie richten sich nach den *Sternen*.

Strichvögel. Nicht alle Zugvögel ziehen so weit wie die Störche. Der *Hausrotschwanz* zum Beispiel überwintert schon im *Mittelmeergebiet*. Außerdem gibt es noch Vögel, die gar keine festen Überwinterungsgebiete haben. Sie streifen im Winter unstet umher. Meist bleiben sie dabei in Mitteleuropa. Man nennt sie *Strichvögel*. Zu ihnen gehört die *Sturmmöwe*. Diese Möwe brütet an der Küste. Im Winter trifft man sie aber an den Flüssen im Binnenland.

Zugvögel verbringen den Winter in Afrika oder Südeuropa. Zu ihnen gehören viele Insektenfresser, manche Wasservögel, auch Storch und Kranich.

Strichvögel streifen im Winter umher. Sie verlassen Mitteleuropa nur selten. Zu ihnen gehört die Sturmmöwe.

---

1   Über den Zug vieler Kleinvögel weiß man weit weniger als über den der Störche. Woran könnte das liegen?

Lebensraum Wald

Der Wald – eine Lebensgemeinschaft

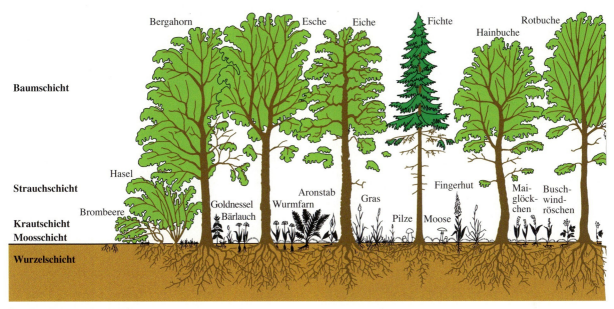

Die Stockwerke des Waldes

Waldpflanzen. Niemand hält eine baumbestandene Allee, einen Obstgarten, eine Baumschule oder einen Park für *Wald*. Wieso eigentlich nicht? Weil zum Wald nicht nur Bäume gehören, sondern zahlreiche weitere Pflanzen.
Moose bedecken oft in dichten, grünen *Polstern* den Waldboden. Wasser nehmen sie nur über ihre zarten Blättchen auf. Moospolster können viel Wasser speichern.
Farne bilden im Wald manchmal hüfthohe Dickichte. An ihren großen, meist gefiederten Blättern, den *Farnwedeln*, lassen sie sich leicht erkennen. Junge Farnwedel sind an der Spitze eingerollt.
Pilze findet man häufig am Fuß der Bäume. Manche Pilzarten besiedeln aber auch die Stämme oder wachsen auf morschen Baumstümpfen.
Farne, Moose und Pilze blühen niemals. Sie gehören zu den *blütenlosen Pflanzen*.
Mehr noch fallen im Wald die vielen Arten von *Blütenpflanzen* auf. Dazu gehören *Kräuter* wie Fingerhut, Maiglöckchen, Buschwindröschen und Sauerklee. Kräuter nennt man Pflanzen, deren überirdische Teile jedes Jahr absterben. Zu den Blütenpflanzen zählen aber auch *Sträucher* wie Haselnuss, Holunder, Himbeere und Brombeere. Sträucher sind Pflanzen, deren verholzte Teile sich direkt vom Boden an in mehrere gleich starke Äste aufgabeln.

Die Stockwerke des Waldes. Kein Strauch wird so hoch wie eine Fichte oder Buche. Von den unverholzten Kräutern und Farnen werden nur wenige so hoch wie ein Strauch. Moospolster bleiben immer niedrig über dem Boden. Man spricht deshalb von *Stockwerken* oder *Schichten*: von *Baumschicht*, *Strauchschicht*, *Krautschicht* und *Moosschicht*.
Lebensgemeinschaft Wald. Würde man den Sauerklee mit seinen zarten Blättern auf ein Feld pflanzen, wäre er bald verdorrt. Er gedeiht nur im Schatten der Waldbäume. Manche Waldbäume sind auf bestimmte Pilze an ihren Wurzeln angewiesen. Zwischen den verschiedenen Waldpflanzen bestehen also *Beziehungen*.
Im Wald leben aber nicht nur viele *Pflanzen*. Er bietet zugleich zahlreichen *Tieren* Nahrung und Versteck. Auch die Tiere sind *an den Wald gebunden* und kommen meist nur hier vor. Untereinander und mit den Pflanzen sind sie ebenfalls durch vielfältige Beziehungen verknüpft.

> Alle Pflanzen und Tiere des Waldes zusammen bilden die Lebensgemeinschaft Wald.

1 Beschreibe die Stockwerke des Waldes.

Wald ist nicht gleich Wald

Laubwald

Nadelwald

Lebensbedingungen im Laubwald. Rotbuche, Hainbuche und Eiche sind die häufigsten Bäume des *Laubwaldes*. Ehe sie sich im *Frühjahr* belauben, fällt viel Licht auf den Boden. Viele *Frühblüher* erscheinen und blühen bald. Wenn sich *im Sommer* das Laubdach schließt und es *schattig* wird am Waldboden, haben sie ihre Entwicklung schon abgeschlossen. Moose finden wir im Laubwald kaum. Im Herbst bedeckt das Falllaub die niedrigen Pflänzchen und nimmt ihnen das Licht
Die abgeworfenen Blätter bilden eine *lockere, gut durchlüftete Streu*. In ihr leben viele Bodentiere, die zusammen mit Pilzen und Bakterien das Laub rasch zu *Humus* zersetzen.
Mischwälder. Besonders reich an Pflanzen- und Tierarten sind *Mischwälder* aus Laub- und Nadelbäumen. Die meisten Pflanzen der reinen Laub- oder Nadelwälder kommen hier vor. Natürlich gewachsene Mischwälder zeigen im Waldinnern am deutlichsten einen ausgeprägten Stockwerksbau.

Lebensbedingungen im Nadelwald. Es ist dir sicher schon aufgefallen, dass im *Fichtenwald* wenig Sträucher und Kräuter wachsen. Es ist hier für *Pflanzen mit einem hohen Lichtbedarf zu dunkel*. Für die Moose dagegen reicht das spärliche Licht, das auf den Boden fällt, zum Wachstum aus. Etwas günstiger sind die Lichtverhältnisse im *Kiefernwald*. Daher kommen hier mehr Bodenpflanzen vor.
Natürlich gewachsene Fichtenwälder gibt es bei uns nur im Gebirge. In tieferen Lagen hat sie der Mensch angelegt. Wo der Boden mineralstoffarm oder sandig ist, dehnen sich oft weite Kiefernwälder aus.
Nadelbäume verlieren ihre Nadeln meist erst nach mehreren Jahren und dann nicht alle auf einmal. Doch die *Nadelstreu* ist viel dichter und daher schlechter durchlüftet als die Laubstreu. Sie verwest nur langsam. Es entsteht dabei kein fruchtbarer Humus, sondern ein *saurer Rohhumus*. Er wird von vielen Pflanzen des Laubwaldes nicht vertragen.

Im Laub- und Nadelwald herrschen unterschiedliche Lebensbedingungen. Im Laubwald schwankt die Lichtmenge am Boden im Jahresverlauf. Im Nadelwald ist sie immer gleich niedrig.

---

1   Vergleiche die beiden Fotos oben. Welche Unterschiede fallen dir auf?

2   Wächst in der Umgebung deines Heimatortes Nadelwald, Laubwald oder Mischwald?

3   Begründe, warum in einem Nadelwald am Boden nur wenige Pflanzen wachsen.

Wie man Bäume erkennt

Du kannst leicht lernen die wichtigsten einheimischen Bäume zu unterscheiden. Vor allem auf die Form der *Blätter*, auf die *Blüten* und *Früchte*, aber auch auf die *Borke* muss man dabei achten.

Blätter. Eine große Eiche hat über 250 000 Blätter. Keines von ihnen gleicht zwar dem anderen ganz genau, trotzdem sehen sie alle einander ähnlich. Eichenblätter haben tiefe *Blattbuchten*. Ahornblätter sind *handförmig geteilt*. Buchenblätter sind *eiförmig*, Lindenblätter *herzförmig*. Auch auf den *Blattrand* kommt es an. Er kann *glatt* und *leicht gewellt* sein wie beim Buchenblatt. Dieses ist außerdem *fein behaart*. Der Blattrand kann auch *gesägt* sein wie beim Lindenblatt.

Blüten und Früchte. Sobald die Bäume ein bestimmtes Alter erreicht haben, *blühen* und *fruchten* sie. Die Blüten und die Früchte der verschiedenen Baumarten unterscheiden sich deutlich. Die Blüten von Kirsche, Apfel und Birne kennst du sicher aus dem Garten. Sie sind ja auch groß und auffällig. Die Blüten von Eiche und Buche hast du sicher noch nie bemerkt, so klein und unscheinbar sind sie. Kennst du die Blüten der Linde? Sie duften herrlich. Früchte wie den Apfel kannst du leicht von der Birne und der Kirsche unterscheiden. Aber auch Eicheln, Bucheckern und die geflügelten Samen der Linde sind Früchte von Bäumen.

Stamm. Auch die Stämme sind von Baum zu Baum verschieden. Die Fichte hat einen geraden, schlanken Stamm. Bis zum Wipfel hinauf ist er ungeteilt. Der Stamm der Eiche ist dick und knorrig. Er verzweigt sich meist mehrere Male.

An einem gefällten Baum kannst du feststellen, dass der Stamm aller Bäume im Innern *holzig* ist. Du siehst auch, dass dieses Holz von einer *Rinde* umgeben ist.

Im Holz des Stammes kannst du viele Ringe erkennen. Von innen nach außen werden sie immer größer. Der Abstand von Ring zu Ring gibt an, wie viel der Stamm während eines Jahres gewachsen ist. Man nennt diese Ringe *Jahresringe*.

Der äußere Teil der Rinde wird von der *Borke* gebildet. Diese Borke ist von Baumart zu Baumart verschieden. Bei der Buche ist sie grau und glatt, bei der Kiefer graubraun und schuppig. Bei der Eiche ist sie grau bis dunkelbraun und hat tiefe Risse. Die Borke der Vogelkirsche hat typische längliche Rillen.

> Blatt, Blüte, Frucht und Stamm sind für die Unterscheidung der Baumarten wichtig.

1 Nimm ein Transparentpapier und halte es fest gegen einen Baumstamm. Reibe dann mit einem Wachsmalstift vorsichtig über das Papier, bis sich das Rindenmuster auf dem Blatt abzeichnet. Vergleiche die Muster verschiedener Bäume.

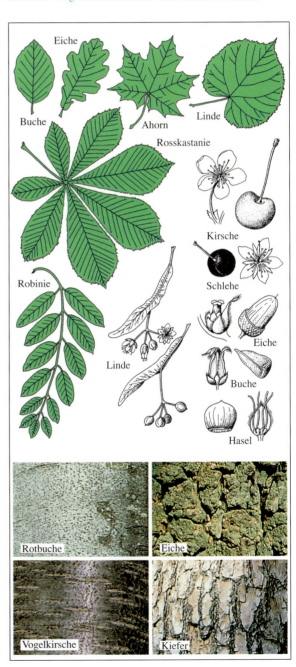

Die Rotbuche

Vorkommen. Die *Rotbuche* gehört zu den häufigsten Bäumen unserer Laub- und Mischwälder. Ihr Anteil unter den Waldbäumen beträgt etwa ein Fünftel. Würde der Mensch die Zusammensetzung des Waldes nicht beeinflussen, wäre die Buche *der häufigste Waldbaum* überhaupt in Mitteleuropa. Im Gebirge wächst sie bis in 1200 m Höhe. Am besten gedeiht sie auf lockerem, mineralstoffreichem, kalkhaltigem Boden.

Stamm und Krone. Buchen können *bis zu 40 m hoch* werden. Ihre Wuchsform ist ganz unterschiedlich: Im Innern des Waldes sind die silbergrauen Stämme bis weit hinauf astfrei. Am Waldrand fällt die viel stärkere Beastung auf der dem Licht zugewandten Seite ins Auge. Steht die Buche dagegen als Einzelbaum in der freien Landschaft. trägt der kurze Stamm eine weit herabreichende Krone. Der Baum passt sich also in seiner Wuchsform den Lichtverhältnissen an.

Wurzel. Buchen sind *Tiefwurzler*. Ein kräftiges, weit verzweigtes Wurzelwerk verankert sie fest im Boden. Auch heftige Stürme vermögen sie nicht zu entwurzeln.

Lebenslauf der Buche. Buchen wachsen sehr langsam. Nach 10 Jahren ist aus dem Buchenkeimling erst eine 75 cm hohe Jungpflanze geworden. Mit 30 Jahren hat sie 6 m Höhe erreicht. Bis die Buche zum ersten Mal Blüten bildet und Früchte trägt, vergehen oft mehr als 40 Jahre. Buchen können über 250 Jahre alt werden.

Verwendung. Das Holz der Rotbuche ist im Unterschied zur Hain- oder Weißbuche rötlich weiß. Der Holzfarbe verdankt sie ihren Namen. Obwohl das Holz hart ist, lässt es sich gut verarbeiten. Es dient vorzugsweise zur Herstellung von Möbeln, Treppen, Papier und Pappe.

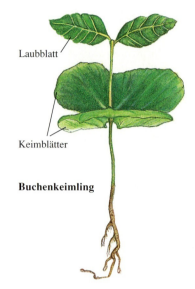

Buchenkeimling

| Die Rotbuche ist von Natur aus der häufigste Waldbaum in Mitteleuropa. |

1 Wo wachsen in der Umgebung deiner Schule Rotbuchen?

2 Sammle im Oktober Blätter und Früchte von Rotbuche und Hainbuche (Weißbuche) und vergleiche sie miteinander. Falls nötig, kannst du auch die Abbildungen auf den Seiten 205 und 209 heranziehen.

3 Zerdrücke eine Buchecker zwischen Papier. Was beobachtest du? Kannst du erklären, warum Bucheckern als Nahrung für Wildtiere während Herbst und Winter sehr geeignet sind?

Frei stehende Buchen entwickeln ausladende, kuppelförmige Kronen.

Wurzelwerk der Buche

Die Buchenblätter haben sich entfaltet.

Buchenzweig mit Bucheckern

Das Jahr der Buche

Laubaustrieb. Anfang Mai schwellen die Knospen der Rotbuche und die *Blätter* brechen aus ihnen hervor. Bis zu 200 000 Blätter bildet eine stattliche Rotbuche. Die Blätter stehen so, dass sie einander möglichst wenig verdecken und Licht wegnehmen.

Blüte. Zugleich mit dem Austrieb der Blätter blüht die Rotbuche; alle fünf bis zehn Jahre besonders reichlich. Die Buche ist *einhäusig*. Die zahlreichen männlichen Blüten sind zu kugeligen, hängenden Kätzchen vereinigt. Die aufrecht stehenden weiblichen Kätzchen enthalten immer nur zwei Blüten.
Die *Bestäubung* erfolgt durch den *Wind*.

Frucht. Aus den befruchteten weiblichen Blüten entwickeln sich bis zum Herbst *Bucheckern*. Es sind dreikantige *Nussfrüchte,* die zu zweien von einem stacheligen Fruchtbecher umgeben sind. Sie keimen im nächsten Frühjahr.

Laubfall und Winterknospen. Mit den ersten Frösten beginnt der *Laubfall*. Zuvor hat die Buche wertvolle Stoffe wie Stärke, Eiweiß und Mineralstoffe aus den Blättern in den Stamm zurückgezogen. Zwischen Blattstiel und Zweig entsteht eine *Trennschicht*. Hat sich das Blatt abgelöst, verschließt Kork die Narbe. Die *Knospen* für die Blätter des folgenden Jahres sind bereits angelegt.

männliche Kätzchen — weibliches Kätzchen

Winterknospen der Buche

Die Fichte

Vorkommen. Die schnellwüchsige *Fichte* ist für die Forstwirtschaft ein wichtiger Baum. Sie wird deshalb häufig angepflanzt. Geschieht dies in reinen Fichtenpflanzungen, spricht man von einer *Monokultur*. Etwa ein Drittel des Baumbestands in deutschen Wäldern besteht heute aus Fichten.

An den Mineralstoffgehalt des Bodens stellt die Fichte keine besonderen Ansprüche. Sie bevorzugt jedoch einen feuchten Boden. Gegen Frost ist sie wenig empfindlich. Ursprünglich kam sie vor allem im Gebirge vor.

Stamm und Krone. Fichten können *bis zu 60 m hoch* werden. Sie haben einen schlanken Stamm und eine besonders schmale, spitz zulaufende Krone, an der sie sich von anderen *Nadelbäumen* unterscheiden lassen. Die *nadelförmigen, immergrünen Blätter* sitzen bei der Fichte ringsum an den Zweigen, bei der ähnlichen Tanne dagegen hauptsächlich in einer Ebene. Fichtennadeln sind zudem im Querschnitt vierkantig, Tannennadeln flach.

Wurzel. Die Fichte ist ein *Flachwurzler*. Im Gebirge kann sie sich mit den Wurzeln zwischen Gestein verankern. Wächst sie aber auf lockerem Boden, hebt ein heftiger Sturm sie aus der Erde.

Lebenslauf der Fichte. Fichten werden heute meist in der *Saatschule* herangezogen. Mit 3 bis 4 Jahren haben sie etwa 20 cm Höhe erreicht. Nun werden sie in eine Schonung im Wald umgesetzt. Jahr für Jahr bildet sich am Stamm ein neuer Astquirl. Mit 7 Jahren sind die Fichten etwa 60 cm hoch. Da sie im Laufe der Zeit nicht nur höher, sondern auch breiter werden, entsteht bald eine undurchdringliche *Dickung*. Der Förster lässt den Bestand nun auslichten. Mit 70 bis 120 Jahren verzögert sich bei der Fichte das Wachstum. Die etwa 30 m hohen Stämme werden gefällt. Fichten können bis zu 600 Jahre alt werden.

Verwendung. Fichtenzweige dienen als *Schmuck- und Abdeckreisig*. Junge Fichten kommen als *Weihnachtsbäume* auf den Markt. *Fichtenholz* wird beim Hausbau sowie zur Herstellung von Spielzeug, Möbeln und Musikinstrumenten verwendet.

> Die Fichte ist ursprünglich ein Nadelbaum der Gebirge. Wegen ihrer großen Bedeutung für die Forstwirtschaft wird sie oft angepflanzt.

Frei stehende Fichte

Sturmschäden in einer Fichtenmonokultur

Junge Fichten in der Saatschule

Auch Fichten blühen. Im Alter von etwa 40 Jahren blüht die Fichte zum ersten Mal. Im Mai findet man an den Zweigenden kleine, erdbeerfarbene Zapfen, die sich später gelb färben. Das sind die *männlichen Blütenstände*.
Die *weiblichen Blütenstände* sind rot gefärbte Zapfen. Sie stehen aufrecht.
Die einzelnen *Blüten* sind sehr einfach gebaut. Sie bestehen im Wesentlichen aus einem schuppenartigen Fruchtblatt, der *Fruchtschuppe*. Auf ihr sitzen frei die zwei *Samenanlagen*. Die Fichte und alle anderen Nadelbäume zählen deshalb zu den *Nacktsamern*, im Unterschied zu den *Bedecktsamern*, bei denen die Samenanlagen in einem Fruchtknoten eingeschlossen sind. Die weiblichen Blütenzapfen werden *vom Wind bestäubt*. Nach der Bestäubung drehen sie sich nach unten und entwickeln sich zu großen, schuppigen *Fruchtzapfen*. Erst im folgenden Jahr spreizen sich die Schuppen auseinander, und der Wind trägt die geflügelten *Samen* fort.

Jahresringe und Altersbestimmung bei Bäumen
An gefällten Bäumen kann man das Alter bestimmen. Dazu braucht man nur die Anzahl der *Jahresringe* auf dem Stammquerschnitt festzustellen.
Wie entstehen diese Jahresringe? Unter der Rinde des Stammes befindet sich eine *Wachstumsschicht*. Sie bildet nach außen neue Rindenzellen, den *Bast,* nach innen neue Holzzellen. Im Bast werden Nährstoffe von den Blättern stammabwärts transportiert. Jahresringe erkennt man nur im *Holz*. Die im Frühjahr gebildeten *Holzzellen* sind *groß* und *dünnwandig*. Sie dienen vor allem der Wasserleitung von den Wurzeln zu den Blättern. Die Holzzellen, die im Laufe des Sommers entstehen, sind *kleiner* und *dickwandiger*. Sie haben die Aufgabe den Stamm zu festigen. Im folgenden Frühjahr entstehen dann wieder große Holzzellen. Sie heben sich als *Jahresringgrenze* ab.

> Fichten gehören zu den Nacktsamern.

1 Wodurch unterscheiden sich Nacktsamer und Bedecktsamer? Nenne Pflanzen, die zu den Bedecktsamern gehören.

2 Versuche an einer gefällten Fichte die Jahresringe zu zählen. Benutze eine Lupe.

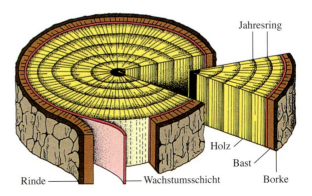

Waldbäume

Tanne
Vorkommen: in Mischwäldern des Berglands und der Gebirge, liebt Böden mit hohem Humusgehalt. Hat weit ausladende Äste und wird bis zu 50 m hoch. Nadeln an der Unterseite mit zwei weißen Streifen, am Ende stumpf. Die Tanne ist einhäusig; ihre Zapfen stehen aufrecht, die Samen sind geflügelt. Alter: bis zu 500 Jahre. Holz wertvoll, harzfrei, leicht und weich; wird als Bauholz und zum Geigenbau verwendet.

1 männliche Blütenzapfen
2 weiblicher Blütenzapfen
3 Fruchtzapfen

Kiefer
Vorkommen: meist auf trockenem Boden, gedeiht auch in Heidegebieten und auf Sandböden noch gut. Hat eine breite, flache Krone, wird bis zu 50 m hoch. Rinde dick, rissig. Hat eine Pfahlwurzel. Die Kiefer ist einhäusig; ihre Zapfen enthalten geflügelte Samen. Alter: bis zu 600 Jahre. Holz harzreich; wird für Möbel, als Bauholz und zur Papierherstellung verwendet.

1 männliche Blütenzapfen
2 weibliche Blütenzapfen
3 Fruchtzapfen

Lärche
Vorkommen: ursprünglich nur Gebirgsbaum, heute überall gepflanzt. Wird über 40 m hoch. Nadeln hellgrün, weich, dünn; färben sich im Herbst goldgelb und werden abgeworfen. Die Lärche ist einhäusig; ihre Zapfen sind klein, eiförmig, die Samen breit geflügelt. Alter: bis zu 400 Jahre. Das Holz wird als Bauholz verwendet; schön gewachsene Stämme waren früher als Boots- und Schiffsmasten sehr begehrt.

1 männliche Blütenzapfen
2 weibliche Blütenzapfen

Stieleiche
Vorkommen: in Laubmischwäldern der Ebene und des Berglands. Wächst meist breit und knorrig, wird bis zu 50 m hoch. Blätter gebuchtet. Die Stieleiche ist einhäusig; ihre Früchte, die Eicheln, sitzen in einem Becher mit Stiel, daher der Name. Alter: bis zu 1000 Jahre. Holz hart, haltbar; teures Furnierholz; wird für Möbel und Parkett verwendet, früher auch als Bauholz und zum Schiffsbau.

1 männliche Blütenstände
2 weibliche Blütenstände
3 Fruchtstand

Bergahorn
Vorkommen: auf lockeren, mineralstoffreichen Böden in Mischwäldern, besonders im Bergland. Wird bis zu 30 m hoch. Blätter handförmig, fünflappig. Der Bergahorn ist einhäusig; die Blüten stehen in Trauben und sind getrenntgeschlechtig oder zwittrig. Die geflügelte Doppelfrucht wird vom Wind verbreitet. Alter: bis zu 500 Jahre. Das Holz wird für Möbel, als Drechselholz, zum Geigenbau und als Brennholz verwendet.

1 Blütenstand
2 Fruchtstand

Hainbuche (Weißbuche)
Vorkommen: in Laubwäldern, oft zusammen mit Eiche; an Waldrändern. Wird bis zu 25 m hoch. Stamm mit gedrehten Längswülsten; Rinde glatt und grau. Blätter eiförmig, zugespitzt. Die Hainbuche ist einhäusig; die kleinen Früchte sitzen an dreilappigem Flügel und werden vom Wind verbreitet. Alter: bis zu 150 Jahre. Holz schwer, zäh, hart; wird für Werkzeugschäfte, Pflöcke und als Brennholz verwendet.

1 männlicher Blütenstand
2 weiblicher Blütenstand

Sträucher – Schutz und Nahrung für Tiere am Waldrand

Die Brombeere. Brombeeren wachsen am Waldrand, in Lichtungen und auf Kahlschlägen. Sie gehören zur Strauchschicht des Waldes. Es gibt zahlreiche Arten von Brombeeren. Sie unterscheiden sich in der Blattform sowie im Aussehen der Blüten und der Früchte. Je nach Brombeerart schmecken die Früchte auch unterschiedlich gut. Von Mai bis August blühen die Brombeeren. Die *weißen Blüten* erinnern an Erdbeerblüten. Sie locken zahlreiche Insekten an. Wie die Erdbeeren und die Himbeeren, so gehören auch die Brombeeren zur Familie der *Rosengewächse*. Die Früchte sind zunächst rötlich, dann braun und bekommen schließlich im September oder noch später ihre schwarze Farbe. Beim genauen Betrachten der Früchte erkennt man, dass sie aus zahlreichen, eng aneinander gedrängten *Einzelfrüchten* bestehen. In jedem der saftigen Einzelfrüchtchen befindet sich ein steinharter Kern. Solche Früchte nennt man *Steinfrüchte*. Eine große Steinfrucht ist zum Beispiel die Kirsche. Die Brombeere ist somit eine Ansammlung aus vielen Steinfrüchtchen und eigentlich keine Beere. Man nennt eine solche Frucht auch *Sammelfrucht*.

Brombeeren vermehren sich nicht nur durch ihre Früchte, die von Vögeln gern gefressen werden, sondern auch durch bogenförmige, ausläuferartige Zweige. Sie können mehr als zwei Meter lang werden. Wenn sie den Boden berühren, treiben sie Wurzeln und bilden neue Pflanzen. Auf diese Weise entsteht in wenigen Jahren ein dichtes und ausgedehntes Gestrüpp. In ihm finden Tiere Schutz. Kräftige Stacheln an Zweigen und Blättern schützen die Brombeere vor Fraßfeinden. Brombeersprosse blühen nur einmal, meist im zweiten Jahr. Dann sterben sie ab.

Die schmackhaften Sammelfrüchte der Brombeere wurden schon von den Menschen der Steinzeit gesammelt. Sie sind reich an Vitaminen und Mineralstoffen. Hausteemischungen enthalten oft getrocknete Brombeerblätter. Brombeerblättertee wirkt lindernd bei Erkältungen.

Schwarzer Holunder

Pfaffenhütchen

Der Schwarze Holunder. Der Holunder gedeiht am Waldrand, auf Kahlschlägen und in lichtem Wald. Für das Wachstum ist er auf feuchten, stickstoffreichen Boden angewiesen. Er kann sieben Meter hoch werden und *baum-* oder *strauchartige Gestalt* annehmen. Im Juni oder Juli fällt der Holunder durch seine Blütenpracht auf. Die *großen Blütenstände* setzen sich aus vielen kleinen, weißen Blüten zusammen. Sie locken durch ihren starken süßlichen Duft zahlreiche Insekten an. Diese finden jedoch keinen Nektar, sondern nur Blütenstaub.
Die *kugeligen Früchte* des Holunders sind zunächst grün und werden dann glänzend schwarz. Die reifen Beeren haben einen Durchmesser von 5 bis 7 Millimetern. Die Vögel fressen sie und verbreiten auf diese Weise die Samen.
Weil die Blüten und Früchte *heilende Wirkung* haben, pflanzten unsere Vorfahren den raschwüchsigen *Schwarzen Holunder* oft in Gärten an. Tee aus getrockneten Blüten ist ein altes Hausmittel bei Erkältungen. Er wirkt schweißtreibend. Die vitaminreichen, schwarzen Beeren werden zu Säften oder Marmelade verarbeitet. Auch sie können Erkältungen mildern. Es dürfen jedoch nur reife Früchte verwendet werden.
Zuweilen findet man in der Strauchschicht des Waldes den kleineren *Traubenholunder*. Seine gelben Blüten stehen in Rispen und öffen sich im März oder April. Die roten Früchte sind *leicht giftig*. Ihre Samen rufen Brechreiz und Durchfall hervor.

Das Pfaffenhütchen. Sein Name kommt von der eigenartigen Form der *rosafarbenen Früchte*. Sie erinnern an die Kopfbedeckung katholischer Geistlicher. Wenn im Herbst die stumpfkantigen, rosa Samenkapseln reif sind, springen sie auf, und die *orangefarbenen Samen* kommen zum Vorschein. Sie werden von Vögeln gern gefressen. Für den Menschen sind sie *giftig*. Im Gegensatz zu den Früchten sind die Blüten mit ihren vier hellgrünen Kronblättern recht unauffällig. Sie erscheinen im Mai und werden vor allem von Fliegen und kleinen Käfern besucht. Der Strauch wird 2 bis 3 Meter hoch und hat graugrüne, vierkantige Zweige. An den Kanten befinden sich auffallende Korkleisten.
Aufgaben der Strauchschicht. In der Strauchschicht wachsen noch viele andere Sträucher. Deren Vorkommen ist abhängig von den Lichtverhältnissen, vom Boden und der Höhenlage. Die Strauchschicht bildet einen schützenden Abschluss gegen die offene Landschaft. Weil Wind und Sturm abgebremst werden, beeinflusst die Strauchschicht auch das Waldklima. Gleichzeitig bietet sie Tieren Schutz, Nahrung und Nistgelegenheit.

> Die Strauchschicht bietet zahlreichen Tieren Schutz und Nahrung. Gleichzeitig dient sie als Windfang.

Kennübung: Geschützte Pflanzen im Wald

Gemeine Akelei
Die Akelei wächst in lichten Laubwäldern. Die nickenden Blüten sind blau oder violett. Die Kronblätter haben einen gebogenen Sporn. Die Akelei blüht von Mai bis Juli.

Großblütiger Fingerhut
Der Fingerhut gedeiht in lichten Wäldern. Die gelben Blüten stehen einseitig am Spross und sind innen braun gesprenkelt. Die giftige Pflanze blüht von Juni bis September.

Türkenbundlilie
Die Kalk liebende Türkenbundlilie ist in lichten Laubwäldern zu Hause. Die braunroten Kronblätter sind turbanartig zurückgeschlagen. Die Pflanze blüht im Juni und Juli.

Märzenbecher
Der Märzenbecher wächst in feuchten Berg- und Auwäldern. Die weißen, glockenförmigen Blüten haben sechs Kronblätter mit einem gelben Fleck. Blütezeit ist von Februar bis April.

Seltene Pflanzen brauchen unseren besonderen Schutz. Sie dürfen weder gepflückt noch ausgegraben werden. Das Naturschutzgesetz nennt alle geschützten Pflanzen. In Deutschland sind es über 200 Arten. Viele sind vom Aussterben bedroht. In Wandergebieten wird durch Bildtafeln auf geschützte Pflanzen aufmerksam gemacht. Für den Gartenanbau werden Samen von geschützten Arten inzwischen im Handel angeboten.

Blaustern
Den Blaustern findet man in lichten, feuchten Wäldern und Gebüschen. Die Blätter des Zwiebelgewächses sind grasartig. Die blauen Blüten öffnen sich im März.

Nestwurz
Die Nestwurz, ein Schmarotzer, blüht im Mai und Juni in Buchenwäldern. Die schuppigen Blätter und Blüten sind braun gefärbt, die Wurzeln im Boden netzartig verflochten.

Rotes Waldvögelein
Das Rote Waldvögelein ist eine Orchidee und wächst in kalkreichen, lichten Laubwäldern. Die äußeren roten Blütenblätter stehen weit ab. Die Pflanze blüht im Juni.

Frauenschuh
In lichten, kalkreichen Laubwäldern blüht die Orchidee im Mai und Juni. Der gelbe „Schuh" ist eine Insektenfalle. Der Ausgang führt nur an der Narbe und den Staubblättern vorbei.

Kennübung: Giftpflanzen im Wald

Seidelbast
K. H. Waggerl

Wie lieblich duftet uns im März der Seidelbast!
Doch innerwärts ist er voll Gift und Galle,
weil wir, in diesem Falle,
das Wunder nur beschauen sollen
(man muss nicht alles kauen wollen!)

Seidelbast + + +
Die roten Früchte und die Rinde sind sehr giftig. 10 Beeren können bei Kindern tödlich sein. Das Berühren kann zu Hautausschlägen führen. *Erste Hilfe:* Erbrechen, reichlich trinken.

Tollkirsche + + +
Die größte Gefahr geht von den schwarzen Früchten der Giftpflanze aus. 5 Beeren können über Tobsuchtsanfälle zur tödlichen Atemlähmung führen. *Erste Hilfe:* Erbrechen.

Blauer Eisenhut + + +
Der hochgiftige Eisenhut diente früher zur Herstellung von Pfeilgift. Das starke Gift lähmt die Atmung. *Erste Hilfe:* reichlich trinken.

Salomonsiegel + +
Erkrankung durch die dunkelblauvioletten Beeren, die einzeln in den Blattachseln hängen. Störung der Herztätigkeit. *Erste Hilfe:* Brech- und Abführmittel.

Manche Waldpflanzen enthalten tödliche Gifte. Man unterscheidet:
+ giftige,
++ sehr giftige und
+++ sehr stark giftige Pflanzen.
Oft sind schon geringe Mengen für den Menschen lebensbedrohlich. Viele Tierarten dagegen fressen giftige Pflanzen ohne zu erkranken. Aus manchen Giftpflanzen gewinnt der Mensch wirksame Heilmittel. Bei einer Vergiftung den Arzt aufsuchen.

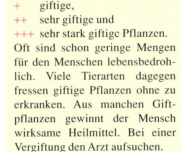

Maiglöckchen + +
Das Essen der roten Beeren und das Saugen an den Blüten führt zu Verdauungsbeschwerden und Störungen der Herztätigkeit. *Erste Hilfe:* Aktivkohle.

Einbeere + +
Die schwarzen, fast kirschgroßen Beeren werden zuweilen mit Heidelbeeren verwechselt. Dies führt zum Erbrechen und zu Durchfall. *Erste Hilfe:* Aktivkohle.

Liguster + + +
Giftig sind vor allem die schwarzen Früchte und die Blätter des Strauches. Das Essen der Beeren führt zur Entzündung von Magen und Darm sowie zu Durchfall. *Erste Hilfe:* Erbrechen.

Aronstab + +
Chemische Bestandteile der Blätter und der roten Beeren wirken ätzend auf Schleimhäute in Mund, Magen und Darm. Es kommt zu Entzündungen. *Erste Hilfe:* Aktivkohle.

Frühblüher im Laubwald

Buschwindröschen bilden ausgedehnte Teppiche im Frühlingswald.

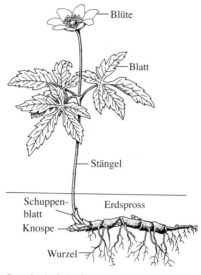

Buschwindröschen

Wenn nach dem kalten Winter die Lebensbedingungen wieder günstiger sind, erwachen die Frühjahrsblüher oder Frühblüher im Laubwald. Das ist manchmal vor und manchmal nach dem Frühlingsbeginn: dem 21. März. Zu dieser Zeit sind die Bäume des Waldes noch kahl. Rasch wachsen die *Frühblüher* im warmen Sonnenlicht heran und beginnen zu blühen. Das ist möglich, weil sie im Boden *Vorratsspeicher* haben, in denen sich *Baustoffe* befinden. Sie wurden im vergangenen Jahr eingelagert.

Buschwindröschen. Sie bilden in vielen Laubwäldern ausgedehnte Teppiche. Als Vorratsspeicher dient ein unterirdischer Spross, auch *Erdspross* genannt. Er wächst waagerecht in der Erde. An seinem vorderen Ende werden im Frühjahr Blütenstängel und Blätter gebildet, das hintere Ende stirbt im Laufe der Zeit ab. So wandert das Buschwindröschen im Boden weiter, wobei sich der Erdspross oft verzweigt.

Scharbockskraut. Es wächst bevorzugt auf *stickstoffhaltigen, feuchten Böden*. Die Blätter bilden einen dichten, grünen Teppich, aus dem die gelben Blüten wie Sterne hervorleuchten. Gräbt man eine Pflanze aus, entdeckt man eine größere Zahl von länglichen Knollen, sogenannte *Wurzelknollen*. Es sind verdickte Wurzeln. Manche Wurzelknollen sind *dunkel* und *weich*. Ihr Inhalt wurde in diesem Jahr aufgebraucht. Andere Wurzelknollen sind hell und hart. Es sind die neuen Vorratsspeicher.

Scharbockskraut

Leberblümchen. Dieser Frühblüher bevorzugt *kalkhaltigen Boden* und kommt in größeren Beständen vor. Ein Teil seiner Blätter überwintert. Ehe die neuen Blätter austreiben, erscheinen die lebhaft blauvioletten, manchmal auch rosafarbenen oder weißen Blüten. Eine Woche lang locken die Blüten Insekten an, dann welken sie. Die Samen werden durch Ameisen verbreitet. Als Vorratsspeicher dient ein bis zu 30 Zentimeter tief im Boden liegender *Erdspross*. Das Leberblümchen ist geschützt.

Leberblümchen

Hohe Schlüsselblume

Hohler Lerchensporn

Zweiblättriger Blaustern

Hohe Schlüsselblume. Die Pflanze wächst in feuchten Wäldern. Schon im Herbst werden die Blütenknospen so weit vorbereitet, dass die Schlüsselblume rasch nach der Schneeschmelze blühen kann. Ein kräftiger *Erdspross* dient außerdem als Vorratsspeicher. Die Pflanze darf *nicht ausgegraben* werden.

Krokus. Zur selben Zeit blüht auf den Alpenwiesen der *Krokus*. Seine Vorratsstoffe sind am unteren Ende des Sprosses eingelagert. Auf diese Weise entsteht eine dicke *Sprossknolle*.

Hohler Lerchensporn. Er bevorzugt feuchte Wälder und blüht weiß oder rot. Den Namen verdankt er dem *Sporn* an der Blüte, in dem Nektar abgesondert wird. Als Vorratsspeicher dient eine tief im Boden sitzende *Sprossknolle*, die jährlich weiter nach außen wächst.

Schneeglöckchen. Sie gehören zu den ersten Frühlingsboten. Als Vorratsspeicher dient eine *Zwiebel*, die wie die Küchenzwiebel aus zahlreichen fleischigen Blättern besteht. Hier werden die Vorräte gespeichert.

Zweiblättriger Blaustern. Er gedeiht in größerer Zahl in feuchten Auwäldern. Die zarten, blauen Blüten werden vor allem durch kleine Fliegen bestäubt. Ameisen verbreiten die Samen, die ein kleines nahrhaftes Anhängsel haben, das für Ameisen ein Leckerbissen ist. Als Vorratsspeicher dient eine *Zwiebel*. Der Zweiblättrige Blaustern ist geschützt.

> Frühblüher öffnen ihre Blüten, ehe Sträucher und Bäume ihre Blätter entfalten. Sie haben unterirdische Speicherorgane: Erdsprosse, Wurzelknollen, Sprossknollen und Zwiebeln.

Krokus

Schneeglöckchen

1 Grabt ein Buschwindröschen sorgfältig aus. Messt die Länge des unterirdischen Sprosses. Vergleicht Vorder- und Hinterende des Sprosses.

2 Grabt ein Scharbockskraut aus. Wie unterscheiden sich die Wurzelknollen an der Pflanze?

Kennübung: Bäume und Sträucher im Herbst

Weißdorn
Der Strauch wächst an Waldrändern, in Gebüschen und Hecken. Die Zweige sind dornig. Die Früchte reifen im September, sind länglich rot, mehlig und essbar.

Schwarzdorn
Der Schwarzdorn oder die Schlehe ist an warmen Waldrändern zu finden. Der Strauch besitzt sehr harte Dornen. Die blauschwarzen Früchte schmecken erst nach dem Frost süß.

Roter Hartriegel
Der Name kommt von den roten Zweigen und Fruchtstielen. Der Strauch wächst oft an trockenen Hängen. Die blauschwarzen, ungenießbaren Früchte reifen im September.

Heckenrose
Der mit Stacheln besetzte Strauch wächst an Waldrändern und Hecken. Die scharlachroten Früchte nennt man Hagebutten. Sie sind reich an Vitamin C und eignen sich für Marmelade.

Haselnuss
Der Strauch wird in Hecken und an Waldrändern gezielt angepflanzt. Die Nüsse reifen im September. Die Kerne sind schmackhaft und werden von Tier und Mensch als Nahrung genutzt.

Waldrebe
Der Kletterstrauch rankt sich an Bäumen bis 25 Meter hoch. Die Früchte reifen erst im Winter aus. Südländische, farbenfrohe Arten (Clematis) sind beliebte Garten-Kletterpflanzen.

Eberesche
Die Eberesche oder Vogelbeere ist ein Baum der lichten Wälder, der auch an Straßen angepflanzt wird. Die Früchte, erst gelblich, dann scharlachrot, sind im Rohzustand schwach giftig.

Esskastanie
Der Baum stammt ursprünglich aus dem Mittelmeerraum. Die kugeligen, stacheligen Früchte springen im Oktober auf und die braunen Kastanien (Maronen) werden frei.

Winterlinde
Der Baum gedeiht in warmen Laubmischwäldern. Der Fruchtstand wird im September als Ganzes abgeworfen. Die Flügelblätter dienen wie Propeller zur Verbreitung der Samen.

Praktikum: Samen und Früchte

Im Spätsommer reifen viele Samen und Früchte der Waldbäume und Sträucher. In guten Jahren sind es riesige Mengen. Bis zu 500 Samen pro Quadratmeter kann eine Buche abwerfen. Die Früchte von Sträuchern erfreuen uns durch ihre kräftig leuchtenden Farben. Viele Tiere leben von diesem herbstlichen Überfluss an Samen und Früchten während der unwirtlichen Winterzeit.

1 Auch wir Menschen sammeln diese Früchte. Erkundige dich, welche Früchte der Bäume und Sträucher gesammelt werden und was aus ihnen hergestellt wird.

2 Sammle Früchte von Bäumen und Sträuchern. Nimm nach Möglichkeit jeweils einen kleinen Zweig. Bestimme den Namen mit Hilfe eines Buches. Beachte, dass manche Früchte für den Menschen giftig sind. Vergleiche auch mit Seite 213.

3 Betrachte genau Baumstämme mit rissiger Rinde. Manchmal stecken hier Früchte und Kiefernzapfen. Wer hat sie dort wohl hineingeklemmt? Und weshalb?

4 Beobachte einen Holunderstrauch, eine Eberesche oder einen Haselstrauch. Welche Tiere suchen hier ihre Nahrung?

5 Sammle Früchte und Zapfen. Manche von ihnen tragen Fraßspuren. Von welchem Tier könnten sie sein? Vergleiche mit den Abbildungen auf dieser Seite unten.

6 Koste die Frucht der Schlehe vor dem ersten Frost und danach. Kannst du einen Unterschied feststellen?

7 Gestalte eine Ausstellung oder ein Poster mit deinen gesammelten Samen und Früchten.

8 Gibt es Sträucher, die ihre Früchte bis in den Winter hinein behalten?

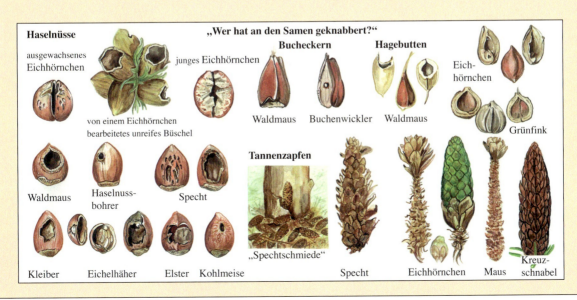

Der Baum im Herbst und Winter

Herbst. Im Herbst ändert sich die Farbe der Laubblätter. Manche Blätter färben sich gelb, andere werden rot, wieder andere braun. Im Herbst fallen dann auch die Blätter von den Bäumen.

Sobald die Tage kürzer werden, bereiten sich die Bäume auf den *Laubfall* vor. Zunächst werden alle wertvollen Stoffe aus den Blättern in die Zweige, in den Stamm und in die Wurzeln geleitet. Zurück bleiben Stoffe, die der Baum nicht mehr braucht. Sie färben die Blätter bunt.

Im Sommer halten die grünen Blätter selbst beim stärksten Gewittersturm an den Zweigen fest. Du weißt, wie fest man ziehen muss, wenn man ein grünes Blatt abreißen will. Im Herbst dagegen lösen sich die Blätter leicht vom Baum. Zwischen Zweig und Blatt hat sich eine *Trennschicht* gebildet. An dieser Trennschicht fällt das Blatt ab. Am Zweig bleibt eine feine *Blattnarbe* zurück. Bei großen Blättern, wie zum Beispiel bei denen der Rosskastanie, sind diese Blattnarben deutlich zu sehen.

Winter. Der Winter ist für die Bäume eine Zeit in der sie großer *Trockenheit* ausgesetzt sind. Das ist für uns Menschen kaum vorstellbar. Nach unserer Erfahrung schmilzt jede Schneeflocke, die auf die warme Hand gelangt, und liefert damit Feuchtigkeit. Im Boden ist es ganz anders. Die Wurzeln sind so kalt wie ihre Umgebung. Das Eis im gefrorenen Boden schmilzt daher nicht. Eis ist für die Pflanzen so trocken wie ein Stein. Deshalb ist die kalte Jahreszeit für die Pflanzen eine *Trockenzeit*. Die Laubbäume können ihre Blätter nicht mehr mit genügend Wasser versorgen. Die Blätter sterben ab und werden abgeworfen. Die Bäume befinden sich in einer Art *Winterruhe*.

Im Herbst färben sich die Blätter bunt.

> Im Herbst werfen die Laubbäume ihre Blätter ab. Nur auf diese Weise können sie die trockene kalte Jahreszeit überstehen.

1 Welche Bäume werfen im Herbst zuerst ihr Laub ab? Welche Bäume behalten ihr dürres Laub den ganzen Winter hindurch?

2 Nach Nachtfrösten erfolgt der Blattfall besonders stark. Notiere Datum und Temperatur.

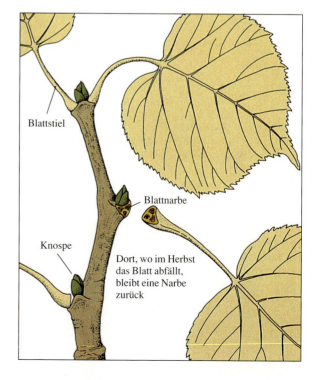

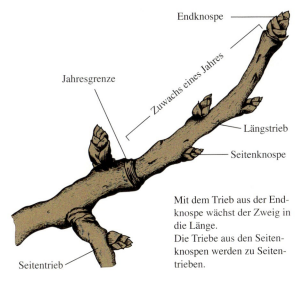

Endknospe
Jahresgrenze
Zuwachs eines Jahres
Längstrieb
Seitenknospe
Seitentrieb

Mit dem Trieb aus der Endknospe wächst der Zweig in die Länge.
Die Triebe aus den Seitenknospen werden zu Seitentrieben.

Winterknospen. Schon während des Winters sind die neuen *Knospen* zu sehen, aus denen sich im Frühjahr Zweige, Blätter und Blüten bilden. Schuppenartige Blätter stützen die empfindlichen Knospen. Wie Dachziegel liegen diese Schuppen übereinander. Oft sind sie behaart oder klebrig wie bei der Rosskastanie. Die verschiedenen Laubbäume haben ganz unterschiedliche Winterknospen. Man kann deshalb die verschiedenen Arten von Laubbäumen im Winter auch an ihren Knospen erkennen.

1 Sammle im Winter einige Zweigstückchen von Bäumen und versuche sie mithilfe der Abbildung zu bestimmen.

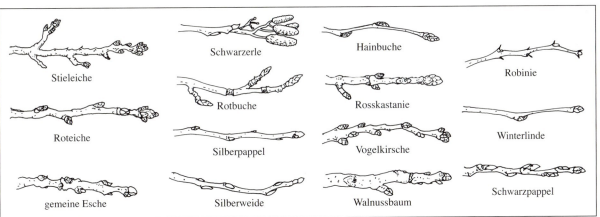

Stieleiche — Schwarzerle — Hainbuche — Robinie
Roteiche — Rotbuche — Rosskastanie
— Silberpappel — Vogelkirsche — Winterlinde
gemeine Esche — Silberweide — Walnussbaum — Schwarzpappel

Barbarazweig

Nach einem alten Brauch werden am 4. Dezember, dem Barbaratag, in vielen Gegenden Zweige von früh blühenden Sträuchern und Bäumen geschnitten. Vor allem Forsythie, Kirsche und die japanische Quitte eignen sich. Wer einen Barbarazweig schneiden will, sollte immer den Eigentümer des Strauches oder des Baumes um Erlaubnis fragen. Auch beim Schnitt der Obstbäume im Winter fallen Zweige an, die man als Barbarazweige in die Vase stellen kann. Die Zweige blühen zwischen Weihnachten und Neujahr.

Dabei musst du Folgendes beachten:
– Schneide den Zweig mit einem scharfen Messer schräg an. Auf diese Weise entsteht eine große Schnittfläche. An ihr kann das Wasser leichter aufgenommen werden.
– Stelle den Zweig in lauwarmes Wasser. Dann kommt der Zweig samt Vase auf eine sonnige Fensterbank.
– Wechsle das Wasser in der Vase von Zeit zu Zeit und besprühe den Zweig mit warmem Wasser.

Kennübung: Säugetiere des Waldes

Rothirsch
Lebt rudelweise in großen Wäldern. Das Geweih hat bis zu 16 Enden. Die Brunft, Paarungszeit, ist im Oktober. Nahrung: Gräser, Laub, Bucheckern, Eicheln, Rinde.

Reh
Lebt einzeln oder familienweise in Wäldern, Feldern, Wiesen. Die Brunft ist im Juli-August. Rehkitze sind von Geburt an weiß getupft. Nahrung: Gräser, Kräuter, Laub, Knospen.

Wildschwein
Lebt gesellig in kleinen Rudeln in morastigen Wäldern. Junge Wildschweine, Frischlinge, besitzen typische braun-beige Längsstreifen. Nahrung: Wurzeln, Knollen, Mäuse, Aas.

Rotfuchs
Lebt als Einzelgänger in abwechslungsreichen Wäldern. Jagt in der Dämmerung und nachts. Nahrung: Insekten, Mäuse, geschwächte Hasen und Rehkitze, Beeren, Obst.

Dachs
Bevorzugt unterholzreiche Wälder. Lebt in Familiengemeinschaften. Auffallend ist die schwarzweiße Gesichtszeichnung. Geht nachts auf Nahrungssuche: Allesfresser.

Baummarder
Lebt in Wäldern und Parks mit reichlich Unterholz. Geschickter, nachtaktiver Kletterer, der tagsüber in Baumhöhlen und Eichhörnchenkobeln ruht. Nahrung: Kleinsäuger, Vögel, Beeren.

Eichhörnchen
Geschickter Kletterer in Baumwipfeln. Schwanz dient beim Sprung als Steuer. Baut in den Baumkronen Kugelnester, Kobel genannt. Nahrung: Samen, Früchte, Eier, Jungvögel.

Großer Abendsegler
Lebt in Laubwäldern und Parks mit altem Baumbestand. Jagdflug in der Dämmerung, schnell, geradlinig und hoch, gerne in Gesellschaft von Schwalben. Nahrung: Fluginsekten.

Gelbhalsmaus
Bevorzugt Wälder mit Gebüschen. Auffallend ist das gelbe Band um den Hals. Geht abends und nachts auf Nahrungssuche. Sehr guter Kletterer. Nahrung: Samen, Früchte, Insekten.

Kennübung: Vögel des Waldes

Habicht
Lebt in Wäldern und Heckenlandschaften. Baut Horst aus Reisig auf hohen Bäumen. Besondere Wendigkeit im Jagdflug. Nahrung: Vögel, Säugetiere bis Hasengröße.

Waldkauz
Bevorzugt Wälder, Parks und Gärten. Nistet in Baumhöhlen. Stimme: „guhgugugugugugu" oder „kuwitt" bei der nächtlichen Revierverteidigung. Nahrung: Vögel, kleine Nager, Insekten.

Kuckuck
Lebt in Wäldern und Parks. Das Weibchen legt seine Eier in Nester anderer Singvögel, wo der Jungvogel von den Wirtseltern aufgezogen wird. Stimme: „Kuckuck"; Nahrung: Insekten.

Pirol
Lebt in Au- und Mischwäldern. Unverwechselbar dottergelb mit schwarzen Flügeln. Nest hängt frei in einer Astgabel. Stimme: flötendes „Düdülioh"; Nahrung: Insekten.

Eichelhäher
Bewohnt Wälder und Parks. Baut schlampige Nester aus Zweigen hoch über dem Boden. Stimme: lärmender Warnruf „rräätsch"; Nahrung: Eicheln, Bucheckern, Eier, Jungvögel.

Buchfink
Lebt wenig scheu in Wäldern, Parks und Gärten. Sucht oft in Trupps nach Nahrung. Baut gut getarntes Nest in Astgabel am Stamm. Gesang: schmetternd; Nahrung: Samen, Insekten.

Zaunkönig
Bevorzugt unterholzreiche Wälder und Parks. Kleinster einheimischer Vogel, baut sein Nest am Boden in Böschungen. Gesang: laut, schmetternd; Nahrung: Insekten, Spinnen.

Schwanzmeise
Lebt in feuchten Mischwäldern und Auwäldern. Baut kunstvolles Kugelnest aus Flechten, Moos, Pflanzenwolle in dornige Gebüsche. Stimme: „tserr"; Nahrung: Insekten, Spinnen.

Haubenmeise
Kommt vor allem in Nadelwäldern vor. Unverwechselbar durch Federhaube. Baut Nest in Baumhöhlen. Stimme: „zizi-gürr"; Nahrung: Insekten, Spinnen, Kiefernsamen.

Der Fuchs – verfolgtes Raubtier unserer Heimat

Sicher kennst du die Redensart „Schlau wie ein Fuchs". Auch der Name „Reineke", den der Fuchs in Märchen und Fabeln trägt, bedeutet so viel wie „der Schlaue".

Natürlich sind Füchse nicht in dem Sinne „schlau" wie Menschen. Dazu müssten sie nachdenken und vorausdenken können. Füchse hören und riechen jedoch viel besser als wir Menschen. Sie sind sehr scheu und vorsichtig. Erfahrungen, die sie gemacht haben, behalten sie lange im Gedächtnis. Kein Wunder also, dass uns Füchse „schlau" vorkommen.

Lebensraum. Füchse gelten als *Waldtiere*. Man kann sie aber ebenso häufig auf *Wiesen* und *Feldern* antreffen. Selbst in den Parkanlagen der Städte tauchen sie hin und wieder auf. Weil Füchse die *Tollwut* übertragen, werden sie oft gnadenlos verfolgt.

Körperbau und Gebiss. Fuchs und Hund stimmen in vielen Merkmalen überein. Beide gehören in die Gruppe der hundeartigen Raubtiere. Hundepfote und Fuchspfote gleichen sich so sehr, dass die Fuchsfährte meist für die Spur eines Hundes gehalten wird. Besonders ähnlich sind die Gebisse. *Schneidezähne*, *Fangzähne* und *Reißzähne* stehen im *Raubtiergebiss* eines Fuchses in gleicher Zahl und Anordnung wie beim Hund.

Ernährung. Wie andere Raubtiere ist auch der Fuchs ein *Fleischfresser*. Mäuse, vor allem Feldmäuse, sind seine wichtigste Nahrung. Er spürt sie mit seinem *feinen Gehör* und der *scharfen Nase* auf, schleicht sich an und fängt sie mit einem Sprung. Außer Mäusen frisst der Fuchs viele andere Tiere, aber auch Beeren und Obst.

> Der Fuchs ist eines der wenigen Raubtiere, die bei uns noch wild vorkommen.

Junge Füchse vor dem Bau

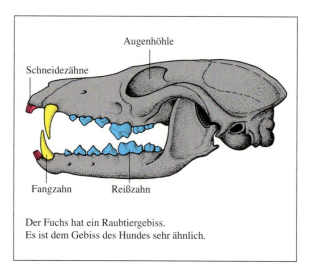

Der Fuchs hat ein Raubtiergebiss. Es ist dem Gebiss des Hundes sehr ähnlich.

1 Welche Aufgaben haben Reißzähne und Fangzähne im Gebiss des Fuchses?

So fängt ein Fuchs Mäuse.
Er springt dabei den „Mäuselsprung".

Revier. Ein Fuchs lebt die meiste Zeit des Jahres für sich allein. Er ist ein *Einzelgänger*. Andere Füchse verjagt er aus seinem *Revier*, das einen Durchmesser von 2 bis 8 Kilometern hat. Die Grenzen seines Reviers *markiert* der Fuchs mit Kot und Harn. Füchse riechen so, wo das Revier eines anderen Fuchses anfängt.

Fortpflanzung. Zwischen Dezember und Februar *paaren* sich die Füchse. Nach 53 Tagen bringt die Füchsin 4 bis 6 blinde Jungen zur Welt. Sie werden in einer Erweiterung des Fuchsbaus, dem *Kessel*, geboren. Hier werden sie von der Füchsin *gesäugt* und gewärmt. Wenn sie 4 Wochen alt sind, kommen die kleinen Füchse zum ersten Mal ans Tageslicht. Von nun an spielen sie oft vor dem Bau. Die Eltern, vor allem die Füchsin, bringen ihnen die Nahrung herbei.

Bereits im Juli sind die jungen Füchse selbstständig. Von da an duldet die alte Füchsin sie nicht mehr in ihrem Revier.

Der Dachs vor seinem Bau

Die Nahrung des Fuchses ist sehr vielseitig:

Kräuter	Frischlinge
Früchte	Rehkitze
Eier	Kaninchen
Singvögel	Feldhasen
Hühner	Mäuse
Enten	Heuschrecken
Fasanen	Maikäfer
Frösche	Engerlinge
Eidechsen	Mistkäfer
Fische	Raupen
Regenwürmer	Wespenlarven

Der Dachs

Dachse verbringen die meiste Zeit unter der Erde in ihrem Bau. Ein Dachsbau ist das Werk vieler Dachse. Jahrelang graben sie mit ihren langen Krallen immer neue Röhren und Kessel. Die Kessel liegen bis zu 4 Meter tief unter der Erde und sind mit Laub und Gras gepolstert. Einen großen Dachsbau musst du dir wie einen Irrgarten unter der Erde vorstellen. Jäger nennen einen solchen Bau auch Dachsburg.

Mitten im Winter werden die jungen Dachse geboren. 12 Zentimeter sind sie lang. Ihre Augen sind noch geschlossen. Sie werden von ihrer Mutter die ersten Wochen gesäugt. Von Anfang an haben sie ein Fell. Nach zwei Monaten kommen sie zum ersten Mal aus dem Bau.

Oft lebt eine große Dachsfamilie in einem Bau zusammen. Nachts kommen die Tiere aus dem Bau und suchen nach Nahrung. Dachse sind Nachttiere.

Dachse sind mit den Mardern verwandt und gehören wie diese zu den Raubtieren. Besonders deutlich ist dies am Raubtiergebiss zu erkennen. Dachse fressen Regenwürmer, Schnecken, Mäuse und Käfer, aber auch Wurzeln, Früchte, Beeren und Pilze. Sie sind Allesfresser. Oft pflügen sie mit ihrer rüsselartigen Schnauze den Boden auf.

Im Herbst fressen sich die Dachse dicke Fettpolster an und kommen deshalb während der Winterruhe mit wenig Nahrung aus.

Im Winter bleiben die Dachse oft tagelang in ihrem Bau. Nur in sehr milden Nächten sind sie unterwegs. Die übrige Zeit schlafen sie „wie ein Dachs".

1 Sammle Redensarten, Märchen und Fabeln, in denen dem Fuchs menschliche Eigenschaften zugeschrieben werden.

2 Beschreibe, wie ein Fuchs Mäuse fängt.

3 Wie kennzeichnet ein Fuchs sein Revier?

4 Vergleiche die Lebensweise von Fuchs und Dachs.

Der Fichtenborkenkäfer – Schädling im Fichtenforst

Am Rand einer Fichtenmonokultur hängt an einem Gestell ein schwarzer Kasten mit zahlreichen Schlitzen. Es ist eine *Lockstoff-Falle* für den *Fichtenborkenkäfer* oder *Buchdrucker*.

Entwicklung. Fichtenborkenkäfer werden kaum 5 mm lang. Dennoch gehören sie zu den am meisten gefürchteten *Forstschädlingen*. Die Männchen suchen im April kränkelnde und geschwächte Fichten auf. Solche Bäume sondern bei Verletzungen nur wenig Harz ab. Durch die Rinde bohrt sich das Männchen in den Bast ein. Hier legt es eine Kammer an. Zwei bis vier Weibchen folgen nach. Sie werden vom Männchen begattet. Danach bohren sie im Stamm nach oben und unten *Muttergänge*. In kleinen Nischen legen sie je ein Ei, insgesamt 30 bis 60 Stück. Die ausschlüpfenden Larven fressen sich in Seitengängen vom Muttergang weg. Die *Larvengänge* laufen nebeneinander her wie die Zeilen einer Buchseite. Daher kommt der Name „Buchdrucker". Am Ende der Seitengänge verpuppen sich die Larven in einer geräumigen Puppenwiege. Ab Ende Juni schlüpfen die Käfer.

Oft legen die Weibchen ein zweites Mal Eier. So nimmt die Zahl der Käfer rasch zu, besonders in Fichtenmonokulturen, wo sie Nahrung und Brutbäume im Überfluss finden. Einer solchen *Massenentwicklung* sind ihre *Feinde,* wie Spechte, Meisen, Kleiber oder Buntkäfer, nicht gewachsen. Auf 1 m^2 Rinde können dann über 100 Brutplätze kommen. Dadurch wird die saftführende Bastschicht schwer geschädigt, die Fichte stirbt ab.

Biologische Bekämpfung. Wenn die Fichtenborkenkäfer einen geeigneten Brutbaum gefunden haben, locken sie ihre Artgenossen mit einem *Duftstoff* herbei. Lockstoff-Fallen enthalten Beutel mit künstlich hergestelltem Duftstoff. Die Borkenkäfer werden in die Falle gelockt und so von den Fichten fern gehalten. Diese biologische *Schädlingsbekämpfung* hat den Vorteil, dass sie den Borkenkäfer trifft, andere Tiere aber weitgehend verschont.

Fichtenborkenkäfer

Fraßbild. In der Mitte liegen die Muttergänge.

Lockstoff-Falle

> Der Fichtenborkenkäfer kann in Fichtenmonokulturen große Schäden anrichten. Mit Lockstoff-Fallen ist eine biologische Bekämpfung möglich.

1   Sammle Rindenstücke mit Fraßbildern vom Fichtenborkenkäfer. Zeichne ein Fraßbild und beschrifte es.

2   Wo findet der Fichtenborkenkäfer besonders günstige Lebensbedingungen? Wie könnte man ihn langfristig auch bekämpfen?

Praktikum: Die Entwicklung des Fichtenborkenkäfers

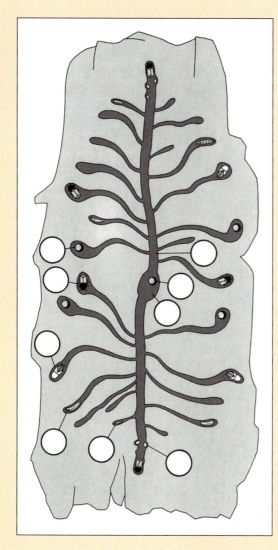

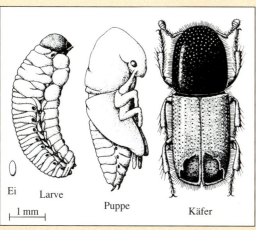

Ei Larve Puppe Käfer
1 mm

Wenn du dir das Rindenstück links ansiehst, fallen dir sofort die zahlreichen Gänge in der Innenseite der Rinde auf. Die Gänge hat der Fichtenborkenkäfer gefressen. Man nennt ihn auch Buchdrucker. An seinem Fraßbild kannst du die Entwicklung des Buchdrucker verfolgen:

1. Das Männchen frisst Ende April von außen ein Loch in die Rinde.
2. In die Innenseite der Rinde bohrt es eine Kammer. Hier finden sich 2 bis 4 weibliche Borkenkäfer ein. Das Männchen begattet sie.
3. Die Weibchen fressen baumaufwärts und baumabwärts Muttergänge.
4. An den Seiten des Muttergangs legen sie Eier ab.
5. Aus den Eiern schlüpfen die Larven. Sie fressen sich in Seitengängen vom Muttergang weg.
6. Die Larven häuten sich mehrmals und werden immer größer, die seitlichen Larvengänge daher immer breiter.
7. Am Ende der Seitengänge legen die Larven eine Kammer an, in der sie sich verpuppen.
8. Aus den Puppen schlüpfen ab Ende Juni die fertigen Käfer.
9. Jeder Käfer bohrt sich ein Ausflugsloch durch die Rinde.

Zeichne ein Fraßbild in dein Heft ab. In die leeren Kreise trägst du ein, welche der 9 Entwicklungsstufen jeweils vorliegt. Du brauchst nur die Nummer anzugeben.

Suche im Wald an gefällten oder abgestorbenen Fichten nach dem Fraßbild des Buchdruckers. Achte auf kleine Löcher in der Rinde wie im Foto unten. Hebe die Rinde vorsichtig ab. Findest du noch Larven, Puppen oder Jungkäfer?

Die Rote Waldameise

Entlang des Waldweges reiht sich eine ganze Anzahl stattlicher *Ameisenhaufen*. Es sind die Bauten der *Roten Waldameise*. Wie die Bienen, Hummeln und Wespen gehören auch die Ameisen zu den *Staaten bildenden Insekten*.

Der Staat. Etwa 500 000 bis 800 000 Waldameisen bewohnen einen Ameisenhaufen. Das sind ebenso viele, wie Frankfurt, Düsseldorf oder Stuttgart Einwohner haben! In jedem *Ameisennest* gibt es mindestens eine *Königin*. Sie ist viel größer als die übrigen Ameisen und legt als Einzige Eier.

Die weitaus meisten Ameisen sind *Arbeiterinnen*. Sie bauen das Nest, füttern die Königin, pflegen die Nachkommen und schaffen die Nahrung herbei.

Die geflügelten *Männchen* leben nur kurze Zeit im Ameisenstaat. Wenn sie im Sommer aus der Puppenhülle schlüpfen, steht der Hochzeitsflug unmittelbar bevor.

Während des Hochzeitsfluges paaren sich die Männchen mit den ebenfalls frisch geschlüpften, geflügelten Königinnen. Wenig später sterben die Männchen. Die jungen Königinnen werfen ihre Flügel ab und können einen neuen Staat der Roten Waldameise gründen.

Arbeiterinnen schaffen eine Raupe zum Nest.

Eine Rote Waldameise übergibt der anderen Nahrung.

1 Berichte, wie die Ameisen in ihrem Staat zusammenleben. Betrachte dazu das Bild unten.

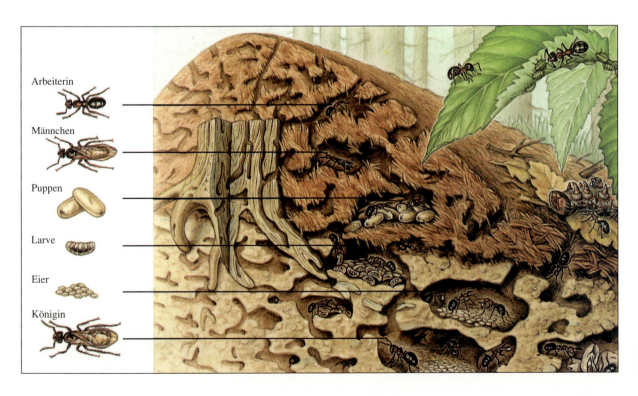

Der Förster schützt den Ameisenhaufen mit Draht.

1   Weshalb bringt der Förster Schutzgitter um den Ameisenhaufen an?

2   Die Rote Waldameise wird manchmal als „Waldpolizei" bezeichnet. Was will man damit ausdrücken?

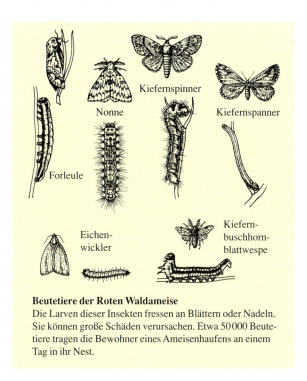

Beutetiere der Roten Waldameise
Die Larven dieser Insekten fressen an Blättern oder Nadeln. Sie können große Schäden verursachen. Etwa 50 000 Beutetiere tragen die Bewohner eines Ameisenhaufens an einem Tag in ihr Nest.

Das Nest. Die Waldameisen legen ihr Nest aus Fichtennadeln und kleinen Zweigen meist über einem Baumstumpf an. Der Ameisenhaufen kann bis zu 2 Meter hoch werden und das Nest noch 2 Meter in die Tiefe reichen. Im Innern ist es von zahlreichen Gängen und Kammern durchzogen. Ständig bauen die Ameisen das Nest um und bessern Schäden aus. Im Sommer, wenn es sehr warm ist, erweitern sie die Ausgänge. So wird das Nest besser durchlüftet.

Die Nahrung. Vom Nest gehen sternförmig die *Ameisenstraßen* aus. Viele dieser Straßen enden an Bäumen, die stark von Blattläusen befallen sind. Den süßen Kot der Blattläuse, den *Honigtau*, mögen die Ameisen sehr. Hauptsächlich ernähren sie sich aber von anderen Insekten. Hat eine Arbeiterin auf ihrem Jagdzug Beute entdeckt, spritzt sie aus einer *Giftdrüse* am Hinterleib *Ameisensäure* aus. Ameisensäure ist ein tödliches Gift für Kleintiere. Die Beute wird ins Nest geschafft und an die übrigen Ameisen verfüttert. Auch Pflanzensamen tragen die Arbeiterinnen ein. Manche Waldpflanzen wie das Waldveilchen sind auf die *Samenverbreitung durch Ameisen* angewiesen.

Ameisenschutz. Zu den Beutetieren der Roten Waldameise gehören Insekten, die der Förster als *Forstschädlinge* fürchtet. Da die vielen Bewohner eines Ameisenstaates eine Menge Nahrung brauchen, können sie die Zahl solcher Insekten stark vermindern. Das zeigt sich, wenn sich eine dieser Insektenarten einmal massenhaft vermehrt hat. Dann bilden die Bäume im Umkreis des Ameisenhaufens eine grüne Insel im kahlgefressenen Wald. Leider gibt es immer noch Spaziergänger, die nicht wissen, wie wichtig die Waldameisen für den Wald sind. Sie stochern in Ameisenhaufen herum oder entnehmen gar Ameisenpuppen. Dabei steht die Rote Waldameise wegen ihrer Bedeutung für den Wald *unter Naturschutz!* So richten unwissende Menschen oft viel größere Schäden an als Grün- und Grauspecht, die von den Ameisen leben.

> Die Rote Waldameise spielt in der Lebensgemeinschaft Wald eine sehr wichtige Rolle. Deshalb ist sie gesetzlich geschützt. Ameisenhaufen dürfen nicht beschädigt werden.

Kennübung: Insekten unserer Wälder

Mondvogel
Der Name des Falters stammt vom gelblichen Mondfleck am Ende des Vorderflügels. Beim Sitzen sind die Flügel so um den Leib gewickelt, dass sie ein Zweigende vortäuschen.

Kiefernschwärmer
Lebt bevorzugt in Nadelholzwäldern mit hohem Kiefernanteil. Die Falter fliegen nachts langröhrige Blüten an und saugen im Stehflug Nektar. Die Raupen ernähren sich von Nadeln.

Nagelfleck
Falter mit typischem Flügelmuster: helles Dreieck auf dunklem Fleck. Die Männchen fliegen bei der Suche nach Weibchen im Zickzackflug. Raupen fressen vor allem an Buchen.

Riesenschlupfwespe
Weibchen besitzen einen Legebohrer, mit dem sie Holz durchbohren können. Ihre Eier legen sie in Holzwespenlarven ab, von denen sich die Schlupfwespenlarven ernähren.

Eichengallwespe
Weibchen legen ihre Eier in das Blattgewebe von Eichenblättern ab. Die Pflanze bildet Gallen aus, in der sich die Larven bis zum Schlüpfen des fertigen Insekts entwickeln.

Mauerbiene
Allein lebende Biene in warmen Kiefernwäldern und Waldrändern. In Schneckenhäuser legt das Weibchen die Eier, trägt Pollen und Nektar ein und tarnt dann das Haus mit Nadeln.

Mistkäfer
Oft auf Waldwegen, besonders an Pilzen, Kot und Insektenleichen anzutreffen. Die Weibchen graben Erdgänge und tragen Kot als Futtervorrat für die eigenen Larven ein.

Hirschkäfer
In alten Eichenwäldern lebender, stark gefährdeter Käfer. Männchen besitzen geweihartige Oberkiefer für den Rivalenkampf. Die Larvenentwicklung dauert bis zu 5 Jahre.

Widderbock
In Laub- und Mischwäldern lebender Käfer, der in Gestalt und Färbung eher einer Wespe ähnelt. Die Larven entwickeln sich in sehr trockenem Holz, häufig in Weißdorn und Weide.

Praktikum: Tiere in der Laubstreu

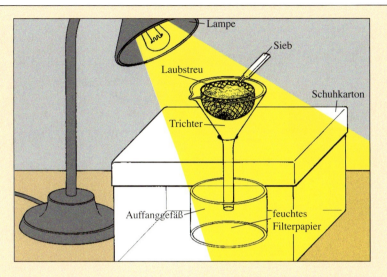

Lichtfalle für Bodentiere
Benötigt werden: Lupe, Plastiktrichter, Sieb, Pappkarton, Glasschale, Lampe, Waldboden.

Durchführung: Baue einen Fangtrichter, wie ihn das Bild links zeigt. Lass den Versuchsaufbau einen Tag stehen. Die Bodentiere fliehen vor dem Licht und fallen in das Auffanggefäß. Betrachte sie mit der Lupe. Versuche sie nach dem Bild unten zu bestimmen. Lass sie dann draußen wieder frei.

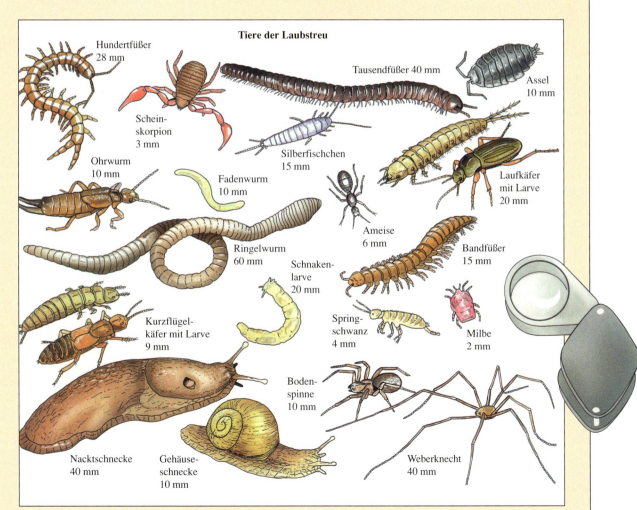

Tiere der Laubstreu

Nahrungsbeziehungen im Wald

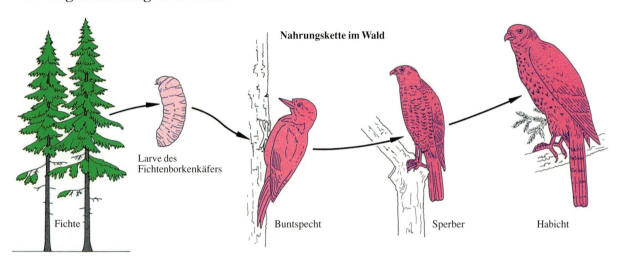

Nahrungskette im Wald

Nahrungsketten. Die Larve des Fichtenborkenkäfers wächst im Bast der Fichte heran. Hier findet sie die notwendige Nahrung für ihre Entwicklung. Sie lebt als *Pflanzenfresser.* Der Buntspecht sucht die Früchte gleichfalls auf. Er hat es jedoch nicht auf das Fichtenholz, sondern auf die Borkenkäferlarve abgesehen. Der Buntspecht wiederum ist für den Sperber eine willkommene Beute, und dieser kann vom Habicht geschlagen werden. Habicht und Sperber sind *Fleischfresser.* Ordnet man die Lebewesen nach ihren Nahrungsbeziehungen, ergibt sich also folgende Reihe:
Fichte → Fichtenborkenkäferlarve → Buntspecht → Sperber → Habicht.
Eine solche Reihe nennt man *Nahrungskette.* Der Pfeil bedeutet dabei: „wird gefressen von".
Zwischen den Tieren und Pflanzen der Lebensgemeinschaft Wald gibt es eine Fülle von Nahrungsbeziehungen, die sich als Nahrungsketten darstellen lassen. Manchmal steht auch der Mensch am Ende der Nahrungskette:
Fichte → Rothirsch → Mensch.
Der Rothirsch hat bei uns keine natürlichen Feinde mehr. Der Jäger tritt an deren Stelle.

Nahrungsnetz. Fichte, Fichtenborkenkäfer, Buntspecht, Sperber und Habicht bilden eine Nahrungskette. Aber dem Habicht dient nicht nur der Sperber als Nahrung und der Sperber lebt nicht nur von Spechten. Beide jagen viele verschiedene Vögel sowie kleinere Säugetiere. Der Speisezettel des Buntspechts umfasst neben tierischer Nahrung auch pflanzliche Kost wie Fichten- und Kiefernsamen. Die Fichte ernährt zahlreiche Tiere. Rinde und junge Triebe frisst der Rothirsch, an den Fichtennadeln saugen Blattläuse, für die Fichtenzapfen interessiert sich neben dem Buntspecht auch das Eichhörnchen. All diese Nahrungsbeziehungen zusammen ergeben ein reich verzweigtes *Nahrungsnetz.*

> Nahrungsbeziehungen zwischen Lebewesen lassen sich als Nahrungskette und Nahrungsnetz darstellen.

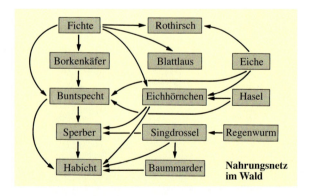

Nahrungsnetz im Wald

1 Ergänze die folgende Nahrungskette; Eiche → Eichenwicklerraupe → ? → Grauspecht → Baummarder.

2 Stelle weitere Nahrungsketten zusammen.

Kreislauf der Stoffe im Wald

Bei der Zersetzung von Laubblättern ist mineralstoffreiche Humuserde das wertvolle Endprodukt.

Zersetzer. Alljährlich fallen im Wald große Mengen Fallaub an, Kräuter sterben ab und Tiere verenden. Aber sie dienen noch zahlreichen Lebewesen als Nahrung. *Bodentiere, Pilze* und *Bakterien* leben von diesen toten Pflanzen und Tieren. Als *Zersetzer* bauen sie deren *organische Stoffe* allmählich ab. Am Ende bleiben nur *anorganische Stoffe* übrig: Kohlenstoffdioxid, Wasser und Mineralstoffe.

Erzeuger. Die *Pflanzen* des Waldes nehmen die entstandenen anorganischen Stoffe mit den Wurzeln auf. Mithilfe des Sonnenlichts erzeugen sie daraus organische Stoffe wie Zucker, Stärke und Eiweiße. Allein die grünen Pflanzen sind hierzu in der Lage. Sie bezeichnet man daher als *Erzeuger*.

Verbraucher. Zu den *Verbrauchern* organischer Stoffe gehören die *Tiere* des Waldes. Die *Pflanzenfresser* unter ihnen leben direkt von den Erzeugern. Doch auch die *Fleischfresser* sind indirekt, durch die Nahrungsgewohnheiten ihrer Beutetiere, auf die grünen Pflanzen angewiesen. Sie sind alle Bestandteile eines zusammenhängenden Kreislaufs.

Stoffkreislauf. Von den organischen Stoffen, die die grünen Pflanzen erzeugt haben, geht nichts verloren. Alle organische Substanz, selbst noch der Kot der Tiere oder ein ausgefallenes Haar, wird von den Zersetzern wieder in die anorganischen Ausgangsstoffe zerlegt und steht den grünen Pflanzen erneut zur Verfügung. Es handelt sich also um einen *Stoffkreislauf*.

Bei diesem Kreislauf der Stoffe spielt das *Wasser* eine wichtige Rolle. Mineralstoffe können nur in Wasser gelöst von den Pflanzen aufgenommen und transportiert werden. Von den Wurzeln bis zu den Blättern bewegt sich ein beständiger Wasserstrom. Über Öffnungen an den Blattunterseiten wird ein kleiner Teil des Wassers wieder ausgeschieden.

> Im Wald gibt es einen Kreislauf der Stoffe, an dem Erzeuger, Verbraucher und Zersetzer beteiligt sind.

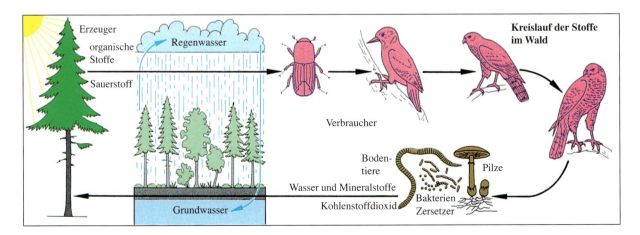

Umwelt aktuell: Wir brauchen den Wald

Seit einigen Jahren steht der Wald im Mittelpunkt zahlreicher Diskussionen. Wir gehen sehr großzügig mit dem Rohstoff Holz um und bewegen uns wie selbstverständlich in dem Naturraum. Aber der Wald ist für uns Menschen viel mehr als nur Holzlieferant und Ort der Erholung.

Holzlieferant
Jährlich schlagen wir etwa 30 Millionen Kubikmeter Holz. Das sind 30 Millionen Würfel von 1 Meter Länge, 1 Meter Breite und 1 Meter Höhe. Damit wird aber nur die Hälfte unseres Holzbedarfs, etwa für Papier und Möbel, gedeckt. Der Rest muss eingeführt werden.

Wasserspeicher
Die lockere und humusreiche Moosschicht saugt das Regenwasser auf. Bis zu 200 Litern kann ein Quadratmeter Waldboden speichern. Dieses Wasser steht nicht nur den Waldbäumen zur Verfügung, sondern speist auch zahlreiche Quellen und das Grundwasser.

Luftfilter
Die Bäume des Waldes reinigen die von Staub und Ruß verunreinigte Luft. Die Schmutzteilchen bleiben an Blättern und Nadeln hängen. Der nächste Regen spült sie dann fort. So kann 1 Hektar Buchenwald in einem Jahr der Luft bis zu 240 kg Staub entziehen.

Bodenschutz
Baumwurzeln mit einer Gesamtlänge von bis zu 100 km durchziehen jeden Quadratmeter Waldboden. Das verhindert, dass die Erde vom Wasser weggespült wird. Vor allem im Gebirge können in entwaldeten Gebieten Regenfälle zu gefährlichen Erdrutschen führen.

Temperaturausgleich
Der Wald hat einen ausgleichenden Einfluss auf das örtliche Klima. Wie angenehm kühl es im Sommer im Wald ist, hast du sicherlich schon selbst erlebt. An heißen Tagen liegt die Temperatur im Wald bis zu 4 °C niedriger als in der Umgebung. Zudem ist es im Wald meist windstill.

Ort der Erholung
Viele Menschen kommen in den Wald um sich zu erholen. Hier kann man sich frei bewegen und frische Luft atmen. Die Ruhe und die reine Luft tragen zu unserem Wohlbefinden bei. Wer offene Augen und Ohren hat, wird auch viele Tiere und Pflanzen entdecken.

Der Wald als Erholungsraum

Die Förster haben vieles getan um den *Freizeitwert* des Waldes zu erhöhen. Aber nicht alles, was die Besucher tun, gefällt ihnen. Da rasen einige mit Mopeds oder Mountainbikes auf schmalen Pfaden durch den Wald und scheuchen das Wild auf. An einer verlassenen Feuerstelle liegt Müll. Auch den Besuchern des Waldes gefällt dies nicht.

Wer den Wald für die Gestaltung seiner Freizeit nutzen möchte, sollte sich unbedingt an bestimmte *Verhaltensregeln* halten. In der Abbildung auf dieser Seite beachten sie die Besucher jedoch nicht. Was sollten sie unbedingt unterlassen? Die folgenden Gebote helfen dir dabei.

Einige Gebote zum Verhalten im Wald

1   Offenes Feuer ist verboten, denn es kann zu einem Waldbrand führen. Es darf auch nicht geraucht werden.

2   Wälder sind Fußgängerzonen. Autos gehören auf die ausgewiesenen Parkplätze.

3   Unterstellhütten, Ruhebänke, Informationstafeln und Wanderzeichen sind für alle Wanderer da. Sie dürfen nicht beschädigt werden.

4   Im Wald darf nicht gelärmt werden. Tiere und Besucher wünschen sich die Ruhe des Waldes.

5   Im Wald darf nur auf festgelegten Plätzen gezeltet werden.

6   Forstkulturen dürfen nicht betreten werden, denn die jungen Pflanzen könnten leicht beschädigt werden.

7   Scheuche das Wild nicht auf. Der Lebensraum des Wildes ist so klein geworden, es braucht Ruheplätze.

8   Nimm keine Tiere mit nach Hause. Verletzte Tiere melde dem Förster.

9   Die Pflanzenwelt wird immer ärmer. Verzichte ganz auf das Pflücken von Blumen oder begnüge dich mit einem kleinen Handstrauß.

10   Geschützte und seltene Pflanzen darfst du weder pflücken noch ausgraben.

11   Verletze keine Bäume mutwillig oder achtlos. Auch sie sind Lebewesen.

12   Abfälle dürfen nicht liegen bleiben. Sei Vorbild für andere und verleite sie nicht zur Nachlässigkeit.

Wald in Gefahr

Schäden durch Vergiftung. Inge und Rolf haben schon einiges über das *Waldsterben* gehört. Auf ihren Spaziergängen bemerken sie jedoch nichts davon. Der Förster erklärt ihnen, warum man von den *Waldschäden* oft wenig sieht. Jeder kranke Baum wird so bald wie möglich gefällt, damit das Holz noch verwendet werden kann.

„Und wie erkennt man, dass ein Baum krank ist?" fragt Rolf. Der Förster zeigt ihnen den Zweig einer *Fichte*. Die Nadeln an den Zweigspitzen sind noch hellgrün. Sie wuchsen in diesem Jahr. Die dunkelgrünen Nadeln dahinter sind zweijährig. Dann kommen *gelbliche Nadeln mit brauner Spitze*. Obwohl erst drei Jahre alt, sind sie schon krank. Sie werden bald abfallen. Ein gesunder Baum wirft seine Nadeln erst nach etwa sechs Jahren ab.

Der Förster weist auf eine alte Fichte. „Schaut einmal an diesem Baum hinauf. Wie licht seine Krone ist. Lange wird der nicht mehr leben!" Inge ist erschrocken. Sie möchte wissen, ob man das Waldsterben nicht verhindern kann. „Doch", sagt der Förster, „aber dazu müssten weit weniger *Schadstoffe* aus Schornsteinen und aus den Auspuffrohren der Autos in die Luft gelangen. Sie *vergiften die Nadeln*. Außerdem dringen sie mit dem Regen auch in den Boden ein. Dort schädigen sie die Wurzeln und erschweren es dem Baum, lebenswichtige Mineralstoffe aufzunehmen."

Schäden durch Insekten. Geschwächte Bäume sind anfälliger für Insekten, die in ihrem Holz fressen. Das zeigt der Förster den Kindern an einem Rindenstück vom Stamm der alten Fichte. Auf der Innenseite der Rinde sind viele Rillen. „Das war der *Fichtenborkenkäfer*", erklärt der Förster. „Besonders in trockenen Jahren kann er in Fichtenwäldern großen Schaden anrichten. Und mit kranken Bäumen hat er natürlich leichtes Spiel. Es sieht nicht gut aus für unseren Wald!"

> Schadstoffe in der Luft lassen die Bäume erkranken. Kranke Bäume sind besonders anfällig für holzfressende Insekten wie den Fichtenborkenkäfer.

Das Foto zeigt links eine noch gesunde Fichte und rechts eine kranke Fichte. Der kahle Baum in der Mitte ist bereits abgestorben.

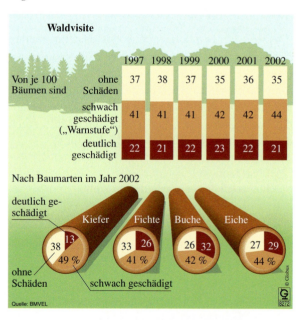

1 Nadelbäume erkranken als erste und sind auch häufiger geschädigt als Laubbäume. Woran liegt das? Denke daran, dass die Schadstoffe zuerst auf die Blätter einwirken.

2 Achte beim Waldspaziergang auf Nadelbäume mit lichter Krone und auf Laubbäume mit abgestorbenen Ästen und vorzeitig braunem Laub.

3 Überlege dir, welche Folgen ein völliges Waldsterben haben könnte.

Praktikum: Erkennen von Waldschäden

Schäden an Laubbäumen

- Blätter beginnen bereits im Sommer zu welken.
- Schon Anfang Juni verlieren erkrankte Bäume grüne Blätter.
- Schwer erkrankte Bäume verlieren bis Ende September ihr gesamtes Laub, ohne die typische Herbstfärbung.
- Blätter rollen sich ein und fallen ab.
- Die Kronen erkrankter Bäume sind schütter belaubt.
- Die Hauptäste beginnen von außen her abzusterben.
- Die abgestorbenen Äste der Baumkronen stehen „krallenartig" nach oben.

Schäden an Nadelbäumen

- Die Nadeln verfärben sich gelbbraun.
- Die Nadeln fallen vorzeitig ab.
- Die nach unten hängenden Seitentriebe sind entnadelt und hängen wie Lametta herab.
- Als letzte Rettungsmaßnahme bildet der Baum „Angsttriebe": Aus den Seitenzweigen wachsen neue Ästchen empor.
- Der Baumwipfel flacht ab. Er bildet ein „Storchennest".
- Die noch grünen Zweige erscheinen verkrüppelt und verformt. Sie stehen in alle Richtungen ab.

1 Mit dem Förster im Wald

Wir bitten einen Förster uns auf einem Lerngang durch den Wald die Folgen der Luftverschmutzung zu zeigen.

Vorbereitung: Wir überlegen uns Fragen über Waldschäden an den Förster. Für die Arbeit im Wald benötigen wir Schreibzeug und eine Tasche zum Transport gesammelter Zweige. Auch ein Fotoapparat und ein Fernrohr können auf unserem Lerngang sehr nützlich sein.

Wie kann man erkennen, ob ein Baum krank ist?
- Haltet in einem Protokoll fest, welche Merkmale als Krankheitszeichen euch der Förster bei einem Nadelbaum und welche er euch bei einem Laubbaum zeigt. Die Abbildung links im Buch gibt ein Beispiel, wie eine solche Auflistung aussehen könnte.
- Prüft, ob alle Bäume im besuchten Waldstück in gleichem Maß erkrankt sind.
- Vergleicht Bäume, die verschieden alt sind.
- Macht mit dem Fotoapparat Bilder von gesunden und erkrankten Bäumen.
- Achtet auch auf Schadensmerkmale bereits gefällter, kranker Bäume. Wie sehen die Jahresringe von geschädigten Bäumen aus?

2 Gestaltung eines Posters

Gestaltet mit den gesammelten gesunden und kranken Zweigen, mit Fotos und mit Zeitungsausschnitten ein Poster mit dem Thema „Waldschäden". Die wichtigsten Ursachen der Waldschäden werden auf dem Poster vermerkt.

Register

Ackersenf 110
After 64
Ahorn 132, 203
Ähre 112
Allesfresser 44, 149, 189, 220
Allosaurier 172
Alpensalamander 158
Ameise 134, 226 f., 229
Amsel 134, 190, 192–194
Apfel 123 f., 130, 203
Araber 35
Arbeitstier 15, 34 f., 39
Aronstab 213
Art 122
Arterien 88, 90
Äskulapnatter 171
Assel 229
Atembewegung 82
Atemluft 83, 92
Atmung 80 f., 84, 92 f., 146, 177
Auerhuhn 186
Auerochse 36
Auge 19, 37

Bachforelle 147
Backenzahn 33, 37, 60–63
Bakterien 231
Ballaststoffe 53–55
Balz 176, 183
Bandfüßer 229
Bandscheiben 70, 73–75
Bankivahuhn 40 f.
Bärenklau 127
Bärlauch 201
Bast 207
Bauchatmung 82, 84
Bauchspeicheldrüse 64 f.
Baummarder 220
Baumschicht 201
Baustoffe 48, 54
Becken 70
Bedecktsamer 207
Befruchtung 43, 100 f., 130
Beischlaf 99
Bergahorn 133, 209
Bergmolch 158
Bernhardiner 25
Besenginster 132
Bestäuber 127
Bestäubung 120, 126, 128, 204
Betriebsstoffe 48, 54
Beuger 76
Biene 126, 128 f., 226
Bienenblume 127
biologische Schädlingsbekämpfung 224
Birne 123 f., 132, 203
Bizeps 76
Blättermagen 37
Blattgrün 111
Blattgrünkörner 143

Blattlaus 227
Blattnarbe 218
Blattrand 203
Blauer Eisenhut 213
Blaumeise 189
Blaustern 212
Blinddarm 33, 35, 64
Blinddarmentzündung 66
Blindschleiche 166
Blumenkohl 117
Blut 83, 86–89
Blutdruck 90
Blüte 109–111, 113, 116, 120 f., 127 f., 203, 205, 207, 210 f.
Blütenboden 118, 123
Blütenkronblatt 109
Blütenpflanze 109, 137, 201
Blütenstand 112, 118, 207, 209, 211
Blütenstaub 109 f., 114, 126 f.
Blütenstetigkeit 126
Blutgefäße 88, 102
Blutgefäßsystem 89
Blutgerinnung 86 f.
Blutkörperchen 86 f.
Blutkreislauf 90–93
Blutplasma 87, 90 f.
Blutplättchen 86
Blutserum 87
Bodenhaltung 40
Bodenspinne 229
Bodentiere 229, 231
Bohne 120, 137
Borke 203, 207
Borkenkäferlarve 230
Borstenhaare 44
Brachiosaurier 172
Braunvieh 36
Brombeere 122–124, 201, 210
Bronchien 83
Bronchitis 85
Brust 96
Brustatmung 82, 84
Brustbein 70, 82
Brustkorb 70, 82 f.
Brut 176
Bruthöhlen 181
Brutpflege 175, 192
Brutschmarotzer 182
Buchdrucker 224
Buche 203–205, 209
Buchecker 205, 217
Buchfink 181, 221
Bulle 36
Buntspecht 230
Buschwindröschen 201, 214

Charolais 39
Chihuahua 25
Cholera 66
Clematis 216

Dachs 220, 223
Deckfeder 177
Deutsche Jersey 39
Deutscher Boxer 25
Deutsch Kurzhaar 25
Dickdarm 64–66
Dinosaurier 172
Distel 127, 132
Dohle 189
Dolde 112
Dornen 123
Dotter 43
Dottersack 147, 149
Duftmarke 16, 21, 23
Dunen 177
Dünndarm 64 f.

Eberesche 216
Eckzahn 61 f.
Efeu 141
Eiche 201–203
Eichel 97
Eichelhäher 189, 221
Eichengallwespe 228
Eichhörnchen 220
Eidechse 164 f., 168, 171
Eierstock 43, 96, 100
Eileiter 43, 96, 100 f.
Einbeere 213
Einhufer 32
Einzelblüten 118
Einzelfrüchte 210
Eiweiß 43, 49, 52 f., 67
Eiweißmangel 49, 67
Eiweißstoffe 47, 49 f., 54 f., 65, 91
Eizelle 43, 96, 100 f., 105, 109, 114, 130
Elle 70
Elstern 185, 189
Embryo 43, 102 f.
Energie 49, 81, 92, 143
Englische Vollblüter 35
Ente 183
Entwicklung 10 f.
Erbsen 120
Erdbeere 123 f., 130, 210
Erdkröte 159, 161, 163
Erdspross 214 f.
Ernährung 47, 53–55, 57–59, 66 f.
Erpel 183
Erwachsenengebiss 61 f.
Erzeuger 231
Esche 132 f.
Essigrose 122
Esskastanie 130, 216
Eule 185
Europäische Wildkatze 17
Euter 36

Fadenwurm 229
Fahne 120
Falbkatze 17
Falter 127, 228
Falterblume 127
Familie 122
Fanggebiss 166, 168
Fangzahn 19, 21, 222
Farne 201
Federkleid 177, 195
Federn 177
Feldrose 122
Feldulme 133
Fette 47 f., 50, 52–55, 65, 67, 91
Fettleibigkeit 54
Fettschicht 195
Feuchtgebiet 186
Feuchtlufttier 156
Feuersalamander 157
Fichte 132, 201, 203, 206 f., 230, 234
Fichtenborkenkäfer 224 f., 230, 234
Fichtenmonokultur 206, 224
Fichtenwald 202
Fingerhut 201
Finken 197
Fische 30, 145 f.
Fischsaurier 173
Flachwurzler 206
Fleischfresser 19, 21, 222, 230 f.
Fliegen 127, 177
Flosse 145
Flügel 120, 179
Flugfrüchte 132
Flughaut 173
Flugsaurier 173
Fohlen 34
Forelle 147
Forstschädling 224, 227
Fortpflanzung 10 f., 34, 36, 43, 147–149, 157, 165, 169
Fotosynthese 111, 143
Frauenschuh 212
Freilandhaltung 41
Frischfische 149
Frischling 44, 220
Frösche 154, 156, 160, 168
Froschlurche 157 f.
Frucht 110, 113, 116, 120 f., 123, 128, 130, 132, 134 f., 203, 205, 210 f., 216
Fruchtbildung 128
Fruchtblase 102, 104 f.
Fruchtblatt 109, 116, 120
Fruchtknoten 109 f., 118, 120, 130
Fruchtschuppe 207
Fruchtstand 209
Fruchtwasser 102, 104

Frühblüher 202, 214 f.
Fuchs 222 f.
Fuß 75

Galle 65
Gallen 228
Gallenblase 64 f.
Galloway 39
Gänseblümchen 119
Gastritis 66
Gattung 122 f.
Gauchheil 133
Gebärmutter 96, 100–102, 105
Gebiss 19–21, 33, 37, 44
Geburt 104
Geburtshelferkröte 162
Gegenspieler 76
Gehäuseschnecke 229
Gehirn 69, 92
Gelbbauchunke 159, 162
Gelbhalsmaus 220
Gelenke 71
Gemeine Akelei 212
Gemeine Esche 219
Gemeine Wegwarte 119
Gepard 10
Geruchssinn 21, 37, 168
Geschlechtshormon 95, 97
Geschlechtsmerkmal 97
Geschlechtsorgan 96–99
Geschlechtsreife 96–98
Gewöhnliche Kratzdistel 119
Gewölle 185
Giftdrüse 157, 227
Giftpflanze 213
Giftschlange 169
Giftzahn 169
Gleitflug 184
Glied 97
Gliedmaßen 70
Gliedmaßenskelett 70
Glockenblume 132 f.
Golden Retriever 25
Goldhamster 10
Goldnessel 201
Grasfrosch 154–157, 159 f.
Graugans 198
Greiffuß 184
Greifvogel 184 f.
Griffel 109
Großblütiger Fingerhut 212
Großer Abendsegler 220
Grünfink 189, 197
Guppy 30

Habicht 221, 230
Haftwurzeln 141
Hagebutte 122 f., 216 f.
Hagelschnüre 43
Hahn 40, 43
Hainbuche 133, 201 f., 209, 219
Hakenschnabel 184 f.

Haltungsschäden 75
Haltungstraining 79
Hämoglobin 86
Hannoveraner 35
Harnblase 97
Harnleiter 96 f.
Hasel 203
Haselnuss 201, 216 f.
Haubenmeise 221
Haushuhn 40 f.
Hauskatze 16, 18 f.
Hausrotschwanz 181, 199
Hausschwein 44
Haussperling 180 f.
Haustaube 176
Haustiere 14, 17, 22, 26–28, 31, 40, 45
Haut 92
Hautatmung 156
Häutung 165
Hecht 148
Heckenrose 122 f., 216
Henne 40–43
Hering 150, 152
Herz 88 f., 91 f.
Hetzjäger 20 f.
Himbeere 123, 134 f., 201, 210
Hirschkäfer 228
Hoden 97
Hodensack 97
Hohe Schlüsselblume 215
Höhlenbrüter 181, 188
Hohler Lerchensporn 215
Holsteiner 35
Holunder 135, 201
Holz 203 f., 207, 232
Honigbiene 126
Honigtau 227
Hopfen 141
Hormone 95
Hornrippen 183
Hornzähnchen 155
Hörsinn 37
Huf 32, 36, 44
Hüftgelenk 71
Huhn 40–43, 45
Hühnerei 43
Hühnerrassen 40
Hülse 120
Hülsenfrucht 132
Hülsenfrüchtler 120
Humboldt 9
Hummel 120, 226
Hummelblume 127
Hummelkolibri 195
Humus 202
Hund 20–27, 31
Hundehaltung 24
Hunderassen 22, 25, 27
Hundertfüßer 229
Hundsrose 122

Insekten 228
Insektenfresser 181, 198
Irish Setter 25

Jagd 22
Jahresringe 203, 207
Johannisbeere 130

Käfer 127
Kaiserpinguin 195
Kalb 36, 38
Kalkschale 43
Kammmolch 158, 162
Kapillare 90
Kapselfrucht 132
Karies 62
Karpfen 148 f.
Kartoffel 52
Kastanie 112 f.
Kätzchen 205
Katze 16–19, 21, 26 f.
Kaulquappen 154 f., 160
Kauplatte 37
Kegelschnabel 180
Kehlkopf 83
Keim 101 f.
Keimpflanze 137
Keimscheibe 43
Keimung 137
Kelchblatt 109 f., 116, 118, 120, 123
Kernobst 123
Kichererbsen 120
Kiefer 132 f., 208
Kiefernschwärmer 228
Kiefernwald 202
Kiemen 146, 154 f.
Kirsche 122 f., 128–131, 135, 210
Kitzler 96
Klebkraut 133
Klebriges Labkraut 135
Klee 127
Kletterpflanze 141
Klettfrüchte 133, 135
Klitoris 96
Knoblauchkröte 162
Knochen 69–73, 177
Knochenbruch 79
Knochenplatte 172
Knospen 205, 219
Kobel 220
Kohl 117
Kohlenhydrate 47 f., 50–55, 65, 67
Kohlenstoffdioxid 81, 86 f., 90, 143, 146, 231
Kohlmeise 181, 197
Kohlrabi 117
Kolibri 195
Köpfchen 112
Kopfskelett 70

Korbblütengewächs 118
Korbblütler 118 f.
Kornblume 119
Körnerfresser 176, 180, 197
Körperkreislauf 90
Körperpflege 98
Krähen 185
Krallen 185
Kranich 198 f.
Kratzdistel 133
Kräuter 201 f.
Krautschicht 201
Kresse 140
Kreuzblüte 110
Kreuzblütler 116 f.
Kreuzkröte 162
Kreuzotter 169
Kriechtier 164, 167, 169–172
Krokodil 170
Krokus 215
Kronblatt 110, 114, 116, 118, 120 f., 123
Krone 204, 206
Kropf 176
Kröten 154, 160 f., 168
Kuckuck 182, 198 f., 221
Kugelgelenk 71, 167
Küken 43
Kulturfolger 180
Kurzflügelkäfer 229
Kurztagspflanze 140
Kutschpferd 35

Labkrautschwärmer 127
Labmagen 37
Laich 154, 160
Laichgewässer 160 f., 163
Laichzeit 158 f.
Langtagspflanze 140
Lärche 208
Larve 226, 228, 154, 157–159
Laubbäume 218 f., 235
Laubblatt 109, 231
Laubfall 205, 218
Laubfrosch 159, 162
Laubstreu 229
Laubwald 202, 204, 214
Laufbeine 32
Laufkäfer 229
Laufvogel 195
Lebensgemeinschaft 201, 227, 230
Leber 64 f., 92
Leberblümchen 214
Lebewesen 9–13, 28
Lederkarpfen 149
Legebatterie 42
Legebohrer 228
Legerassen 40
Leitbündel 109
Lerchensporn 134

237

Licht 140 f., 143, 202, 205
Lichtnelke 127
Liguster 213
Linde 203
Linsen 120
Lippenblütler 121
Lockfrüchte 135
Löwenmaul 127, 132
Löwenzahn 132 f.
Luft 143
Luftfilter 232
Luftkammer 43
Luftröhre 85
Luftsäcke 177
Lunge 82 f., 85, 90, 92, 155
Lungenatmung 156
Lungenkrebs 85
Lungenkreislauf 90
Lupinen 132
Lurche 154, 156–158, 160, 162 f.
Lymphsystem 91

Magen 64–66
Magengeschwür 66 f.
Magersucht 55
Mahlzahn 61
Maiglöckchen 201, 213
Marder 223
Märzenbecher 212
Mauerbiene 228
Mauersegler 189, 198
Mäusebussard 184
Meeresschildkröte 170
Meerschweinchen 29, 31
Mehlschwalbe 181
Menstruation 96, 98
Milbe 229
Milchgebiss 62
Mimose 11
Mineralstoffe 50 f., 53–55, 57, 67, 109, 111, 138, 231
Mischwald 202, 204
Mistkäfer 228
Mohn 132 f.
Molche 160
Mondvogel 228
Monokultur 206
Moorfrosch 162
Moose 201 f.
Moosschicht 201, 232
Möwe 199
Muskel 69, 76 f.
Muskelkater 79
Muskelmagen 176

Nabelschnur 102, 104 f.
Nachtfalter 127
Nacktsamer 207
Nacktschnecke 229
Nadelbaum 206 f., 235
Nadelwald 202

Nagelfleck 228
Nagetier 29
Nährstoffe 47, 49, 52 f., 65, 67, 81, 92, 102, 111
Nahrung 47–51, 53–55, 61, 64–67
Nahrungsbedarf 48
Nahrungskette 230
Nahrungsnetz 230
Narbe 109, 120, 130
Nase 83
Natternhemd 167
Naturschutz 166 f., 171, 227
Naturschutzbehörde 160
Naturschutzgesetz 212
Nebenhoden 97
Nektar 126 f.
Nelkenwurz 133, 135
Neonfisch 30
Nerven 69
Nestbau 175, 191 f., 194
Nestflüchter 34, 36, 183
Nesthocker 176, 180, 192, 194
Nestwurz 212
Netzmagen 37
Neuntöter 186
Nisthilfe 175
Nisthöhle 180
Nistkasten 188
Nistplatz 191
Nüsschen 123
Nussfrucht 205
Nutztier 15, 32, 36, 40, 45

Ochse 36
Odermennig 133
Ohrspeicheldrüse 64
Ohrwurm 229
Orchidee 212

Paarhufer 36, 44
Paarung 176
Paddelechsen 173
Pansen 37
Penis 97, 99
Pfaffenhütchen 211
Pfahlwurzel 109
Pferd 32–35
Pferderassen 34 f.
Pfirsich 123, 130
Pflanzen 11 f.
Pflanzenfresser 29, 33, 37, 172, 231
Pflanzenfressergebiss 33, 44
Pflaume 123 f., 130
Pilze 201, 231
Pinguin 195
Pinzgauer 39
Pirol 221
Plankton 151
Pollen 109 f., 120, 126, 128

Pollenkorn 130
Pollenschlauch 130
Przewalskipferd 34
Pubertät 95 f., 98
Puls 90, 93
Puppe 226

Rachen 83
Radieschen 117
Rainfarn 119
Rangordnung 21, 23, 40 f.
Rankpflanzen 141
Raps 116
Raubfische 147 f.
Raubtier 19, 21, 32, 222
Raubtiergebiss 222 f.
Rauchen 85
Rauchschwalben 175
Raupe 228
Reh 220
Reißzahn 21, 222
Reizbarkeit 10 f.
Revier 16, 21, 23, 190 f., 194, 223
Riechorgan 166
Riesenschlupfwespe 228
Rind 36–39, 45
Rinde 203
Rinderrassen 36, 38 f.
Ringelnatter 167–169
Ringelwurm 229
Rippen 70, 82
Rispe 112
Robinie 203, 219
Rohhumus 202
Röhrenblüte 118
Röhrenknochen 32, 72
Rosengewächse 122–125, 210
Rosenkohl 117
Rosskastanie 112, 203, 219
Rotbauchunke 162
Rotbuche 201 f., 204 f., 219
Rote Bohnen 120
Roteiche 219
Rote Liste 162
Roter Hartriegel 216
Rotes Waldvögelein 212
Rote Waldameise 226 f.
Rotfuchs 220
Rothirsch 220, 230
Rotkohl 117
Rotschwanz 198
Rückenmark 73
Rudel 21, 23, 25
Rumpfskelett 70
Rüttelflug 184

Salbeiblüte 126
Salmonellen 66
Salomonsiegel 213
Salweide 133

Samen 11 f., 110, 114, 116, 118, 128, 130, 132, 134, 137, 142, 197, 207, 211, 216
Samenanlage 109 f., 114, 130, 207
Samenerguss 97, 99
Samenkeimung 142
Samenleiter 97
Samenschale 137
Sammelfrucht 210
Sattelgelenk 71
Sauerklee 201
Sauerstoff 81, 86 f., 90, 92, 102, 143, 146, 154
Säugetier 34, 36, 220
Saurier 172
Schädelkapsel 70
Schadstoffe 234
Schallblasen 159
Schamlippen 96
Scharbockskraut 214
Scharfer Hahnenfuß 109
Scharniergelenk 71
Scheide 96, 99
Scheidewand 116
Scheinskorpion 229
Schienbein 70
Schiffchen 120
Schirmflieger 132 f.
Schlagadern 88
Schlange 167–169
Schlehe 203
Schleiereule 185
Schleuderfrucht 132 f.
Schließfrucht 123
Schlingpflanze 141
Schlundrinne 37
Schlupfwespenlarve 228
Schlüsselbein 70
Schmarotzer 212
Schmelzfalte 33, 37
Schmetterlingsblütler 120
Schnabelformen 187
Schnakenlarve 229
Schneeglöckchen 215
Schneidezahn 33, 37, 60–62, 222
Schösslinge 122
Schote 110, 116
Schottisches Hochlandrind 39
Schraubenflieger 132 f.
Schulterblätter 70
Schultergelenk 71
Schultergürtel 70
Schuppen 145 f., 165, 167
Schuppenkleid 165, 167, 170
Schwalben 175, 198
Schwangerschaft 103
Schwanzlurche 157 f.
Schwanzmeise 189, 221
Schwarzdorn 216
Schwarzer Holunder 211

Schwarzerle 133, 219
Schwarzpappel 219
Schwarzwälder Fuchs 35
Schwein 44 f.
Schwellkörper 97
Schwertlilie 133
Schwertträger 30
Schwimmblase 145, 148 f.
Schwimmhäute 156, 183
Schwirrflug 195
Schwungfeder 177
Seefrosch 162
Segelflieger 132 f.
Segelflug 184
Sehnen 69, 77
Seidelbast 213
Seitenlinienorgan 146
Selbstklimmer 141
Siberian Husky 25
Siebenschläfer 134
Silberfischchen 229
Silberpappel 219
Silberweide 219
Singvogel 197 f.
Skalar 30
Skelett 18, 20, 70, 73
Skorbut 50
Sodbrennen 66
Sonnenblume 118
Spaltöffnung 138, 143
Spatz 180
Speiche 65, 70
Speicheldrüsen 64 f.
Speicherorgane 215
Speiseröhre 64–66
Sperber 230
Spermazelle 97, 100 f., 105, 130
Spiegelkarpfen 149
Springfrosch 162
Springkraut 132 f.
Springschwanz 229
Spross 109, 139
Sprossknolle 215
Sprungbein 159
Spurenelemente 51
Stacheln 122 f.
Stamm 203 f., 206
Standvogel 180 f., 197
Stängel 109, 111
Star 181
Stärke 47–49, 52, 65, 111, 143
Staubbad 40 f., 180
Staubbeutel 109, 118, 126
Staubblatt 109 f., 113–116, 118, 120 f., 123, 126
Staubfaden 109
Staubgefäße 110
Stegosaurier 172
Steinfrucht 210
Steinkauz 186
Steinobst 123

Stempel 109 f., 113, 116, 118, 120, 123
Steuerfeder 177
Stieleiche 209, 219
Stier 36
Stockente 183
Stockwerke 201
Stoffkreislauf 231
Stoffwechsel 10 f.
Storch 186, 198 f.
Storchenschnabel 133
Stoßflug 184
Sträucher 201 f., 210 f., 216
Strauchschicht 201, 210 f.
Strauß 195
Strecker 76
Stress 91
Streu 202
Streufrucht 132 f.
Strichvogel 199
Sturmmöwe 199
Stute 34
Sumpfschildkröte 171
Süßkirsche 124

Tagfalter 127
Taglichtnelke 127
Tanne 208
Tarnfarbe 166
Tastsinn 19
Taube 176 f., 184
Taubnessel 127, 134
Tausendfüßer 229
Teer 85
Teichfrosch 162
Teichmolch 158
Teichrohrsänger 182
Tiefwurzler 204
Tierschutzgesetz 31, 42, 45
Tod 10
Tollkirsche 213
Tollwut 222
Trakehner 35
Traube 112
Traubenholunder 211
Trennschicht 205, 218
Trockenzeit 218
Tulpe 114 f.
Türkenbundlilie 212
Türkentaube 189
Turmfalke 184, 189
Typhus 66

Überfischung 151
Übergewicht 54
Uhu 186
Ulme 132
Ungarisches Steppenrind 39
Unke 160
Unpaarhufer 32 f.
Untergewicht 55

Ur 36, 39
Urrind 39

Venen 88, 90
Venusfliegenfalle 11
Verbraucher 231
Verdauung 61, 64 f.
Vererbung 10 f.
Verhütungsmittel 99
Verstopfung 66
Vitamine 50 f., 53–55, 57, 67
Vögel 13, 41, 175 f., 180–182, 184, 186–190, 192, 194–197, 199, 221
Vogelbeere 134
Vogelflügel 179
Vogelkirsche 203, 219
Vogelzug 198
Vollkornkost 54
Vorhaut 97
Vorhof 88 f.
Vorratsspeicher 11, 214 f.

Wachstum 10 f.
Wachstumshormon 95
Wachstumsschicht 207
Wadenbein 70
Wald 201 f., 204, 210–213, 220 f., 227 f., 230–234
Waldameise 227
Waldgeißblatt 141
Waldkauz 221
Waldklette 133
Waldmeister 135
Waldohreule 185
Waldrebe 133, 216
Waldschäden 234 f.
Waldsterben 234
Waldveilchen 134
Walnussbaum 219
Wanderfalke 184, 186
Wanderfische 151
Warnkleid 157
Wasser 50 f., 54 f., 111, 138 f., 143, 153, 231
Wasserfrosch 162
Wasserschwertlilie 132
Wasserspeicher 232
Wasservögel 198 f.
Weberknecht 229
Wechselkröte 162
wechselwarm 156 f., 164, 167, 169 f.
Wehen 104
Weide 132
Weinrose 122
Weisheitszahn 61 f.
Weißbirke 133
Weißbuche 204, 209
Weißdorn 216
Weiße Bohnen 120
Weiße Taubnessel 121

Weißkohl 117
Weißstorch 186
Wespen 226
Wicke 133
Widderbock 228
Wiederkäuer 37
Wiesenbocksbart 119, 133
Wiesenlöwenzahn 119
Wiesensalbei 126
Wiesenschafgarbe 119
Wiesenwucherblume 119
Wilde Möhre 133
Wilder Wein 141
Wildhühner 41
Wildkarpfen 149
Wildpferde 34
Wildschwein 44, 220
Wildtulpen 114
Winterknospen 205, 219
Winterlinde 133, 216, 219
Winterruhe 218
Wirbel 73, 167
Wirbelsäule 19, 70, 73–75
Wirbeltier 19, 21, 177
Wirsingkohl 117
Wolf 21–23, 25, 32
Wurmfarn 201
Wurmfortsatz 64, 66
Wurzel 109, 111, 138, 204, 206
Wurzelhaare 111
Wurzelkletterer 141
Wurzelknollen 214 f.
Wurzelschicht 201

Yak 39

Zahnbein 33, 62
Zähne 61–63
Zahnpflege 63
Zahnschmelz 33, 62
Zahnzement 33, 62
Zapfen 207
Zärtlichkeit 106
Zauneidechse 164–166
Zaunkönig 221
Zebu 39
Zehengänger 21
Zehenspitzengänger 32, 44
Zersetzer 231
Zipfelfalter 127
Zooplankton 150
Zucker 47–49, 52, 111, 143
Zugvogel 181, 197–199
Zunge 60, 64
Züngeln 168 f.
Zungenblüte 118
Zweiblättriger Blaustern 215
Zwerchfell 82
Zwergkaninchen 28
Zwiebel 114, 215
Zwillinge 105
Zwölffingerdarmgeschwür 66

Bildverzeichnis

Fotos:
AKG-Images, Berlin: 9.1, 9.3; Angermayer, Holzkirchen: 17.2 (Reinhard), 22.1 (o. A.), 35.1, 44.1 (Reinhard), 126.3, 127.2, 154.3+5, 155.3–5, 158.2–4, 159.2–4, 165.2, 168.4 (Pfletschinger), 195.1 (Ziesler), 200.2 (o. l.), 220.1, 221.1 (Reinhard), 221.8 (Schmidt), 223.1 (Reinhard), 224.2, 226.2+3, 228.3+5+7 (Pfletschinger); Bellmann H., Lonsee: 228.9; Bildagentur Schuster, Oberursel: 106.2 (Liaison); BLV-Verlag, München: 26.2; Buff W., Biberach/Riß: 213.6; Buhtz A., Heidelberg: 31.1, 34.1, 111.5, 113.1, 114.4, 115.6, 117.1–3, 118 (Mitte), 120.2–4, 166.3, 205.4, 218.1, 219.3; DAK, Hamburg: 85.2; Danegger M., Owingen-Billafingen: 189.1, 190.2; DGE, Bonn: 53.1; dpa, Frankfurt: 25.7 (Stackelberg), 31.2 (Goettert), 45.2 (ADN), 151.2 (Bera); Fotostudio Mahler, Berlin: 13.1, 75 (Mitte, 3.+4. Foto v. oben); Franckh-Kosmos-Verlag, Stuttgart: 26.1+3; Gräfe und Unzer Verlag, München: 26.4; Greiner & Meyer, Braunschweig: 36 (M. l.) (Schrempp), 100.2 (Birke), 100.3 (Ahrens), 160.1 (Meyer); Hamburg-Münchener Krankenkasse, Hamburg: 85.4; Hecker F., Panten-Hammer: 135.1, 147.3, 166.1 (Sauer), 170.1 (o. A.), 191 (o. r.) (Sauer), Hollatz J., Heidelberg: 8.1 (Hintergrundfoto), 11.2, 11.3 (mit Einklinker), 12.1+2, 15.3+6, 29.1, 46.1+2, 53.2–4, 57.1+3, 77.1, 84.3, 87.1+2, 94, 146.1, 231.1–4; IFA, Ottobrunn: 36 (M. r.) Eckhardt, 67.3 (Digul), 102 (u. l.) (SIV), 106.1+4 (TPL), 134.1 (Limbrunner), 192.4 (Kinlein), 213.8 (Schösser), 228.4 (Ewald); IMA, Hannover: 38.3; Interfoto, München: 15.4 (Frühauf), 24.3 (Moser); Juniors, Ruhpolding: 15.2, 25.2 (Wegler), 24.4 (Putz), 41.1 (Klapp); Kaspersen G., Hamburg: Titelfoto; Kleesattel W., Schwäbisch Gmünd: 73.1, 185.3, 225.3; KNA-Bild, Bonn: 67.2; Lade Fotoagentur, Frankfurt: 105.1 (KI), 144.4 (unten) (Cramm); Lavendelfoto, Hamburg: 141.1 (Höfer); Lieder J., Ludwigsburg: 111.3; Limbrunner A., Dachau: 13.2, 188.3+4, 189.3+4+7+9; Mauritius, Berlin: 10.3 (Sun Star), 60.1 (Frauke), 78 (o. r.) (Leser), 78 (M. r.) (Rosenfeld), 80.1 (Hintergrundfoto) (Phototake), 103 (AGE), 104.2 (Indinger), 104.3 (Günther), 106.5 (AGE), 107.1 (Kolmikou), 170.3 (Lacz), 195.2 (Burger), 195.3 (Reinhard), 202.1+2 (Thonig), 203.2 (Albinger), 232.6 (Fischer), 235.1 (Löhr); May G.: 20.1; Nilsson L., Schweden: 86.4, 102 (o. r.), Okapia, Frankfurt: 8.3 (Bromhall/OSF), 11.1 (K.-H. Jacobi), 24.1 (Ch. Steiner), 24.2 (Kjedahl), 25.6 (R. Köpfle), 29.2 (J. A. Provenza), 32.1 (Emu), 38.2 (o. A.), 45.4 (Schwind), 66.1 (Kage), 81 (H. Kehrer), 88.1 (N. Lange), 106.3 (Colorstock), 114.3 (H. Reinhard), 115.5 (H. Kranemann), 118 (o. r.) (Geduldig/Naturbild), 134.2 (Robert Meier), 135.2 (Kuribayashi/OSF), 141.3 (Zanus), 144.1 (Hintergrundfoto) (Rech), 176.1 (Keatins), 188.1 (Groß), 212.6 (B. u. H. Kunz), 213.3 (Cuppitt), 216.6 (B. u. H. Kunz), 216.9 (J. L. Klein u. M. L. Hubert), 220.8 (Press-Tige Pict.); Paysan K., Stuttgart: 150; Picture Press, Hamburg: 104.1 (M. Raith); Pforr M., Langenpreising: 175.1, 186.2, 215.2, 224.1; Project Photos, Augsburg: 48; Redeker Th., Gütersloh: 58.1, 59, 68.1+2, 71.1, 75 (Mitte, 1.+2. Foto v. oben), 85.3, 93.1+2; Reinbacher L., Kempten: 80.2 (Einklinker); Reinhard H., Heiligkreuzsteinach: 8.4, 10.1, 14, 15.1+5, 16.2, 18, 19.1+2, 25.1+8, 28.1, 30.1, 35.2, 41.2+3, 42, 44.2, 45.1+3, 123.3, 127.3, 129.1, 130.2, 136, 140.5, 144.3 (Mitte), 147.1, 148.1, 149.1, 154.4, 156.2+3, 157.2+3, 159.1, 161.1, 166.2, 168.1, 171.4–6, 174, 180.1, 185.1+2, 186.3–5, 189.6, 200.1+4 (Hintergrundfoto + u. l.), 205.1, 206.1–3, 211.1+2, 212.1+3–5+7+8, 213.1+2+4+5+7, 214.1+3+4, 215.3–5, 216.1+3+5+7+8, 217.1, 220.2+4–7+9, 221.2–7+9, 222.1, 228.8, 232.1+3–5; Sambraus H., Prof. Dr., TU München: 39.2–9; Schrempp H., Breisach-Oberrimsingen: 40.1, 112.1, 157.1, 160.2, 164.1, 193.1; Silvestris, Kastl: 17.1 (Laue), 21.2 (Layer), 25.3 (Prenzel), 25.4 (Lenz), 25.5 (Sunset), 25.3 (Maier), 78 (M. l.) (Kerschner), 92.1 (o. A.), 111.1 (Layer), 122.1, 123.1 (de Cuveland), 131.1 (Geiersperger), 131.2 (Jung), 132.1 (o. A.), 141.2 (Hecker), 144.2 (oben) (Pelken), 158.1 (Skibbe), 163.2 (Kerschner), 165.1 (Danegger), 170.2 (ANT), 176.3 (Skibbe), 180.2 (Wothe), 186.1 (Nagel), 186.6 (Wernicke), 189.2 (Pieper), 189.5 (Maier), 189.8 (Wilmshurst), 200.3 (M. r.) (o. A.), 203.2+5 (Riedmüller), 203.3 (Hanneforth), 203.4 (Heppner), 205.2 (Maier), 215.1 (Layer), 216.2 (Danegger), 216.4 (Hanneforth), 220.3 (Reinhard), 224.3 (Hrdlicka), 228.1+2 (Brockhaus), 228.6 (Bühler), 234.1 (Albinger), 235.3 (Bühler); Simon, Essen: 69; Streble H., Stuttgart: 86.2; Studio-tv-Film, Schriesheim/Berlin: 52.1+2, 113.2–4, 129.2+3, 143.1+2; Superbild, Grünwald: 108 (Strand); Thompson S. A., London: 22.2; Trötschel: 182.1–5; Urweltmuseum Hauff, Holzmaden: 173.1; Verlagsarchiv: 8.2 (Corel), 10.2, 19.3 (Buhtz), 40.2 (Jacana), 52.3 (Bio Picture, Osnabrück), 56.1 (Pilger-Feiler), 61.1+2 (Herzinger, Ohmden), 62.3 (Koch & Stenzel), 79 (u. r.) (Chirurg. Universitätsklinik, Heidelberg), 98.2+3 (Lemasson), 116.1 (O. Engelhardt), 119.1+3–9 (Schacht), 119.2 (R. Flößer), 125.1 (Acaluso International/Nage), 127.1 (W. Zepf, Bregenz), 140.2–4 (Petri), 163.1 (Podloucky), 169.1 (Acaluso International/Cramm), 169.4 (Acaluso International/Schendel), 171.2 (Bio-Info/Kratz), 187.1 (Ch. Hein), 197 (Acaluso International/Hahn), 198.1+2 (Acaluso International/Christiansen), 199.1 (Acaluso International/Hahn), 199.2 (Acaluso International/Wüstenberg), 212.2 (Bio-Info/Toenges), 227.1 (O. Engelhardt), 232.2 (Bio-Info/Schorch), 235.2 (Bio-Info/Toenges), 235.4 (Bio-Info/Irsch); Weber U., Süßen: 179.1

Umschlagfoto: Gisela Kaspersen, Hamburg

Grafiken:
Atelier Eickhoff, Speyer: 18 (u. l. + u. r.), 20.2, 28.2, 30.2–5, 112.3, 114.2, 116.2, 117.4, 120.1, 122.2, 123.4, 125.2–4, 126.4, 128, 129.4, 130.1+4, 132.2, 142, 149.2, 153, 154.1+2, 155.1+2, 168.3, 169.3, 183 (unten), 191 (M. r.), 204.1+3, 218.2, 219.1+2, 222.3 (unten), 227.2; Atelier Kühn, Heidelberg: 167.1, 196; Birker S., Viernheim: 89 (links, 1.+2. Bild von oben), 110; Biste G., Schwäbisch Gmünd: 63, 162.1; Biste & Weißhaupt, Schwäbisch Gmünd: 74 (o. r. + unten); Gattung A., Edingen-Neckarhausen: 16.1, 23.1, 112.2, 168.2, 169.2; Globus-Infografik, Hamburg: 234.2; Groß K., Mundelsheim: 23.2, 26.5, 27, 34.2–4, 35.4–6, 36 (o. r.), 44.3, 47, 48.5, 51.4, 52.4, 54/55, 67.1+4+5, 76.1, 78 (unten), 85.1, 87.4, 88.2, 98.1, 99, 106.6, 117.5, 130.3, 135.3, 140.1, 160.3, 173.4, 178.4, 191 (u. l.), 236.1, Symbole der Sonderseiten Praktikum, Gesundheit, Umwelt aktuell, Zur Diskussion; Haydin H., Bensheim: 49 (o. r.), 79; Knebel K., Baden: 105.2; Koglin Y., Berlin: 75 (M. r.); Konopatzki A., Heidelberg: 50, 181, 184.2, 205.3, 207.1, 208, 209, 226.4; Konopatzki H., Heidelberg: 95, 102 (u. r.); Krischke K., Marbach/N.: 20.3, 21.1, 32.2, 33.1+2, 36 (u. l.), 37.1+2, 38.1, 43, 51.1–3, 58.2, 60.2, 62.1+2, 70, 71.2+3, 72, 73.2+3, 75 (u. l.), 76.2, 77.2+3, 82, 83, 84.1+2, 86.1+3, 87.3, 89 (l. u. + rechts), 90/91, 96, 97, 100.1, 101, 109, 111.2+4+6, 114.1, 115.1–4, 118 (unten), 121, 123.2, 124, 126.1+2, 131.3, 133, 134.3, 137, 138, 143.3, 146.2–4, 147.2, 148.2, 149.3, 156.1+4, 161.2–4, 162.2, 163.3–5, 164.2, 165.3, 167.2, 171.1+3, 173.2+3, 175.2, 176.2, 177, 178.1–3, 179.2–5, 183 (oben), 184.1, 185.4, 187.2+3, 188.3, 190.1, 192.1–3, 193.2, 194, 198.3, 199.3, 201, 203.1, 207.2, 214.2, 222.2, 225.1+2, 226.1, 230, 231.5; aus: Lambert M., Fossilien erkennen und bestimmen, Delphin Verlag, München: 172; Mair J., Herrsching: 75 (o. r.); Mall K., Berlin: 9.2; Menke U., Heidelberg: 49 (u. l.); Müller U., Heidelberg: 233; Pfiffigunde e. V., Hilfe und Beratung bei sexuellem Missbrauch, Heilbronn: 107.2; Rissler A., Heidelberg: 18 (o. r.); Schrörs M., Bad Dürkheim: 29.3, 39.1, 57.2, 64, 65, 74 (o. l.), 92.2, 93.3, 139, 145, 150 (Einklinker), 151.1+3, 152, 210, 217.2, 229